今注本二十四史

南史

唐 李延壽 撰

趙凱 汪福寶 周群 主持校注

一〇 傳〔七〕

中國社會科學出版社

# 南史　卷四一

## 列傳第三十一

## 齊宗室

衡陽元王道度[1]　始安貞王道生　始安王遥光
曲江公遥欣 子幾　安陸昭王緬　新吴侯景先
南豐伯赤斧 子穎胄 穎達　衡陽公諶　臨汝侯坦之

[1]衡陽元王道度：汲古閣本同，殿本下有"繼子鈞"三字。

衡陽元王道度，[1]齊高帝長兄也。[2]始與高帝俱受學於雷次宗，[3]宣帝問次宗二子學業，[4]次宗答曰："其兄外朗，[5]其弟内潤，[6]皆良璞也。"[7]仕宋位安定太守，[8]卒。齊建元元年，[9]高帝追加封謚。無子，高帝以第十一子鈞繼。

[1]衡陽：郡名。治湘西縣，在今湖南株洲市西南。　道度：《南齊書》卷四五亦有傳。

　　[2]齊高帝：蕭道成。字紹伯。本書卷四，《南齊書》卷一、卷二有紀。

　　[3]受學：從師學習。　雷次宗：字仲倫，豫章南昌（今江西南昌市）人。本書卷七五、《宋書》卷九三有傳。

　　[4]宣帝：南朝齊高帝父蕭承之。字嗣伯。齊高帝即位後，追封爲宣皇帝。

　　[5]外朗：聰明外露。

　　[6]内潤：内秀。《建康實録》卷一六作“内明”。

　　[7]良璞：未經剖取的美玉。常用以比喻未被選用的賢才。

　　[8]安定：郡名。治安定縣，在今甘肅涇川縣北涇河北岸。僑寄於漢中，在今陝西漢中市。

　　[9]建元：南朝齊高帝蕭道成年號（479—482）。　元年：《南齊書》卷四五《衡陽元王道度傳》作“二年”。據《南齊書》卷二《高帝紀下》，當以“元年”爲是。


　　鈞字宣禮，年五歲，所生區貴人病，便加慘悴，[1]左右依常以五色餅飴之，[2]不肯食，曰：“須侍姨差。”[3]年七歲，出繼衡陽元王，[4]見高帝，未拜，便涕泗橫流。高帝執其手曰：“伯叔父猶父，勿怨。所以令汝出繼，以汝有意，[5]堪奉蒸嘗故耳。”[6]即敕外如先給通幰車、雉尾扇等，[7]事事依正王。[8]


　　[1]慘悴：憂傷憔悴。悴，亦作“瘁”。

　　[2]餅（bǎn）：米粉做的餅。

　　[3]侍：　殿本同，汲古閣本作“待”。　差（chài）：病愈。後作“瘥”。《方言》卷三：“差，愈也。南楚病愈者謂之差。”

　　[4]出繼：過繼給別人做兒子。

　　[5]有意：聰明懂事。

[6]堪奉蒸嘗：能够擔當主持祭祀的後人。蒸嘗，本指秋冬二祭。後泛指祭祀。

[7]通幰（xiǎn）車：一種遍覆帷幔的車子。　雉尾扇：古儀仗之一。編雉尾爲之。

[8]正王：皇帝的嫡親父兄子弟封王者。意即不以過繼爲王而有所區別。


區貴人卒，居喪盡禮。服闋，[1]當問訊武帝，[2]尪羸骨立，[3]登車三上不能升，乃止。典籤曹道人具以聞，[4]武帝即幸鈞邸，見之愴然，還謂褚蓁曰：[5]"昨見衡陽，猶奇毀損，[6]卿可數相撫悦。"先是貴人以華釵厨子并翦刻錦繡中倒炬鳳皇蓮荾星月之屬賜鈞，[7]以爲玩弄。貴人亡後，每歲時及朔望，[8]輒開視，再拜鯁咽，[9]見者皆爲之悲。


[1]服闋（què）：守喪期滿除服。闋，終了。

[2]武帝：南朝齊武帝蕭賾。字宣遠。本書卷四、《南齊書》卷三有紀。

[3]尪（wāng）羸：瘦弱。　骨立：形容人消瘦到極點。

[4]典籤：官名。南北朝置，亦稱典籤帥或籤帥、主帥。本爲州、府掌管文書的佐吏，因南朝宋時多以年幼的皇子出鎮，皇帝委派親信擔任此職，協助處理政事，故品階雖不高，但有實權。出任者多爲寒人，每州、府員數人，一歲中輪番還都，匯報當地情況，成爲皇帝升黜地方長官的主要依據。歷宋末以至齊，其權益重。齊時凡王府均置典籤，諸王出鎮州、郡，均置典籤。齊明帝之害諸王，均假典籤之手。梁中葉以後，典籤權勢逐漸衰微。　具：詳盡地，一五一十地。

[5]褚蓁：字茂緒，河南陽翟（今河南禹州市）人。褚淵子。本書卷二八、《南齊書》卷二三有附傳。

[6]奇：極，甚。 毀損：意即前所云尪羸骨立。

[7]華釵（chāi）：花釵、花鈿。用金翠珠寶製成的花形首飾。由兩股合成，上有飾物。 厨子：厨，同"橱"。箱櫃。 翦刻：剪裁雕刻。 鳳皇：鳳凰。古代傳説中的百鳥之王。雄爲鳳，雌爲凰。通稱爲鳳或鳳凰。古人常用來象徵瑞應。 芰（jì）：菱。舊説，兩角爲菱，三角四角爲芰。

[8]歲時：每年一定的季節或時間。 朔望：初一、十五。

[9]鯁咽：猶哽咽。鯁，通"哽"。


　　性好學，善屬文，[1]與琅邪王智深以文章相會，[2]濟陽江淹亦遊焉。[3]武帝謂王儉曰：[4]"衡陽王須文學，當使華實相稱，不得止取貴游子弟而已。"[5]乃以太子舍人蕭敷爲文學。[6]


[1]屬（zhǔ）文：撰寫文章。

[2]琅邪：郡名。治開陽縣，在今山東臨沂市北。 王智深：字雲才，琅邪臨沂（今山東臨沂市）人。本書卷七二、《南齊書》卷五二有傳。

[3]濟陽：郡名。治濟陽縣，在今河南蘭考縣東北。 江淹：字文通，濟陽考城（今河南民權縣）人。本書卷五九、《梁書》卷一四有傳。

[4]王儉：字仲寶，琅邪臨沂（今山東臨沂市）人。本書卷二二、《南齊書》卷二三有傳。

[5]貴游：無官職的王公貴族。亦泛指顯貴者。

[6]太子舍人：官名。東宮官。掌奏事，直侍左右。 文學：王府屬官。常爲皇帝監視諸王的耳目。

鈞常手自細書寫五經，[1]部爲一卷，置于巾箱中，[2]以備遺忘。侍讀賀玠問曰：[3]"殿下家自有墳素，[4]復何須蠅頭細書，別藏巾箱中？"答曰："巾箱中有五經，於檢閱既易，且一更手寫，[5]則永不忘。"諸王聞而爭效爲巾箱五經，[6]巾箱五經自此始也。

[1]五經：儒家的五部經典，即《詩》《書》《易》《禮》《春秋》。
[2]巾箱：古時放置頭巾的小箱子，後亦用以存放書卷、文件等物品。
[3]侍讀：陪侍王侯讀書論學或授書講學的職官。
[4]墳素：泛指古代典籍。
[5]一更：一經，經過。
[6]爭效：競相效仿。　巾箱：巾箱本。小版本的古書。因其體積不大，可放置巾箱中，便於攜帶，故名。

居身清率，[1]言未嘗及時事。會稽孔珪家起園，[2]列植桐柳，多構山泉，[3]殆窮真趣，[4]鈞往遊之。珪曰："殿下處朱門，[5]遊紫闥，[6]詎得與山人交邪？"[7]答曰："身處朱門，而情遊江海，形入紫闥，而意在青雲。"珪大美之。[8]吳郡張融清抗絕俗，[9]雖王公貴人，視之傲如也，[10]唯雅重鈞，謂從兄緒曰：[11]"衡陽王飄飄有凌雲氣，其風情素韻，[12]彌足可懷，[13]融與之遊，不知老之將至。"見賞如此。

[1]清率：清高率真。
[2]會稽：郡名。屬揚州，治山陰縣，在今浙江紹興市。　孔

珪：孔稚珪。字德璋，會稽山陰（今浙江紹興市）人。本書卷四九、《南齊書》卷四八有傳。

[3]構：營造，營建。

[4]殆窮：幾乎窮盡。　真趣：真正的意趣、旨趣。

[5]殿下：漢以來通稱諸侯王爲殿下。　朱門：紅漆大門。舊指貴族豪富之家。

[6]紫闥：指宮廷。闥，宮中小門。

[7]詎（jù）得：豈能，怎能。

[8]大美：極爲稱贊。

[9]吳郡：郡名。治吳縣，在今江蘇蘇州市。　張融：字思光，吳郡吳（今江蘇蘇州市）人。本書卷三二有附傳，《南齊書》卷四一有傳。　清抗：清高超拔。

[10]傲如：高傲貌。

[11]緒：張緒。字思曼，吳郡吳（今江蘇蘇州市）人。本書卷三一有附傳，《南齊書》卷三三有傳。

[12]素韻：高雅的氣韻。

[13]彌足可懷：非常值得懷念。


歷位秘書監。[1]延興元年，[2]爲明帝所殺。[3]明帝立，以永陽王子珉仍本國繼元王爲孫。[4]


[1]秘書監：官名。秘書省長官，掌國家藝文圖籍。

[2]延興：南朝齊海陵王蕭昭文年號（494）。

[3]明帝：南朝齊明帝蕭鸞。公元494年至498年在位。本書卷五、《南齊書》卷六有紀。按，據《南齊書》卷四五《蕭鈞傳》，蕭鈞卒年二十二。

[4]永陽：郡名。治營浦縣，在今湖南道縣西北。

子珉字雲璵，武帝第二十子也。初封義安郡王，[1]後改永陽。永泰元年見害，[2]復以武陵昭王曄子子坦奉元王後。[3]

[1]義安：郡名。治海陽縣，在今廣東潮州市東北。

[2]永泰：南朝齊明帝蕭鸞年號（498）。

[3]武陵：郡名。治臨沅縣，在今湖南常德市。　曄（yè）：齊高帝第五子蕭曄。字宣照（一作"宣昭"）。本書卷四三、《南齊書》卷三五有傳。　子坦：蕭曄第三子。事見《南齊書》卷四五《衡陽元王道度傳》。　奉元王後：繼承衡陽王道度爵位。

始安貞王道生字孝伯，[1]高帝次兄也。仕宋位奉朝請，[2]卒。高帝即位，追加封諡。[3]三子：長鳳；次鸞，是爲明帝；次緒，是爲安陸昭王。[4]鳳字景慈，仕宋位正員郎，[5]卒，高帝即位，諡靖世子。[6]

[1]始安：郡名。治始安縣，在今廣西桂林市。

[2]奉朝請：官名。漢朝爲給予退休大臣、宗室、外戚等的一種政治待遇。授此者得特許參加朝會。西晉爲加官名號，常授奉車、駙馬、騎都尉等。東晉、南朝仍作爲加官，時亦單授，列爲散騎省（集書省）屬官，所授冗濫。

[3]追加封諡：蕭道成即位後，追諡蕭道生爲始安貞王。

[4]安陸：郡名。治安陸縣，在今湖北安陸市。

[5]正員郎：編制以内的散騎侍郎，相對"員外郎"而言。

[6]世子：諸侯王的嫡長子。

建武元年，[1]明帝追尊道生爲景皇，妃江氏爲后，立寢廟於御道西，[2]陵曰脩安。追封鳳始安靖王，改華林鳳莊門爲望賢門，[3]太極東堂畫鳳鳥，[4]題爲神鳥，而改鸞鳥爲神雀。[5]子遥光嗣。

[1]建武：南朝齊明帝蕭鸞年號（494—498）。

[2]寢廟：古代宗廟的正殿稱廟，後殿稱寢，合稱寢廟。　御道：供帝王車駕通行的道路。

[3]華林：園名。三國吴建，南朝宋擴建，於園中築景陽樓、華光殿諸景。在今江蘇南京市雞籠山南古臺城内。　鳳莊門：建康宫城中的后妃區與其北面的華林園之間有兩道門，正中即鳳莊門。

[4]太極：建康宫正殿，有前後殿。　畫：《南齊書》卷四五《始安貞王道生傳》作“書”。馬宗霍《南史校證》云：“疑‘畫’字是。”（湖南教育出版社 2008 年版，第 666 頁）

[5]鸞（luán）鳥：傳説中的神鳥、瑞鳥。


始安王遥光字元暉，生而躄疾，[1]高帝謂不堪奉拜祭祀，欲封其弟，武帝諫，乃以遥光襲爵。位中書郎。[2]

[1]躄（bì）疾：瘸腿，脚不能行動的疾病。

[2]中書郎：官名。中書通事郎或中書侍郎的省稱。隸中書省。職閑官清，爲諸王起家官。中書令、監不在，可以主持中書省日常政務。


明帝輔政，誅賞諸事，唯與遥光共謀議，勸明帝併殺高、武諸子弟，[1]見從。建武元年，爲揚州刺史。[2]三年，[3]進號撫軍將軍。[4]好吏事，頗多慘害。足疾不得同朝例，[5]常乘輿自望賢門入。每與明帝久清閑，[6]言畢，帝索香火，明日必有所誅。

[1]併：一起，一齊。

[2]揚州：州名。治建康縣，在今江蘇南京市。

[3]三年：《南齊書》卷四五《蕭遙光傳》作"二年"。

[4]撫軍將軍：官名。將軍名號。南朝齊三品。

[5]朝例：《南齊書·蕭遙光傳》同，《太平御覽》卷五六二引《齊書》作"朝列"。作"朝列"是。朝列，官吏在朝廷的位次。

[6]清閑：清靜悠閑。

太子不悦學，唯曼遊是好，[1]朝議令蔡仲熊爲太子講禮，未半，遙光從容曰："文義之事，此是士大夫以爲伎藝欲求官耳。皇太子何用講爲？"上以爲然，乃停講。永泰元年，[2]即本號爲大將軍，給油絡車。[3]

[1]曼遊：隨意游玩。

[2]永泰：南朝齊明帝蕭鸞年號（498）。

[3]油絡車：用油絡裝飾的車子，爲王公所乘。油絡，古代一種絲質網狀的車飾。

帝不豫，遙光數入侍疾，帝疾漸甚，河東王鉉等七王一夕見殺，[1]遙光意也。帝崩，遺詔加遙光侍中、中書令，[2]給扶。[3]永元元年，[4]給班劍二十人，[5]即本號開府儀同三司。[6]

[1]七：中華本校勘記以爲"七"字爲"十"字之訛，並據

《南齊書》卷六《明帝紀》改。

[2] 侍中：官名。門下省長官，侍皇帝左右，議論政事。南朝宋文帝時始掌機密，位高權重。南朝齊沿置。　中書令：官名。中書省長官之一。多作重臣加官。

[3] 給扶：給予扶持之人。古時君主賜給大臣的一種禮遇。

[4] 永元：南朝齊東昏侯蕭寶卷年號（499—501）。

[5] 班劍：有紋飾的劍。多用作儀仗，由武士佩持，天子以賜臣屬。班，通“斑”。

[6] 開府儀同三司：官名。與三司即太尉、司徒、司空禮制、待遇相同，許開設府署，自辟僚屬。兩晋南北朝因之。

　　遥光多忌，人有餉履者，[1] 以爲戲己，大被嫌責。劉繪嘗爲牋云：[2] “智不及葵。”[3] 亦以忤旨。

[1] 餉（xiǎng）履：餽贈鞋。

[2] 劉繪：字士章，彭城（今江蘇徐州市）人。本書卷三九有附傳，《南齊書》卷四八有傳。

[3] 智不及葵：此處用典《左傳》成公十七年仲尼曰：“鮑莊子之知不如葵。葵猶能衛其足。”杜預注：“葵傾葉向日，以蔽其根，言鮑牽居亂，不能危行言孫。”

　　既輔東昏，[1] 潛結江祏兄弟，[2] 謀自樹立。弟遥欣在荆楚，擁兵居上流，密相影響。遥光當據東府號令，[3] 使遥欣急下，潛謀將發，而遥欣病死。江祏被誅，東昏召遥光入殿，告以祏罪。遥光懼，還省便陽狂號哭，自此稱疾不復入臺。[4] 先是遥光行還入城，風飄儀繖出城外。[5]

[1]東昏：齊東昏侯蕭寶卷。齊明帝第二子，稱帝二年，後被廢。本書卷五、《南齊書》卷七有紀。

[2]江祏：字弘業，濟陽考城（今河南民權縣）人。本書卷四七、《南齊書》卷四二有傳。

[3]東府：南朝時爲宰相與揚州刺史的駐地，在臺城（在今江蘇南京市）東，故名。

[4]臺：官署名稱。此處指朝廷。

[5]儀繖（sǎn）：用作儀仗的傘。繖，“傘”的古字。

遙光弟遙昌先卒壽春，[1]豫州部曲，[2]皆歸遙光。及遙欣喪還，葬武進，[3]停東府前渚，[4]荆州衆力送者甚盛。[5]東昏誅江祏後，慮遙光不自安，欲轉爲司徒還第，[6]召入喻旨。遙光慮見殺，收集荆、豫二州部曲於府東門，[7]衆頗怪其異，莫知其指趣也。[8]

[1]壽春：縣名。治所在今安徽壽縣。

[2]豫州：僑州名。治南梁郡睢陽縣，在今安徽壽縣。　部曲：魏晉時世家大族的私人軍隊。平時訓練、耕種，戰時打仗，有較强的人身依附性。

[3]武進：縣名。治所在今江蘇丹陽市東，一説即今江蘇常州市武進區。

[4]渚（zhǔ）：小洲，水中的小塊陸地。

[5]荆州：州名。治江陵縣，在今湖北荆州市荆州區。

[6]司徒：官名。三公之一，南朝爲最高榮譽加號。　還第：官吏辭職或解職而返回私宅。

[7]府東門：殿本同，汲古閣本、《南齊書》卷四五《蕭遙光傳》作“東府門”。馬宗霍《南史校證》云：“實則東府之東門也。《通鑑》卷一四二正作‘東府東門’。”（第667頁）

[8]其：殿本同，汲古閣本無此字。　指趣：意向，意圖。

　　遥光召親人丹陽丞劉渢及城局參軍劉晏、中兵參軍曹樹生等，[1]并諸傖楚，[2]欲以討劉暄爲名。[3]夜遣數百人破東冶出囚，[4]尚方取仗。[5]又召驍騎將軍垣歷生。[6]歷生隨信至，便勸遥光令率城内兵，夜攻臺，輂荻燒城門，[7]曰："公但乘輿隨後，反掌可得。"遥光意疑不敢出。天稍曉，遥光戎服至聽事，[8]停輿處分，[9]上仗登城行賞賜，歷生復勸出軍，遥光不肯，望臺内自變。

　　[1]劉渢：字處和，南陽（今河南南陽市）人。本書卷七三有傳。　城局參軍：官名。城局賊曹。公府、將軍府僚屬諸曹之一。掌浚修城郭，防守備禦。品級隨府主而定，高低不等。　中兵參軍：官名。軍府中兵曹參軍，掌公府軍事事宜。
　　[2]傖楚：魏晋南北朝時，吳人以上國自居，鄙視楚人粗傖，謂之"傖楚"。因亦用爲楚人的代稱。
　　[3]劉暄：字士穆，彭城（今江蘇徐州市）人。齊明帝敬皇后之弟。本書卷四七有傳，《南齊書》卷四二有附傳。
　　[4]東冶：南朝時冶煉場。屬省府，爲罪犯拘繫勞役之所。冶，殿本同，汲古閣本作"治"。
　　[5]尚方：手工業機構，屬少府監。南朝時爲犯人服勞役之所，稱尚方獄。
　　[6]驍騎將軍：官名。禁衛軍官。分掌宿衛營兵。　垣歷生：下邳（今江蘇睢寧縣古邳鎮東）人。垣榮祖從弟。本書卷二五、《南齊書》卷二八有附傳。
　　[7]輂：運送。　荻（dí）：多年生草本植物，與蘆同類。生長在水邊。根莖都有節似竹，葉抱莖生，莖可以編席箔。《南齊書》

卷四五《蕭遥光傳》一本作"萩"。

[8]至:《南齊書·蕭遥光傳》作"出"。 聽事:廳堂。官府治事之所。

[9]停輿:停車。

及日出,[1]臺軍稍至,遥光於是戒嚴,[2]赦都下。領軍蕭坦之屯湘宮寺,[3]鎮軍司馬曹武屯青溪大橋,[4]太子右率左興盛屯東府門東籬門,[5]衆軍圍東城。遥光遣垣歷生從西門出戰,臺軍屢北,[6]殺軍主桑天愛。[7]初遥光問諮議參軍蕭暢,[8]暢正色拒不從。既而暢與撫軍長史沈昭略奔臺,[9]人情大沮。又垣歷生從南門出戰,爲曹武所禽,[10]謂武曰:"卿以主上爲聖明,梅、茹爲賢相者,則我當死。且我今死,卿明亦死。"遂殺之。

[1]及日出:《南齊書》卷四五《蕭遥光傳》作"至日中"。丁福林《南齊書校議》據《南史·蕭坦之傳》認爲:"遥光兵變事急之時,蕭坦之其夜於開鼓後既已得入殿内,徐孝嗣向曉亦被召入殿,則臺軍之稍至,自當在日出之時。"(中華書局2010年版,第308頁)

[2]遥光:中華本以爲二字爲衍文,並據《南齊書·蕭遥光傳》删去。

[3]領軍:官名。即領軍將軍。掌禁衛軍及京都諸軍。 蕭坦之:南蘭陵蘭陵(今江蘇常州市武進區)人。本書卷四一、《南齊書》卷四二有傳。

[4]鎮軍司馬:官名。鎮軍將軍府高級幕僚。掌參贊軍務,管理府内武職,位僅次於長史。 曹武:《南齊書·蕭遥光傳》作"曹虎",本書避唐高祖祖父李虎諱改。本名曹虎頭。字士威,下邳

（今江蘇睢寧縣古邳鎮東）人。本書卷四六、《南齊書》卷三〇有傳。 青溪大橋：《南齊書》卷三〇《曹虎傳》作“青溪中橋”。青溪，三國吳鑿。故道自今江蘇南京市東北紫金山，屈曲西南流，經南京市區入秦淮河。六朝時爲京師漕運要道。

[5]太子右率：官名。東宮官。與左率共掌護衛太子。 東府門東籬門：殿本同，汲古閣本作“府東籬門”。《南齊書・蕭遥光傳》作“東府東籬門”，《資治通鑑》卷一四二《齊紀八》東昏侯永元元年胡三省注：“臺城外城六門皆設籬門而已，無郛郭。”

[6]臺軍：晋、宋間謂朝廷禁省爲臺，故稱禁城爲臺城，官軍爲臺軍，使者爲臺使。 屢北：屢屢敗北。

[7]軍主：爲一軍主將，其下設有軍副。所統軍隊無定員，自數百人至萬人以上不等。

[8]諮議參軍：官名。掌參謀軍務。位在列曹參軍之上。

[9]撫軍長史：官名。撫軍將軍府長史。掌府中事務，爲幕僚之長。 沈昭略：字茂隆，吳興武康（今浙江德清縣）人。本書卷三七、《南齊書》卷四四有附傳。

[10]爲曹武所禽：《南齊書・蕭遥光傳》云，垣歷生“因棄稍降曹虎軍，虎命斬之”，《資治通鑑》從《南齊書》，《考異》曰：“歷生若見獲，遥光不當殺其子。”


遥光聞歷生見獲，大怒，於牀上自竦踊，[1]使殺歷生兒。其晚，臺軍射火箭燒東北角樓，至夜城潰。[2]遥光還小齋，令人反拒，左右並踰屋出。[3]臺軍主劉國寶、時當伯等先入，遥光聞外兵至，吹滅火，扶匐下牀，軍人排闈入，[4]斬之。[5]


[1]竦（sǒng）踊（yǒng）：跳躍。
[2]潰：潰敗。

[3]踰（yú）：越過。踰，同“逾”。

[4]排閤：推門。

[5]斬之：據《南齊書》卷四五《蕭遥光傳》，蕭遥光時年三
十二。

遥光舉事四日而卒。[1]舉事之夕月蝕，識者以月爲
大臣，蝕而既，[2]必滅之道。未敗之夕，城内皆夢群蛇
緣城四出，各共説之，咸以爲異。臺軍入城，焚屋宇
且盡。

[1]舉事：倡議起兵，奪取政權。

[2]蝕而既：出現日全食。

遥光幼時甚貞正，[1]明帝傾意待之。東昏爲兒童時，
明帝使與遥光共齋居止，[2]呼遥光爲安兄，恩情甚至。
及遥光誅後，東昏登舊宮土山望東府，愴然呼曰：[3]
“安兄！”乃嗚咽，左右不忍視，見思如此。天下知名之
士劉渢、渢弟謙、陸閑、閑子絳、司馬端、崔慶遠皆
坐誅。[4]

[1]貞正：堅貞端方。

[2]共齋居止：一同起居、生活。

[3]愴（chuàng）然：悲傷貌。

[4]謙：《南齊書》卷四五《蕭遥光傳》作“溓”，疑當以
“溓”爲是。劉渢，南陽（今河南南陽市）人。本書卷七三有附
傳。　陸閑：字遐業，吴郡吴（今江蘇蘇州市）人。本書卷四八有
附傳。　絳：陸絳。字魏卿，吴郡吴（今江蘇蘇州市）人。本書卷

四八有附傳,《南齊書》卷五五有傳。

曲江公遙欣字重暉,[1]始安王遙光弟也。宣帝兄西平太守奉之無後,[2]以遙欣繼爲曾孫。遙欣髫齔中便嶷然,[3]明帝謂江祏曰:"遙欣雖幼,觀其神彩,殊有局幹,[4]必成令器,[5]未知年命何如耳。"安陸昭王曰:"不患其兄弟不富貴,但恐紵不及見耳。"言之慘然而悲。

[1]曲江公:封爵名。曲江縣公。曲江,縣名。治所在今廣東韶關市南武水西岸。

[2]西平:郡名。治西平縣,在今廣西西林縣東南。　無後:沒有後嗣。

[3]髫(tiáo)齔(chèn):幼年。　嶷(nì)然:形容年幼聰慧。

[4]局幹:度量和才幹。

[5]令器:優秀的人才。

始年七歲出齋時,[1]有一左右小兒,善彈飛鳥,無不應弦墜落。遙欣謂曰:"凡戲多端,何急彈此,鳥自空中翔飛,何關人事,無趣殺此生,亦復不急。"[2]左右感其言,遂不復彈鳥。時少年通好此事,所在遂止。

[1]出齋:外出齋戒。

[2]亦復不急:不是緊急、重要之事。

年十五六,便博覽經史。弱冠拜中書郎。[1]明帝入輔,遙欣與始安王遙光等參預政事,凡所談薦,[2]皆得其人。由是朝野輻湊，<sup>[3]</sup>軒蓋盈門。<sup>[4]</sup>延興元年，明帝以遙欣爲兖州刺史。<sup>[5]</sup>時豐城公遙昌亦出鎮壽春，<sup>[6]</sup>帝於便殿密宴，始安王遙光亦在座，帝慘然謂遙欣曰："昭王云'不患汝兄弟不富貴，而言不及見'，如何！"因悲慟不自勝，<sup>[7]</sup>君臣皆嗚咽，侍者雨淚。<sup>[8]</sup>及泊歐陽岸，忽謂左右曰："比何都不見彈？"<sup>[9]</sup>左右云："有門生因彈見勗，<sup>[10]</sup>遂以此廢，所在皆止。"遙欣笑曰："我小兒時聊復語耳，<sup>[11]</sup>那復遂斷邪？"

[1]弱冠：男子二十歲或二十幾歲的年齡爲弱冠。

[2]談薦：稱贊和推薦。

[3]輻湊：通"輻輳"。集中，聚集。

[4]軒蓋：帶篷蓋的車。顯貴者所乘。　盈門：滿門。形容人極多。

[5]兖州：僑州名。此處指北兖州。治淮陰縣，在今江蘇淮安市淮陰區西南甘羅城。

[6]豐城：縣名。治所在今江西豐城市南。　遙昌：蕭遙昌。《南齊書》卷四五有附傳。

[7]悲慟：悲傷痛哭；悲傷。　不自勝：難以承受。

[8]雨淚：淚如雨下。

[9]比何：近來爲何。　不見彈：未見彈射飛鳥。

[10]勗（xù）：勉勵、激勵。

[11]聊復語耳：隨便一説罷了。

建武元年，進號西中郎將，<sup>[1]</sup>封聞喜縣公，<sup>[2]</sup>遷荊州刺史，加都督，<sup>[3]</sup>改封曲江公。明帝子弟弱小，晋安王寶義有廢疾，<sup>[4]</sup>故以遙光爲揚州，居中，遙欣居陝西，在外，威權并在其門。

[1]西中郎將：官名。與東、南、北中郎將合稱四中郎將。南朝宋、齊時多以宗室爲之，職權甚重，或領刺史，乃至持節都督一方軍政事務。宋四品。齊官品不詳。

[2]聞喜：僑縣名。治所在今湖北松滋市西北。

[3]都督：官名。軍事長官的權限，分都督、監、督三等，權限與使持節、持節、假節相等。

[4]晋安王寶義：蕭寶義。字智勇，齊明帝長子。本書卷四四、《南齊書》卷五〇有傳。晋安，郡名。治候官縣，在今福建福州市。

　　遥欣好勇，聚畜武士，以爲形援。[1]永泰元年，詔遥欣以本官領雍州刺史、寧蠻校尉，[2]移州鎮襄陽。[3]魏軍退，不行。卒，[4]贈司空，[5]謚康公，葬用王禮。

[1]形援：軍事布局上的聲援、呼應。

[2]雍州：僑州名。治襄陽縣，在今湖北襄陽市。　寧蠻校尉：官名。掌雍州（治所在今湖北襄陽市）少數民族事務。領兵，設府於襄陽，稱小府。多由其他將軍或刺史兼任。宋四品。齊官品不詳。

[3]襄陽：郡名。治襄陽縣，在今湖北襄陽市。

[4]卒：《南齊書》卷四五《蕭遥欣傳》云，蕭遥欣於東昏侯永元元年（499）卒，年三十一。

[5]司空：官名。名譽宰相，多爲大臣加官，雖位居秩一品，而無實際職掌。

　　子幾字德玄，年十歲便能屬文。早孤，有弟九人，並幼，幾恩愛篤睦，[1]聞於朝廷。性溫和，與物無競。[2]清貧自立，好學，善草隸書。[3]湘州刺史楊公則，[4]曲江公故吏也，每見幾，謂人曰："康公此子，可謂桓靈寶重出。"[5]及公則卒，幾爲之誄，時年十五。沈約見而奇之，謂其舅蔡撙曰：[6]"昨見賢甥楊平南誄文，不減希逸之作，[7]始驗康公積善之慶。"位中書侍郎、尚書左丞。[8]

[1]篤睦：淳厚和睦。

[2]無競：不爭，没有競爭。

[3]草隸書：草書和隸書的合稱。草，殿本同，汲古閣本作"章"。

[4]湘州：州名。治臨湘縣，在今湖南長沙市。

[5]桓靈寶：桓玄。字靈寶，東晉末年權臣。公元 402 年，曾攻破都城建康，建國號楚，稱帝。後被劉裕所攻殺。《晉書》卷九九有傳。 重出：《梁書》卷四一《蕭幾傳》作"出"，《册府元龜》卷八三九作"復出"。

[6]蔡撙：字景節，濟陽考城（今河南民權縣）人。本書卷二九有附傳，《梁書》卷二一有傳。

[7]希逸：謝莊。字希逸，陳郡陽夏（今河南太康縣）人。曾爲宋孝武帝殷淑儀作誄。本書卷二〇有附傳，《宋書》卷八五有傳。

[8]尚書左丞：官名。尚書省佐官，位次尚書，與右丞共掌尚書省庶務，率諸都令史監督稽核尚書曹、郎曹政務，監察糾彈尚書令、僕射、尚書等文武百官，號稱"監司"，分管宗祠祭祀、朝儀禮制、選授官吏及文書章奏。

末年專釋教。[1]爲新安太守，[2]郡多山水，特其所好，適性遊履，[3]遂爲之記。卒于官。子清，亦有文才，位永康令。[4]

[1]專：汲古閣本同，殿本作"專尚"。　釋教：佛教。

[2]新安：郡名。治始新縣，在今浙江淳安縣西北。現已没入千島湖。

[3]適性：率性。　遊履：游歷。

[4]永康：縣名。治所在今浙江永康市。

遥欣弟遥昌字季暉，建武元年，封豐城縣公，位豫州刺史，卒，謚憲公。

安陸昭王緬字景業，[1]善容止。仕宋位中書郎。建元元年，封安陸侯，爲五兵尚書。[2]出爲吳郡太守，政有能名。竟陵王子良與之書曰：[3]"竊承下風，數十年來，姑蘇未有此政。"[4]武帝嘉其能，累遷寧蠻校尉、雍州刺史，加都督。緬留心辭訟，[5]人人呼至案前，親自顧問，[6]有不得理者，勉喻之，[7]退皆無恨，爲百姓所畏愛。及卒，[8]喪還，百姓緣沔水悲泣設祭，[9]於峴山爲立祠。[10]謚曰昭侯。

[1]緬：本卷卷首目録作"緬"。

[2]五兵尚書：官名。領尚書省中兵、外兵二曹。

[3]竟陵王子良：蕭子良。字雲英。齊武帝蕭賾次子，文惠太子蕭長懋同母弟。本書卷四四、《南齊書》卷四〇有傳。竟陵，郡名。治萇壽縣，在今湖北鍾祥市。

[4]姑蘇：在今江蘇蘇州市。《南齊書》卷四五《安陸昭王緬傳》無此二字。

［5］辭：殿本同，汲古閣本作“詞”。

［6］顧問：審問。

［7］勉喻：曉喻，勸説。

［8］及卒：據《南齊書‧安陸昭王緬傳》，蕭緬卒於齊武帝永明九年（491），年三十七。

［9］沔水：水名。即今漢江。

［10］峴（xiàn）山：山名。在今湖北襄陽市南。又名峴首山。


明帝少相友愛，時爲僕射，[1]領衛尉，[2]表求解職，[3]私第展哀，[4]詔不許。每臨紖靈，[5]輒慟絶，哭不成聲。建武元年，贈司徒、安陸王。


［1］僕射：官名。即尚書僕射。尚書省次官。

［2］衛尉：官名。列卿之一，掌宮門屯兵。

［3］表求解職：《南齊書》卷四五《安陸昭王緬傳》作“表求解衛尉”，馬宗霍《南史校證》云：“檢《齊書‧百官志》，衛尉掌宮城管籥，例須直宿，明帝時以僕射兼領之，欲回私第，勢不能直，故‘求解衛尉’，《南史》改爲‘求解職’，則并僕射言之矣。”（第670頁）

［4］私第：舊時官員私人所置的住所。 展哀：表示哀悼。

［5］靈：靈位。


子寶晊嗣，[1]永元元年，改封湘東王。[2]東昏廢，寶晊望物情歸己，[3]坐待法駕，[4]既而城内送款于梁武帝。[5]宣德太后臨朝，拜太常，[6]不自安。謀反，及弟江陵公寶賢、霄城公寶宏皆伏誅。

[1]晊（zhì）：明，大。常用作人名。

[2]湘東：郡名。治臨烝縣，在今湖南衡陽市。

[3]物情：衆情，民心。

[4]法駕：天子車駕的一種。依據儀衛之繁簡不同，天子車駕分爲大駕、法駕、小駕三種。

[5]送款：投誠，歸降。

[6]太常：官名。掌陵廟祭祀、祀樂儀制、郊廟、社稷等事宜。

新吴侯景先，[1]高帝從子也。祖爱之，員外郎。[2]父敬宗，始興王國中軍。[3]

[1]新吴：縣名。治所在今江西奉新縣西。

[2]員外郎：官名。員外散騎侍郎的省稱。初爲正員散騎侍郎的添差，後成定員官，屬散騎省，爲閑散之職。初多以公族、功臣子弟充任，後常用以安置閑退官員，多爲榮譽頭銜。

[3]始興：郡名。治曲江縣，在今廣東韶關市東南。　王國中軍：官名。王國屬官，南朝各王國均置三軍。中軍將軍掌王國軍隊。

景先少孤，有至性。[1]隨母孔氏，爲舅氏鞠養。[2]高帝嘉之，常相提攜。[3]及鎮淮陰，[4]以景先領軍主自隨，防衛城内，委以心腹。武帝爲廣興郡，[5]啓高帝求景先同行，除武帝寧朔府司馬，[6]自此常相隨逐。

[1]至性：多指天賦的卓絕的品性。

[2]鞠養：撫養，養育。

[3]提攜：照顧，扶植。

[4]淮陰：縣名。治所在今江蘇淮安市淮陰區西南。

[5]廣興：郡名。治曲江縣，在今廣東韶關市東南。

[6]寧朔府：寧朔將軍府。寧朔，官名。寧朔將軍省稱。掌邊防。　司馬：官名。爲軍府高級幕僚，管理府内武職，與長史共參府務。

　　建元元年，爲太子左衛率，[1]封新吴縣伯，[2]見委任，[3]勢傾天下。景先本名道先，乃改爲景先，以避上諱。

[1]太子左衛率：官名。東宫屬官。掌護衛太子。

[2]封新吴縣伯：據《南齊書》卷三八《蕭景先傳》，蕭景先封新吴縣伯，邑五百户。

[3]見委任：中華本據《通志》補作"甚見委任"。委任，信任，信用。

　　初武帝少年，與景先共車，行泥路，車久故壞，至領軍府西門，[1]車轅折，[2]俱狼狽。景先謂帝曰："兩人脱作領軍，[3]亦不得忘今日艱辛。"及武帝踐祚，[4]詔以景先爲兼領軍將軍。[5]拜日，羽儀甚盛，傾朝觀矚。拜還，未至府門，中詔："相聞領軍，今日故當無折轅事邪?"景先奉謝。

[1]領軍府：領軍將軍的官府。

[2]車轅：車前駕牲畜的兩根直木。　折：折斷。

[3]脱作：假設擔任。脱，連詞。表示假設，相當於"倘若""或許"。

［4］踐祚：即皇帝位，登極。

［5］兼：以本官兼行，兼領某職。

景先事上盡心，故恩寵特密。初西還，上坐景陽樓召景先語，[1]故舊唯豫章王一人在席而已。[2]轉中領軍。[3]車駕射雉郊外，景先常甲仗從，廉察左右。尋進爵爲侯。

［1］景陽樓：華林園内建築，故址在今江蘇南京市雞籠山南古臺城内。

［2］豫章王：蕭嶷。字宣儼。齊武帝同母弟。本書卷四二、《南齊書》卷二二有傳。豫章，郡名。治南昌縣，在今江西南昌市。豫章，殿本同，汲古閣本無“章”字。

［3］中領軍：官名。掌京師駐軍及禁軍。

始昇明中，[1]沈攸之於荆州舉兵，[2]武帝時鎮江州盆城，[3]景先夜乘城，忽聞壍中有小兒呼蕭丹楊，[4]未測何人，聲聲不絶。試問誰，空中應云：“賊尋當平，何事嚴防？”語訖不復言。即窮討之，[5]了不見。[6]明旦以白帝，帝曰：“攸之自無所至，焉知汝後不作丹楊尹？”[7]景先曰：“寧有作理。”尋而攸之首至。及永明三年，[8]詔以景先爲丹楊尹，謂曰：“此授欲驗往年盆城壍空中言耳。”後假節、司州諸軍事。[9]卒，[10]諡曰忠侯。

［1］昇玥：南朝宋順帝劉準年號（477—479）。

［2］沈攸之：字仲達，吳興武康（今浙江德清縣）人。本書卷三七有附傳，《宋書》卷七四有傳。

[3]江州：州名。治盆城，在今江西九江市西南。　盆城：在今江西九江市。

[4]塹（qiàn）：通“壍”。溝壕，護城河。

[5]窮討：徹底查清。

[6]了不見：一無所見。

[7]丹楊尹：官名。京師所在丹陽郡長官之稱，南朝齊時位次九卿。丹楊，郡名。治建康縣，在今江蘇南京市。

[8]永明：南朝齊武帝蕭賾年號（483—493）。

[9]假節：持節都督的一種（還有使持節、持節），得殺無官位的人。節，代表君主行使特殊使命的憑信。　司州：州名。治平陽縣，在今河南信陽市。

[10]卒：《南齊書》卷三八《蕭景先傳》云其時年五十。

　　子毅，位北中郎司馬。[1]性奢豪，好弓馬，爲明帝所疑忌。王晏事敗，[2]并陷誅之。

[1]北中郎：官名。即北中郎將。四中郎將之一，爲優禮大臣的榮譽稱號。

[2]王晏事敗：齊明帝建武四年（497），尚書令王晏被告發有異志，本人及黨羽被殺。王晏，字士彥，琅邪臨沂（今山東臨沂市）人。本書卷二四有附傳，《南齊書》卷四二有傳。

　　南豐伯赤斧，高帝從祖弟也。祖隆子，衛軍録事參軍。[1]父始之，冠軍中兵參軍。[2]

[1]衛軍：官名。衛將軍之省稱。位在諸名號大將軍之上，常以權臣兼任，統兵出征。　録事參軍：官名。公府、軍府皆置，爲録事曹長官。掌總録衆曹文簿、舉彈善惡。

[2]冠軍：官名。即冠軍將軍。雜號將軍。

赤斧以和謹爲高帝所知。高帝輔政，爲黃門侍郎、淮陵太守。[1]順帝遜位，[2]于丹楊故所立宮，[3]上令赤斧輔送，至因留防衛，薨乃還。後爲雍州刺史，在州不營產利，[4]勤於奉公。遷散騎常侍、左衛將軍。[5]武帝親遇，與蕭景先相比。封南豐縣伯，[6]遷給事中、太子詹事，[7]卒。[8]家貧無絹爲衾，[9]武帝聞之，愈加惋惜，謚懿伯。

[1]黃門侍郎：官名。爲侍中省或門下省次官，掌侍從皇帝，顧問應對，出則陪乘。　淮陵：汲古閣本、殿本、百衲本作“淮陵”。按，底本誤。淮陵，郡名。僑置於武進縣，在今江蘇丹陽市。

[2]遜位：猶讓位，讓出皇位。

[3]故所：《南齊書》卷三八《蕭赤斧傳》作“故治”，本書疑避唐高宗李治諱改。

[4]不營產利：不從事產業。

[5]散騎常侍：官名。門下省官。掌奏事，直侍左右。　左衛將軍：官名。禁衛軍官。執掌與驍騎同。

[6]南豐：縣名。治所在今江西廣昌縣東。

[7]給事中：官名。集書省官。掌侍從、顧問。　太子詹事：官名。東宮官。掌太子家事。

[8]卒：據《南齊書·蕭赤斧傳》，其於齊武帝永明三年（485）卒，時年五十六。

[9]衾：覆蓋尸體的單被。

子穎冑襲爵。

穎冑字雲長，弘厚有父風。[1]起家秘書郎。[2]高帝謂赤斧曰：“穎冑輕朱被身，[3]覺其趨進轉美，足慰人意。”遷太子舍人。遭父喪，感脚疾，[4]數年然後能行，武帝有詔慰勉之，[5]賜以醫藥。除竟陵王司徒外兵參軍，[6]晋熙王文學。[7]

[1]弘厚：寬大忠厚。

[2]秘書郎：官名。秘書省官。掌修撰國史。

[3]輕朱：輕軟的朱衣。　被身：穿在身上。

[4]感：犯病，患病。

[5]慰勉：慰問勉勵。

[6]司徒外兵參軍：官名。司徒府僚屬，掌外兵曹，兼備參謀咨詢。

[7]晋熙王文學：官名。王府文學官，略如後世的教官。晋熙，郡名。治懷寧縣，在今安徽潛山市。

穎冑好文義，弟穎基好武勇。武帝登烽火樓，詔群臣賦詩，穎冑詩合旨。上謂穎冑曰：“卿文弟武，[1]宗室便不乏才。”上以穎冑勳戚子弟，自中書郎除左軍將軍，[2]知殿内文武事，得入便殿。[3]出爲新安太守，吏人懷之。後除黃門郎，領四廂直。遷衛尉。

[1]卿：對説話對象的敬稱。

[2]左軍將軍：官名。爲前、後、左、右四軍將軍之一，掌宿衛。《南齊書》卷三八《蕭赤斧傳》作“左將軍”，《南齊書》中華修訂本校勘記云：“穎冑不應單授軍號，下文云‘知殿内文武事，得入便殿’，疑禁衛武職‘左軍將軍’是。”

[3]便殿：正殿以外的别殿，古代帝王休息消閑之處。

　　明帝廢立，穎胄從容不爲同異，[1]乃引穎胄預功。建武二年，進爵爲侯，賜以常所乘白輸牛。[2]明帝每存儉約，[3]欲鑄壞太官元日上壽銀酒鎗，[4]尚書令王晏等咸稱盛德，[5]穎胄曰：“朝廷盛禮，莫過三元，[6]此一器既是舊物，不足爲侈。”[7]帝不悦。後預曲宴，[8]銀器滿席，穎胄曰：“陛下前欲壞酒鎗，恐宜移在此器也。”帝甚懟。

　　[1]不爲同異：不支持也不反對。
　　[2]白輸（yú）牛：牛多爲黑色，此白色，故而珍貴。
　　[3]每存：常常留意。
　　[4]鑄壞：重新熔鑄。　太官：官名。掌皇帝飲食宴會的官，稱太官令。　元日：吉日。農曆正月初一。　銀酒鎗（chēng）：溫酒器。
　　[5]盛德：品德高尚。
　　[6]三元：農曆正月初一。是日爲年、月、日之始，故謂之三元。
　　[7]不足爲侈：不宜拿來作爲奢侈的用具。
　　[8]曲宴：猶私宴。多指宮中之宴。

　　後爲廬陵王後軍長史、廣陵太守，[1]行兗州府事。[2]是年，魏揚聲當飲馬長江，[3]帝懼，敕穎胄移居人入城，百姓驚恐，席卷欲南度，[4]穎胄以魏軍尚遠，不即施行，魏軍亦尋退。仍爲南兗州刺史，加都督。和帝爲荆州，[5]以穎胄爲西中郎長史、南郡太守，[6]行荆州府事。時江祐專執朝權，此行由祐，穎胄不平，曰：“江公盪我輩出。"[7]

[1]廬陵：郡名。治石陽縣，在今江西吉水縣東北。　廣陵：郡名。治廣陵縣，在今江蘇揚州市西北蜀岡上。

[2]兗州：僑州名。此處指南兗州。治廣陵縣，在今江蘇揚州市西北蜀岡上。

[3]飲馬長江：渡江南下進行征伐。

[4]席卷：盡數，全部。

[5]和帝：南朝齊和帝蕭寶融。公元501年至502年在位。本書卷五、《南齊書》卷八有紀。

[6]西中郎長史：官名。西中郎將府幕僚長，掌府中衆事。南郡：郡名。治江陵縣，在今湖北荆州市荆州區。

[7]盪（dàng）：清洗，排擠。


東昏侯誅戮群公，委任厮小，[1]崔、陳敗後，[2]方鎮各懷異計。永元二年十月，尚書令臨湘侯蕭懿及弟衛尉暢見害，[3]先遣輔國將軍劉山陽就穎胄兵襲梁武帝。[4]帝時爲雍州刺史，將起兵，慮穎胄不同，遣穎胄親人王天武詣江陵，[5]聲云山陽西上，并襲荆、雍，書與穎胄，勸同舉兵，[6]穎胄意猶未決。初，山陽出南州，謂人曰："朝廷以白虎幡追我，[7]亦不復還矣。"席捲妓妾，[8]盡室西行。至巴陵，[9]遲回十餘日不進。[10]梁武帝復追天武齎書與穎胄，[11]設奇略以疑之。[12]是時或云山陽謀殺穎胄，以荆州同舉。山陽至，果不敢入城。穎胄計無所出，夜遣錢唐人朱景思呼西中郎城局參軍席闡文、諮議參軍柳忱閉齋定議。[13]闡文曰："蕭雍州畜養士馬，非復一日。江陵素畏襄陽人，[14]人衆又不敵，取之不可必制，制之，[15] 歲寒復不爲朝廷所容。今若殺山陽，與雍州舉事，立天子以令諸侯，霸業成矣。山陽持疑不進，是不信我，今斬送天武，則彼疑可釋。至而圖之，罔不濟矣。"忱亦勸焉。穎胄乃斬天武，以示山陽。山陽大喜，輕將步騎數百到州，[16] 闓文勒兵斬之，傳首于梁武。

[1]廝小：鄙陋低賤之人。

[2]崔、陳敗後：崔慧景、陳顯達先後起兵，旋即失敗之事。崔慧景，字君山，清河東武城（今河北清河縣）人。本書卷四五、《南齊書》卷五一有傳。陳顯達，南彭城彭城（今江蘇鎮江市）人。本書卷四五、《南齊書》卷二六有傳。

[3]臨湘：縣名。治所在今湖南長沙市。　蕭懿：蕭衍之兄，當時與衍同仕齊。本書卷五一有傳。　暢：蕭暢。梁宗室。本書卷五一有傳。

[4]輔國將軍：官名。優禮大臣的榮譽稱號。南朝齊爲小號將軍。　梁武帝：蕭衍。南朝梁開國皇帝，公元502年至549年在位。本書卷六、卷七，《梁書》卷一至卷三有紀。

[5]王天武：《南齊書》卷三八《蕭穎胄傳》作"王天虎"，《梁書》卷一〇《蕭穎達傳》作"王天獸"，本書及《梁書》皆避唐高祖祖父李虎諱改。　江陵：縣名。治所在今湖北荆州市荆州區。

[6]勸同舉兵：《南齊書·蕭穎胄傳》一本作"或勸同舉義"。

[7]白虎幡：有白虎圖像的旗。古代用作傳布朝廷政令或軍令的符信。

[8]席捲：悉數，全部。

[9]巴陵：郡名。治巴陵縣，在今湖南岳陽市。

[10]遲回：徘徊，猶豫。

[11]追：汲古閣本同，殿本、《南齊書·蕭穎胄傳》作"遣"。
齎（jī）：持，拿。

[12]設奇略以疑之：《南齊書·蕭穎胄傳》作"陳設其略"。

[13]錢唐：縣名。治所在今浙江杭州市。　閉齋：以齋戒的名
義關閉起來。　定議：定策，謀議。

[14]江陵素畏襄陽人：陳寅恪《述東晉王導之功業》以爲，
襄陽所在的雍州，是流民聚集區域，尚武好戰；江陵是文化士族聚
集區，崇文，難以抵擋襄陽流民勢力的入侵（載《金明館叢稿初
編》，生活·讀書·新知三聯書店 2001 年版，第 71—73 頁）。何德
章認爲其原因是，以江陵爲中心的荆州與以襄陽爲中心的雍州政治
地位升降所致（詳見何德章《釋"荆州本畏襄陽人"》，《魏晉南
北朝史叢稿》，商務印書館 2010 年版，第 311—319 頁）。

[15]不可必制，制之：《梁書·蕭穎達傳》作"必不可制之"。

[16]輕將步騎數百到州：《南齊書·蕭穎胄傳》云劉山陽"從
左右數十人"。

　　東昏聞山陽死，發詔討荆、雍。穎胄有器局，[1] 既
唱大事，[2] 衆情歸之。長沙寺僧鑄黄金爲龍數千兩埋土
中，歷相傳付，[3] 稱爲下方黄鐵，穎胄因取此龍，以充
軍實。乃歎曰："往年江祏斥我，[4] 至今始知禍福之無門
也。"[5] 十二月，移檄建鄴。[6]

　　[1]器局：器量，度量。
　　[2]唱大事：號召發動起義。唱，通"倡"。倡導，號召。
　　[3]歷相傳付：世代傳授。
　　[4]斥：排擠。
　　[5]知禍福之無門：禍福没有定數，都是人所自取。
　　[6]移檄：發布公文聲討。

　　三年正月，和帝爲相國，[1]穎胄爲左長史，[2]進號鎮軍將軍，於是始選用方伯。[3]梁武屢表勸和帝即尊號，[4]穎胄使別駕宗史撰定禮儀。[5]上尊號、改元。於江陵立宗廟、南北郊。州府門城，[6]悉依建康宮，置尚書五省，[7]以城南射堂爲蘭臺，[8]南郡太守爲尹。[9]建武中，荆州大風雨，龍入柏齋中，[10]柱壁上有爪足處，[11]刺史蕭遥欣恐畏，不敢居之，至是以爲嘉福殿。[12]

[1]相國：官名。不常置。多由權臣出任，非尋常人臣之職。

[2]左長史：官名。與相國右長史並爲相國府僚屬之長，佐相國總管府内諸曹，位高於右長史。

[3]方伯：一方諸侯之長。

[4]尊號：皇帝之位。

[5]別駕：官名。別駕從事史之省稱。魏晋以後諸州均置別駕，總理州府事務，職權甚重。南北朝皆以州之輕重大小區分別駕品秩。　宗史：《南齊書》卷三八《蕭穎胄傳》作“宗夬”。殿本《南史考證》云當以“宗夬”爲是。

[6]門城：《南齊書·蕭穎胄傳》作“城門”。

[7]尚書五省：尚書省、門下省、集書省、中書省、秘書省五省。

[8]射堂：古時習射的場所。　蘭臺：宮中藏書的地方。

[9]尹：都城所在地的行政長官。

[10]柏齋：原刺史衙署。

[11]上：汲古閣本、《南齊書·蕭穎胄傳》同，殿本作“土”。

[12]嘉福殿：《南齊書·蕭穎胄傳》作“嘉祐殿”，《建康實録》卷一六作“嘉瑞殿”。

中興元年三月，[1] 穎冑爲侍中、尚書令、監八州軍事、荊州刺史，[2] 留衛西朝。以弟穎達爲冠軍將軍。及楊公則等率師隨梁武圍郢城。[3] 穎達會軍於漢口，[4] 與王茂、曹景宗等攻陷郢城。[5] 梁武進漂州，[6] 使與曹景宗破東昏將李居士。又從下東城。

[1] 中興：南朝齊和帝蕭寶融年號（501—502）。

[2] 尚書令：官名。尚書省長官，綜理全國政務，參議大政，實權有如宰相，如録尚書事缺，則兼有宰相之名義。 監八州軍事：以較高官員監理某諸軍事或下級部門。 荊州刺史：《南齊書》卷八《和帝紀》、卷三八《蕭穎冑傳》並云蕭穎冑行荊州刺史。

[3] 郢城：郢州刺史治所所在地，在今湖北武漢市武昌區。

[4] 漢口：又名沔口。在今湖北漢江入長江之口。

[5] 王茂：字休遠（又作“休連”），一字茂先。太原祁（今山西祁縣）人。本書卷五五、《梁書》卷九有傳。 曹景宗：字子震，新野（今河南新野縣）人。本書卷五五、《梁書》卷九有傳。

[6] 漂州：中華本以《宋書》卷六《孝武帝紀》“上次溧洲”爲據，疑其爲“溧洲”之訛。

初梁武之起也，巴東太守蕭惠訓子璝、巴西太守魯休烈弗從，[1] 舉兵侵荊州，敗輔國將軍任漾之於峽口，[2] 穎冑遣軍拒之，而梁武已平江、郢，圍建康。[3] 時穎冑輔帝主，有安重之勢。[4] 素能飲酒，噉白肉膾至三斗。[5] 自以職居上將，[6] 不能拒制璝等，憂愧發疾而卒。[7] 州中秘之，使似其書者假爲教命。[8]

[1] 巴東：郡名。治魚復縣，在今重慶奉節縣東白帝城。 巴

西：郡名。治涪縣，在今四川綿陽市東。

　　[2]峽口：地名。即今湖北宜昌市西長江西陵峽口，爲歷史上戰略要地。

　　[3]圍：《梁書》卷一〇《蕭穎達傳》作“圖”。

　　[4]安重：安詳穩重。

　　[5]噉（dàn）：吃。　膾（kuài）：細切的魚肉。　三斗：《南齊書》卷三八《蕭穎胄傳》作“三升”。

　　[6]職居：官至。　上將：高級將領的泛稱。

　　[7]憂愧發疾而卒：《南齊書·蕭穎胄傳》云其時年四十。

　　[8]書：字體，字迹。　假爲：仿寫，僞造。　教命：施政的命令。

　　時梁武圍建康，住石頭，[1]和帝密詔報穎胄凶問，亦秘不發喪。及建康平，蕭璝亦衆懼而潰，和帝乃始發喪，詔贈穎胄丞相，前後部羽葆、鼓吹，[2]班劍三十人，輼輬車，[3]黃屋左纛。[4]

　　[1]石頭：在今江蘇南京市西清凉山，負山面江，形勢險固。南朝在此建有城堡，派重兵戍守。

　　[2]羽葆：出殯時的儀仗。　鼓吹：備有鼓、鉦、簫、笳樂器的樂隊，用於大駕出游行軍。古代以賜功臣勳將。

　　[3]輼（wēn）輬（liáng）車：古代的卧車，亦用作喪車。

　　[4]黃屋左纛（dào）：有黃繒車蓋的帝王專用車輿。左纛，帝王車輿上的飾物。以犛牛尾或雉尾製成，設在車衡左邊。

　　梁天監元年，追封巴東郡公。[1]喪還，武帝車駕臨哭渚次，[2]葬依晋王導、齊豫章王故事。[3]謚曰獻武。

［1］郡公：爵名。晋始置，亦稱開國郡公，如小國王。

［2］臨哭：臨祭而哭。

［3］依晋王導、齊豫章王故事：死後喪禮得到極高禮遇的兩人。王導，字茂弘，琅邪臨沂（今山東臨沂市）人。東晋開國元勳。《晋書》卷六五有傳。豫章王，蕭嶷。齊開國功臣。故事，舊例。

弟穎達，少好勇使氣。穎胄齊建武末行荆州事，穎達亦爲西中郎外兵參軍，[1]俱在西府。齊季多難，[2]頗不自安，因與兄穎胄舉兵。

［1］西中郎外兵參軍：官名。西中郎將府任的外兵參軍，掌外兵曹事務，職參謀議，備隨軍出征。

［2］齊季：齊朝末年。

穎達弟穎孚自建鄴爲廬陵人脩景智潛引，[1]與南歸。穎孚緣山逾嶂，[2]僅免。道中絶糧，後因食過飽而卒。

［1］脩景智：《梁書》卷一〇《蕭穎達傳》作“循景智”。 潛引：暗地招引。

［2］逾嶂（zhàng）：翻越險峰。

建康平，梁武帝以穎達爲前將軍、丹楊尹。[1]及受禪，贈穎孚右衛將軍，[2]封穎達作唐侯，[3]位侍中、衛尉卿。[4]出爲豫章内史，[5]意甚憒憒。[6]未發前，預華林宴，酒後於座辭氣不悦。沈約因勸酒，[7]欲以釋之。穎達大罵約曰：“我今日形容，[8]正是汝老鼠所爲，[9]何忽復勸我酒！”[10]舉坐驚愕。帝謂之曰：“汝是我家阿五，沈公宿望,[11]何意輕脱。[12]若以法繩汝,[13]汝復何理。"[14]穎達竟無一言, 唯大涕泣, 帝心愧之。未幾, 遷江州刺史。少時,[15]懸瓠歸化, 穎達長史沈瑀等苛刻爲盜所害, 衆頗疑穎達, 或傳謀反。帝遣直閤將軍張豹子稱江中討盜,[16]實使防之。穎達知朝廷之意, 唯飲酒不知州事。後卒於左衛將軍,[17]謚康侯。

[1]前將軍: 官名。漢代爲重號將軍, 魏晉權位漸低, 南朝成爲軍府名號, 用作加官, 常不載官品。

[2]右衛將軍: 官名。禁衛軍官。分掌宿衛營兵。

[3]作唐侯: 作唐縣侯。作唐, 縣名。治所在今湖南安鄉縣北。

[4]侍中: 官名。門下省官。掌獻納諫諍及司進御之職。梁十二班。　衛尉卿: 官名。梁十二卿之一, 掌宮門屯兵。梁武帝天監七年 (508) 革選, 定流内官職爲十八班, 以班多者爲貴, 衛尉卿爲十二班。

[5]豫章内史: 官名。豫章國的治民長官, 職如郡太守。豫章, 郡名。治南昌縣, 在今江西南昌市。

[6]憒 (kuì) 憒: 昏亂不安。

[7]沈約: 字休文, 吳興武康 (今浙江德清縣) 人。本書卷五七、《梁書》卷一三有傳。

[8]形容: 境地, 處境。

[9]汝老鼠: 罵人之語。意爲, 你們這些鼠輩。

[10]何忽: 爲何。

[11]宿望: 素有名望之人。

[12]何意: 爲何。　輕脱: 輕佻, 不穩重。

[13]繩: 繩治, 治罪。

[14]汝復何理: 你還有什麽可説的道理。意即理虧。

[15]時: 殿本同, 汲古閣本作 "年"。

[16]直閤將軍：官名。掌宫禁警衞。

[17]卒於左衞將軍：《梁書》卷一〇《蕭穎達傳》云其卒於右衞將軍，時年三十四。

　　子敏嗣，位新安太守，好射雉，未嘗在郡，辭訟者遷於畎焉。[1]後張弩損腰而卒。

[1]畎（quǎn）：田地。

　　第七子斅，太清初，[1]爲魏興太守。[2]梁州刺史宜豐侯循以爲府長史。[3]梁州有古墓名曰“尖冢”，或云張騫墳，[4]欲有發者，輒聞鼓角與外相拒，[5]椎埋者懼而退。[6]斅謂無此理，求自監督。及開，唯有銀鏤銅鏡方尺。[7]斅時居母服，[8]清談所貶。[9]

[1]太清：南朝梁武帝蕭衍年號（547—549）。

[2]魏興：郡名。治西城縣，在今陝西安康市西北漢江北岸。

[3]宜豐：縣名。治所在今江西宜豐縣北。　循：梁武帝弟蕭恢之子蕭循。字世和。本書卷五二有附傳。

[4]張騫：西漢漢中成固（今陝西城固縣）人，曾兩次出使西域。《漢書》卷六一有傳。

[5]相拒：相抗拒，相對抗。

[6]椎（chuí）埋：殺人而埋之。一説謂盜掘墳墓。此處爲後一義。

[7]銀鏤：銀質雕刻的器物。　方尺：一尺見方。

[8]時居母服：當時正處在爲其母服喪期間。

[9]清談所貶：世間清議所貶斥。清談，清議。談論的内容以

對人物、時事的批評爲主。

衡陽公諶，字彦孚，高帝絶服族子也。[1]祖道清，員外郎。父仙伯，桂陽國下軍。[2]

[1]絶服：五服（斬衰、齊衰、大功、小功、緦麻）以外不再服喪之親屬，親屬關係較爲疏遠。

[2]桂陽國：以郡爲國。桂陽，郡名。治郴縣，在今湖南郴州市。　下軍：《南齊書》卷四二《蕭諶傳》作“參軍”，中華修訂本據《南史》改作“下軍”，其校勘記云：“按本書卷一六《百官志》，王國無參軍，有上、中、下三軍。”

宋元徽末，[1]武帝在郢，欲知都下消息，高帝遣諶就武帝宣傳謀計，留爲腹心。昇明中，爲武帝中軍刑獄參軍、南東莞太守，[2]以勞封安復縣男。[3]建元初，武帝在東宮，[4]諶領宿衛。高帝殺張景真，武帝令諶啓乞景真命，高帝不悦，諶懼而退。武帝即位，除步兵校尉、南蘭陵太守，[5]領御仗主，[6]齋内兵仗，悉委付之，心膂密事，[7]皆使參掌。爲左中郎將、後軍將軍，[8]太守如故。武帝卧疾延昌殿，[9]諶在左右宿直。上崩，遺敕諶領殿内事如舊。

[1]元徽：南朝宋後廢帝劉昱年號（473—477）。

[2]中軍刑獄參軍：官名。中軍將軍府刑獄參軍，主軍府司法刑獄事。　南東莞：僑郡名。治莒縣，在今江蘇常州市武進區東南。《南齊書》卷四二《蕭諶傳》作“東莞”。

[3]安復：縣名。治所在今江西安福縣西。

[4]東宮：太子所居之處，亦代指太子。

[5]步兵校尉：官名。禁衞軍官。分掌宿衞營兵。　南蘭陵：僑郡名。治蘭陵縣，在今江蘇常州市武進區西北。

[6]御仗主：官名。禁衞武官。掌齋内兵仗，宿直左右。

[7]心膂（lǚ）：心和膂都是人體重要部分，因以喻親信骨幹之人。膂，脊骨。

[8]左中郎將：官名。侍從武官。與右中郎將、五官中郎將分掌宿衞營兵。　後軍將軍：官名。禁衞軍官。分掌宿衞營兵。

[9]延昌殿：本書卷七七《吕文度傳》："延昌殿，武帝中齋也，宅後爲魚池釣臺，土山樓館，長廊將一里，竹林花藥之美，公家苑囿所不能及。"《南齊書》卷五六《茹法亮傳》："延昌殿爲世祖陰室，藏諸御服。"


鬱林即位，深委信諶，諶每請急宿出，[1]帝通夕不能寐，諶還乃安。轉衞軍司馬，[2]兼衞尉。丁母憂，[3]敕還本位，守衞尉。明帝輔政，諶回附明帝，勸行廢立，密召諸王典籤約語之，不許諸王外接人物。諶親要日久，衆皆憚而從之。鬱林被廢日，初聞外有變，猶密爲手敕呼諶，其見信如此。諶性險，無護身計。及廢帝日，領兵先入後宮，齋内仗身素隷服諶，[4]莫有動者。


[1]請急：請假。　宿出：夜出。汲古閣本同，殿本、《南齊書》卷四二《蕭諶傳》作"出宿"。

[2]衞軍司馬：官名。衞將軍府司馬。衞將軍爲南朝榮譽加號，開府者位從公，秩一品。

[3]丁母憂：遭逢母親喪事。

[4]仗身：執武器的隨從衞士。

海陵立，轉中領軍，進爵爲公，甲仗五十人，入直殿內，月十日還府。建武元年，轉領軍將軍、左將軍、南徐州刺史，[1]給扶，進爵衡陽郡公。明帝初許事剋用諶爲揚州，及有此受，[2]諶恚曰：“見炊飯推以與人。”[3]王晏聞之曰：“誰復爲蕭諶作甌簁者。”

[1]左將軍：官名。南朝沿置，常作加官。宋三品。齊品秩不詳。　南徐州：僑州名。治京口城，在今江蘇鎮江市。

[2]受：汲古閣本、殿本作“授”。

[3]見炊飯推以與人：做熟的飯送給別人。喻功勞被他人奪去。《南齊書》卷四二《蕭諶傳》“飯”下有“熟”字。

諶恃勳重，干豫朝政，明帝新即位，遣左右要人於外聽察，具知諶言，深相疑阻。二年六月，上華林園，[1]宴諶及尚書令晏等數人盡歡。坐罷，留諶晚出，至華林閣，仗身執還入省。上遣左右莫智明數諶曰：[2]“隆昌之際，非卿無有今日。今一門二州，兄弟三封，[3]朝廷相報，政可極此。卿恒懷怨望，乃云‘炊飯已熟，合甌與人邪’，[4]今賜卿死。”諶謂智明曰：“天去人亦復不遠，我與至尊殺高、武諸王，是卿傳語來去，我今死，還取卿矣。”於省殺之。至秋，而智明死，見諶爲祟。詔乃顯其過惡，收付廷尉。

[1]上：汲古閣本、殿本同。《南齊書》卷四二《蕭諶傳》作“上幸”，“幸”字不當省。

[2]數：數落，責備。列舉過錯或罪狀。

　　[3]今一門二州，兄弟三封：《資治通鑑》卷一四〇《齊紀六》明帝建武二年胡三省注云："諶爲南徐州，誕爲司州，所謂二州也。諶封衡陽郡公，誅封西昌侯，誕封安復侯，所謂三封也。"

　　[4]合甑（zèng）與人：連同炊具（甑）一同交給他人。

　　諶好左道，[1]吳興沈文猷相諶云：[2]"相不減高帝。"[3]諶喜曰："感卿意，無爲人言也。"至是，文猷伏誅。

　　[1]左道：邪門旁道。多指巫蠱、方術等。
　　[2]吳興：郡名。治烏程縣，在今浙江湖州市。
　　[3]高帝：《南齊書》卷四二《蕭諶傳》一本作"高宗"。

　　諶兄誕字彥偉，永明中，爲建康令，與秣陵令司馬迪之同乘行，[1]車前導四卒。[2]左丞沈昭略奏：[3]"凡有鹵簿官，[4]共乘不得兼列騶寺，[5]請免誕等官。"詔贖論。[6]延興元年，歷徐、司二州刺史。[7]明帝立，封安復侯，[8]徵爲左衛將軍。上欲殺諶，以誕在邊鎮拒魏，[9]故未及行。魏軍退六旬，[10]諶誅，遣梁武帝爲司州，別使誅誕。[11]誕子稜妻，江淹女，字才君，聞諶死，[12]曰："蕭氏皆盡，妾何用生。"慟哭而絶。

　　[1]秣陵：縣名。治所在今江蘇南京市中華門外。
　　[2]車前導：官吏出行時前列的儀仗。
　　[3]左丞：官名。即尚書左丞。負責宗廟祠祀、朝儀禮制、選授官吏等文書奏事，職權甚重。
　　[4]鹵簿：古代皇帝或高級官吏出行時的儀仗和警衛。

[5]兼列：並列，兩隊。　騶寺：鹵簿中的前導兵卒。南朝給職官鹵簿依官品有嚴格的制度，縣令鹵簿的前導卒不過二人。

[6]贖論：以繳納貲財的形式，減輕罪責。

[7]徐：州名。亦稱南徐州，治京口城，在今江蘇鎮江市。

[8]安復：《南齊書》卷四二《蕭誕傳》作“安德”。

[9]邊鎮：邊境地區的要塞重鎮。　拒魏：防禦北魏政權。

[10]六旬：六十日。

[11]別：《南齊書・蕭誕傳》作“別駕”。按，據《南齊書》卷六《明帝紀》，齊明帝建武二年（495）六月壬戌，誅蕭諶；七月壬申，“以冠軍將軍梁王爲司州刺史”。疑《南齊書・蕭誕傳》“駕”字衍。

[12]諶：汲古閣本、殿本同，百衲本作“誕”。


　　諶弟誄，字彦文，與諶同豫廢立，[1]封西昌侯，[2]位太子左衛率。誅諶之日，輔國將軍蕭季敞啓求收誄，[3]深加排苦，[4]乃至手相摧辱。[5]誄徐曰：[6]“已死之人，何足至此，君不憶相提拔時邪？[7]幽冥有知，[8]終當相報。”


[1]同豫廢立：公元494年，蕭諶參與誅殺鬱林王，擁立海陵王。

[2]西昌：縣名。治所在今江西泰和縣西。

[3]蕭季敞：齊宗室，明帝從祖弟。

[4]排苦：排擠，折磨。

[5]手：親手，親自。

[6]徐：徐緩，不急不慢。

[7]憶：回憶。

[8]幽冥：地府，陰間。

季敞麤猛無行，[1]善於彌縫，[2]高帝時爲諶所獎説，故累爲郡守。在政貪穢，[3]諶輒掩之。[4]後爲廣州刺史，[5]白日見誅將兵入城收之。少日，果爲西江都護周世雄所襲，[6]軍敗，奔山中，爲蛭所嚙，[7]肉都盡而死，[8]慘楚備至，[9]後爲村人所斬。論者以爲有天道焉。

[1]麤（cū）猛：粗悍勇猛。

[2]彌縫：彌補，補救。

[3]貪穢（huì）：貪污。

[4]掩：掩蓋。

[5]廣州：州名。治番禺縣，在今廣東廣州市。

[6]西江都護：官名。南朝時期在西江地區設置以管控少數民族的官職。西江，即古鬱水，珠江幹流，在今廣東西部。　周世雄：北蘭陵蘭陵（今山東蘭陵縣）人。《南齊書》卷二九有附傳。

[7]蛭（zhì）：螞蟥。　嚙（niè）：啃，咬。

[8]都：用於强調的語氣詞。

[9]慘楚：痛苦。　備至：猶言至極點。


臨汝侯坦之字君平，[1]高帝絶服族子也。祖道濟，太中大夫。[2]父欣祖，武進令。[3]

[1]臨汝侯：臨汝縣侯。臨汝，縣名。治所在今江西撫州市臨川區西。

[2]太中大夫：官名。文散官。無定員，掌議論。

[3]武進：縣名。治所在今江蘇丹陽市東。


坦之與蕭諶同族，爲東宮直閣，[1]以勤直爲文惠所知，[2]除給事中、蘭陵令。[3]武帝崩，坦之率太孫文武度上臺，[4]除射聲校尉，[5]令如故。未拜，除正員郎、南魯郡太守。[6]少帝以坦之文惠舊人，[7]親信不難，[8]得入內見皇后。帝於宮中及出後堂雜狡獪，[9]坦之皆得在側，或遇醉後倮袒，[10]坦之輒扶持諫喻。見帝不可奉，乃改附明帝，密爲耳目。

[1]東宮直閣：官名。東宮直閣將軍。掌護衛太子宮。

[2]勤直：勤勞耿直。　文惠：齊武帝蕭賾長子蕭長懋。字雲喬。謚曰文惠。本書卷四四、《南齊書》卷二一有傳。《南齊書》卷四二《蕭坦之傳》作“世祖”，《資治通鑑》卷一三九《齊紀五》明帝建武元年作“世宗”。“世宗”爲鬱林王即位後追尊蕭長懋的廟號。

[3]蘭陵：僑縣名。治所在今江蘇常州市武進區西北。

[4]率：《南齊書·蕭坦之傳》作“隨”。　太孫：鬱林王蕭昭業。文惠太子蕭長懋之子。後世帝王往往在太子死後，册立太孫，爲預定之皇位繼承人。

[5]射聲校尉：官名。禁衛軍官。分掌宿衛營兵。

[6]南魯：郡名。僑寄於今江蘇鎮江市、無錫二市間。

[7]文惠：《南齊書·蕭坦之傳》作“世祖”。

[8]難：汲古閣本同，殿本作“離”。《南齊書·蕭坦之傳》一本作“難”，一本作“離”。當以“離”爲是。

[9]雜：《南齊書·蕭坦之傳》作“雜戲”。　狡（jiǎo）獪（kuài）：嬉戲，開玩笑。

[10]倮袒：赤身露體。倮，殿本同，汲古閣本作“裸”。

隆昌元年，[1]追録坦之父勳，[2]封臨汝縣男。少帝微

聞外有異謀，憚明帝在臺內，敕移西州。[3]後在華林園
華光殿露著黃縠褌，[4]跂牀垂脚，[5]謂坦之曰："人言鎮軍
與王晏、蕭謀欲共廢我，[6]似非虛傳，蘭陵所聞云何?"
坦之嘗作蘭陵令，故稱之。坦之曰："天下寧當有此？誰
樂無事廢天子邪？昔元徽獨在路上走，[7]三年人不敢近，
政坐枉殺孫超、杜幼文等故敗耳。[8]官有何事，一旦便
欲廢立？朝貴不容造以論，[9]政當是諸尼師母言耳。[10]
豈可以尼姥言爲信！官若無事除此三人，誰敢自保。安
陸諸王在外，寧肯復還，道剛之徒，何能抗此。"帝曰：
"蘭陵可好聽察，[11]作事莫在人後。"

[1]隆昌：南朝齊鬱林王蕭昭業年號（494）。

[2]追録：表彰死者生前功勳。

[3]西州：城名。即西州城。建康諸城之一。東晉築，在今江
蘇南京市朝天宮西望仙橋一帶。

[4]露著：外穿。 黃縠（hú）褌（kūn）：黃色縐紗製作的滿
襠褲。

[5]跂（qì）牀：垂足坐。

[6]鎮軍：官名。即鎮軍將軍。優禮大臣的榮譽稱號。開府者
位從公。

[7]元徽：南朝宋後廢帝劉昱年號（473—477）。這裏指劉昱。

[8]政坐：恰好因爲違犯某事。政，通"正"。

[9]不容造以論：不應當作出這樣的言論。

[10]政當是：正是。

[11]可好：應該仔細、小心。 聽察：探聽審察。

帝以爲除諸執政，應須當事人，[1]意在沈文季，[2]夜

遣内左右密賜文季，文季不受。帝大怒，謂坦之曰："我賜文季不受，豈有人臣拒天子賜。"坦之曰："官遣誰送?"帝曰："内左右。"坦之曰："官若詔敕出賜，令舍人主書送往，[3]文季寧敢不受![4]政以事不方幅，[5]故仰遣耳。"[6]

[1]當事人：擔當大事之人。

[2]意在：屬意，中意。　沈文季：字仲達，吳興武康（今浙江德清縣）人。本書卷三七有附傳，《南齊書》卷四四有傳。

[3]舍人主書：官名。主書令史，屬中書省。

[4]寧敢：豈敢。

[5]方幅：公開，光明正大。

[6]仰：敬辭。　遣：推辭，不接受。

　帝又夜醉，乘馬從西步廊向北馳走，如此兩三將倒，[1]坦之諫不從，執馬控，[2]帝運拳擊坦之不著，[3]倒地。坦之與曹道剛扶抱還壽昌殿瑇瑁牀上卧，[4]又欲起走，坦之不能制，坦之馳信報皇后，至，請譬良久，[5]乃眠。

[1]兩三：三兩次。

[2]控：牽引，阻止前進。

[3]不著：落空，沒打中。

[4]壽昌殿：又名壽昌畫殿，其南閣置白鷺鼓吹二部，爲帝、妃宴樂處所之一。　瑇（dài）瑁（mào）：指用瑇瑁殼裝飾。瑇瑁，爬行動物，形似龜，可做裝飾品。

[5]請譬：解釋，勸導。

時明帝謀廢殺，既與蕭諶及坦之定謀，少帝腹心直閤將軍曹道剛，疑外間有異，密有處分，諶未能發。[1]始興內史蕭季敞、南陽太守蕭穎基並應還都，[2]諶欲待二蕭至，藉其威力以舉事。明帝慮事變，以告坦之，坦之馳謂諶曰："廢天子古來大事，比聞曹道剛、朱隆之等轉已猜疑，衛尉明日若不就，事無所復及。[3]弟有百歲母，豈能坐聽禍敗，政應作餘計耳。"[4]諶惶遽，[5]明日遂廢帝，坦之力也。

[1]諶：《資治通鑑》卷一三九《齊紀五》明帝建武元年作"謀"，胡三省注云："言曹道剛密有圖鸞等之謀而未能發。"馬宗霍《南史校證》云："依上下文，似當從《通鑑》。'諶''謀'形近，或溫公所見之《齊書》《南史》本是'謀'字，亦未可知。"（第677頁）

[2]並應還都：《南齊書》卷四二《蕭坦之傳》一本作"遷都尉"，《資治通鑑·齊紀五》明帝建武元年作"皆內遷"。

[3]事無所復及：事情將來不及、難以挽回之意。

[4]作餘計：做其他的打算。

[5]惶（huáng）遽（jù）：恐懼慌張。

海陵即位，[1]除黃門郎，兼衛尉。建武元年，遷左衛將軍，[2]進爵爲侯。

[1]海陵：南朝齊皇帝蕭昭文。後被廢爲海陵王。本書卷五、《南齊書》卷五有紀。

[2]左衛將軍：《南齊書》卷四二《蕭坦之傳》作"右衛將軍"。

東昏立，爲侍中、領軍將軍。永元元年，母憂，起復職，[1]加將軍，[2]置府。[3]江祐兄弟欲立始安王遙光，密告坦之。坦之曰："明帝取天下已非次第，天下人至今不服，今若復作此事，恐四海瓦解，我其不敢言。"[4]

[1]起復職：封建時代官員遭父母喪，守制尚未滿期而應召任職。

[2]將軍：《南齊書》卷四二《蕭坦之傳》作"右將軍"。馬宗霍《南史校證》云："'加'下《南齊書》本傳有'右'字，下文云'右軍如故'，承此文而言也，則此當從《齊書》補'右'字。"（第677—678頁）

[3]置府：開府。

[4]其：極，甚。南監本《南齊書·蕭坦之傳》、《資治通鑑》卷一四二《齊紀八》東昏侯永元元年作"期"。

及遙光起事，遣人夜掩取坦之，[1]坦之科頭著褌踰墻走。[2]逢臺遊邏主顏端，[3]執之。坦之謂曰："始安作賊，[4]遣人見取，向於宅奔走，欲還臺耳，君何見錄。"端不答，而守防逾嚴。坦之謂曰："身是大臣，[5]夜半奔走，君理見疑，以爲得罪朝廷。若不信，自可步往東府參視。"[6]亦不答。端至小街，審知遙光舉事，乃走還。未至三十餘步，下馬再拜曰："今日乞垂將接。"坦之曰："向語君何所道，[7]豈容相欺。"端以馬與坦之，相隨去。比至新亭，[8]道中收遙光所虜之餘，得二百許人，并有麤仗。[9]乃進西掖門，[10]開鼓後得入殿內。其夕四更，主書馮元嗣叩北掖門，[11]告遙光反，殿內爲之備。向

曉，召徐孝嗣入。左將軍沈約五更初聞難，[12]馳車走趨
西掖門。或勸戎服，約慮外軍已至，若戎衣，或者謂同
遥光，無以自明，乃朱服而入。

[1]掩取：乘其不意而奪取或捕捉。

[2]科頭：謂不戴冠帽，裸露頭髻。　襌：汲古閣本、殿本、
百衲本作“襌”。　踰墻：翻墙。

[3]臺：臺省。中央官署。　遊邏主：巡邏隊首領。

[4]作賊：造反。

[5]身：我。

[6]步往：步行前往。　參視：觀覽檢查。

[7]何所道：論説的内容。

[8]比至：等到了。　新亭：在今江蘇南京市西南。其地瀕臨
江邊，位置險要，南朝時是捍衛京邑的重要軍事城堡之一。

[9]麤仗：簡略的儀仗。

[10]西掖門：建康宫城西垣之旁門。

[11]北掖門：建康宫城北門之一。原名承明門，南朝齊避高帝
蕭承之名諱而改。梁、陳時或稱北掖門，或稱承明門。按，梁、陳
時宫城有三座北門，由西而東依次爲大通門、北掖門、平昌門。

[12]左將軍：汲古閣本、殿本同，中華本據《梁書》卷一三
《沈約傳》改作“左衛將軍”。按，作“左衛將軍”是。錢大昕
《廿二史考異》卷三六云：“按《沈約傳》，齊時爲左衛將軍，不爲
左將軍。”

　　臺内部分既立，[1]坦之假節、督衆軍討遥光。事平，
遷尚書左僕射、丹楊尹，[2]右軍如故，進爵爲公。

[1]部分：部署，安排。　既立：已經完畢。

[2]尚書左僕射：官名。尚書省次官，位在右僕射上，主持尚書省日常工作。《南齊書》卷四二《蕭坦之傳》作"尚書右僕射"。

坦之肥黑無鬚，語聲嘶，[1]時人號爲蕭瘂。[2]剛狠專執，[3]群小畏而憎之。[4]遥光事平二十餘日，帝遣延明主帥黄文濟圍坦之宅，[5]誅之。

[1]聲嘶：聲音嘶啞。
[2]瘂：同"啞"。不能言語。《集韻·馬韻》："啞，瘂也。或作瘂。"
[3]剛狠：凶狠。　專執：固執。
[4]憎：汲古閣本、《南齊書·蕭坦之傳》同，殿本作"惜"。
[5]延明主帥：延明殿主帥。主帥，宮殿内的侍衛武官。

坦之從兄翼宗爲海陵郡，[1]將發，坦之謂文濟曰："從兄海陵宅故應無他。"文濟曰："海陵宅在何處？"坦之告之。文濟曰："政應得罪。"仍遣收之。檢家赤貧，[2]唯有質錢帖子數百，[3]還以啓帝，原其死。[4]

[1]海陵：郡名。治建陵縣，在今江蘇泰州市東北。
[2]檢家：搜查其家。　赤貧：極度貧窮，家空物盡。
[3]唯有：殿本同，汲古閣本作"唯百"。　質錢：典當財物。
帖子：朱季海《南齊書校議》認爲江左以書券爲帖子（中華書局1984年版，第148頁）。
[4]原：赦免。

和帝中興元年，追贈坦之中軍將軍、開府儀同三司。[1]

[1]中軍將軍：官名。重號將軍，位比四鎮將軍。

論曰：有齊宗室，唯始安之後克昌。明帝取之以非道，遙光濟之以殘酷，其卒至顛仆，[1]所謂"亦以此終"者也。穎胄荊州之任，蓋惟失職，及其末途倚伏，[2]豈預圖之所致乎。[3]諶與坦之俱應顧託，既以傾國，亦以覆身，各其宜矣。

[1]顛仆：死亡，滅亡。
[2]倚伏：禍福相因，互相依存，互相轉化。語本《老子》："禍兮福之所倚，福兮禍之所伏。"倚，依托。伏，隱藏。
[3]預圖：事先考慮。

# 南史　卷四二

## 列傳第三十二

## 齊高帝諸子上

豫章文獻王嶷 子子廉 子恪 子操 子範 子範子乾 子範弟子顯
子雲

　　齊高帝十九男：昭皇后生武帝、豫章文獻王嶷，[1]
謝貴嬪生臨川獻王映、長沙威王晃，[2]羅太妃生武陵昭
王曄，[3]任太妃生安成恭王暠，陸脩儀生鄱陽王鏘、晋
熙王銶，袁脩容生桂陽王鑠，何太妃生始興簡王鑑、宜
都王鏗，區貴人生衡陽王鈞，張淑妃生江夏王鋒、河東
王鉉，李美人生南平王銳。第九、第十三、第十四、第
十七皇子早亡，衡陽王鈞出繼高帝兄元王後。[4]

　　[1]昭皇后：蕭道成妃劉智容。廣陵（今江蘇揚州市）人。本
書卷一一、《南齊書》卷二〇有傳。　豫章文獻王嶷：《南齊書》

卷二二亦有傳。豫章，郡名。治南昌縣，在今江西南昌市。

　　[2]臨川獻王映：蕭映，字宣光。齊高帝第三子。本書卷四三、《南齊書》卷三五有傳。臨川，郡名。治南城縣，在今江西南城縣東南。

　　[3]羅太妃：本書卷四三《武陵昭王曄傳》云"從高帝在淮陰，以罪誅"。

　　[4]出繼高帝兄元王後：成爲高帝兄衡陽元王蕭道度的繼承人。蕭道度，本書卷四一、《南齊書》卷四五有傳。

　　豫章文獻王嶷字宣儼，高帝第二子也。寬仁弘雅，有大成之量，高帝特鍾愛焉。仕宋爲尚書左户郎，[1]錢唐令。[2]高帝破薛索兒，[3]改封西陽，[4]以先爵賜嶷，[5]爲晋壽縣侯。[6]後爲武陵内史。[7]

　　[1]尚書左户郎：官名。尚書左民郎中。西晋分民曹郎置，爲尚書省左民曹長官通稱。東晋、南朝以右民郎併入，屬左民尚書。宋六品。梁五班。

　　[2]錢唐：縣名。治所在今浙江杭州市。

　　[3]薛索兒：河東汾陰（今山西萬榮縣）人。薛安都從子。《宋書》卷八八有附傳。

　　[4]西陽：縣名。治所在今湖北黄岡市東。

　　[5]先爵：齊高帝在受封西陽縣侯之前的爵位。

　　[6]晋壽縣侯：原蕭道成受封之爵位，承襲自其父蕭承之的晋興縣侯，而非晋壽縣侯（參見丁福林《南齊書考疑（二十）》，《江海學刊》2007年第3期）。

　　[7]武陵内史：官名。武陵國（宋明帝第九子劉贊封地）内史。性質與郡守相近。武陵，郡名。治臨沅縣，在今湖南常德市。

時沈攸之赕,[1]伐荆州界內諸蠻,[2]遂反五溪。[3]禁斷魚鹽,群蠻怨怒。西溪蠻王田頭擬殺攸之使,[4]攸之責赕千萬,頭擬輸五百萬,發氣死。其弟婁侯篡立,頭擬子田都走入獠中。[5]於是蠻部大亂,抄掠至都城下,[6]嶷遣隊主張英兒擊破之。[7]田都自獠中請立,而婁侯亦歸附。嶷誅婁侯於郡獄,命田都繼其父,蠻衆乃安。入爲宋順帝驃騎從事中郎。[8]詣司徒袁粲,[9]粲謂人曰:"後來佳器也。"

[1]沈攸之:字仲達,吳興武康(今浙江德清縣)人。本書卷三七有附傳,《宋書》卷七四有傳。 赕(dǎn):古代統治者以要少數民族贖罪爲名,勒索錢財。中華本據《南齊書》卷二二《豫章文獻王傳》在"赕"前補"責"。語義似更通暢。不過不補"責"字,將"赕"作爲動詞解,亦通。

[2]蠻:古代對中國南方少數民族的蔑稱。

[3]五溪:湘、鄂、貴邊地,爲少數民族聚居之地。《水經注·沅水》:"武陵有五溪,謂雄溪、樠溪、無溪、酉溪、辰溪。"

[4]酉溪:南方少數民族中最大的一支,南朝宋時曾受朝廷封爵。

[5]擬子:義子。 獠:南蠻的別一支,乃蔑稱。

[6]都:汲古閣本、殿本、百衲本同,中華本據《南齊書·豫章文獻王傳》改作"郡"。

[7]隊主:南北朝呼長帥爲隊主、軍主。隊主者,主一隊之稱;軍主者,主一軍之稱。 張英兒:《南齊書·豫章文獻王傳》一本作"張莫兒"。

[8]宋順帝:劉準。宋明帝第三子。本書卷三、《宋書》卷一〇有紀。 驃騎:官名。即驃騎將軍,重號將軍,亦作爲軍府加

號授給大臣。宋二品，開府者一品。劉準時爲安成王，於後廢帝元徽四年（476）九月進號驃騎大將軍。　從事中郎：官名。驃騎將軍府屬官，職參謀議。宋六品。

[9]司徒：官名。榮譽宰相。宋一品。加録尚書事者纔是真宰相。　袁粲：字景倩，陳郡陽夏（今河南太康縣）人。本書卷二六有附傳，《宋書》卷八九有傳。

　　高帝在領軍府，[1]嶷居青溪宅。[2]蒼梧王夜中微行，[3]欲掩襲宅内，[4]嶷令左右儛刀戟於中庭，[5]蒼梧從牆間窺見已有備，乃去。高帝憂危既切，腹心荀伯玉勸帝度江北起兵。[6]嶷諫曰："主上狂凶，人不自保，[7]單行道路，[8]易以立功，外州起兵，鮮有剋勝，於此立計，萬不可失。" 及蒼梧殂，[9]高帝報嶷曰："大事已判，汝明可早入。"[10]順帝即位，轉侍中，[11]總宮内直衛。[12]

　　[1]領軍府：宋後廢帝元徽二年（474），蕭道成以平桂陽王休範之亂立功，遷中領軍。中領軍，官名。禁衛軍統領。宋三品。
　　[2]青溪：清溪。《資治通鑑》卷一三七《齊紀三》武帝永明八年條，胡三省注引《建康志》曰："吳大帝鑿通城北塹以洩玄武湖水，發源於鍾山，接於秦淮，謂之清溪。"
　　[3]蒼梧王：宋後廢帝劉昱。死後被貶爲蒼梧王。本書卷三、《宋書》卷九有紀。蒼梧，郡名。治廣信縣，在今廣西梧州市。微行：帝王或有權勢者隱匿身份，易服出行或私訪。
　　[4]掩襲：突然襲擊。
　　[5]令：《南齊書》卷二二《豫章文獻王傳》一本無此字。儛（wǔ）：同"舞"。揮舞。
　　[6]荀伯玉：字弄璋，廣陵（今江蘇揚州市）人。本書卷四

七、《南齊書》卷三一有傳。

[7]人不自保:《南齊書·豫章文獻王傳》一本作“人下不自保”。

[8]單行:獨行,獨自行走。

[9]殞（yǔn）:殞命,死亡。

[10]汝明可早入:《册府元龜》卷二七三作“汝明早可入”。

[11]侍中:官名。門下省主官。掌奏事,直侍左右。宋三品。

[12]直衛:當值守衛。

沈攸之之難,高帝入朝堂,嶷出鎮東府,[1]加冠軍將軍。[2]及袁粲舉兵夕,丹陽丞王遜告變,[3]先至東府,嶷遣帳內軍主戴元孫二千人隨薛道深等俱至石頭,[4]焚門之功,元孫預焉。先是王蘊薦部曲六十人助爲城防,[5]實以爲內應也。嶷知蘊懷貳,不給其仗,散處外省。及難作搜檢,皆已亡去。

[1]東府:揚州刺史治所,在今江蘇南京市通濟門附近。

[2]冠軍將軍:官名。將軍名號。宋三品。

[3]丹陽丞:官名。丹陽郡丞。丹陽,郡名。治建康縣,在今江蘇南京市。　王遜:琅邪臨沂（今山東臨沂市）人。本書卷二二、《南齊書》卷二三有附傳。

[4]薛道深:即薛道淵。本書避唐高祖李淵諱改。河東汾陰（今山西萬榮縣）人。本書卷四〇有附傳,《南齊書》卷三〇有傳。

石頭:在今江蘇南京市西清凉山,負山面江,形勢險固。南朝在此建有城堡,派重兵戍守。

[5]部曲:古代豪門大族的私人軍隊,帶有人身依附性質。引申爲家丁、僕役。

　　上流平後，[1]武帝自尋陽還。[2]嶷出爲都督、江州刺史。[3]以定策功，改封永安縣公。[4]仍徙鎮西將軍、都督、荊州刺史。[5]時高帝作輔，嶷務存約省，[6]停府州儀迎物。及至州，坦懷納善，側席思政。[7]王儉與嶷書曰：[8]“舊楚蕭條，仍歲多故，[9]政荒人散，[10]寔須緝理。[11]公臨莅甫爾，[12]英風惟穆，江漢來蘇，[13]八荒慕義，[14]庾亮以來，[15]荊州無復此政。[16]古人云‘朞月有成’，[17]而公旬日成化，[18]豈不休哉。”[19]初，沈攸之欲聚衆，開人相告，士庶坐執役者甚衆。嶷至鎮，一日遣三千餘人，見囚五歲刑以下不連臺者，[20]皆原遣。[21]以市稅重，多所寬假。百姓甚悦。禪讓之間，武帝欲速定大業，嶷依違其事，默無所言。建元元年，[22]高帝即位，赦詔未至，嶷先下令蠲除部内昇明二年以前逋負。[23]遷侍中、尚書令、都督、揚州刺史、驃騎大將軍、開府儀同三司，[24]封豫章郡王。

　　[1]上流平後：荊州刺史沈攸之反叛被平滅之後。

　　[2]武帝：南朝齊武帝蕭賾。字宣遠。本書卷四、《南齊書》卷三有紀。　尋陽：郡名。治柴桑縣，在今江西九江市西南。

　　[3]都督：官名。軍事長官的權限，分都督、監、督三等，權限與使持節、持節、假節相等。　江州：州名。治柴桑縣，在今江西九江市西南。

　　[4]永安：縣名。治所在今福建永安市。

　　[5]鎮西將軍：官名。與鎮東、鎮南、鎮北將軍合稱四鎮將軍。多爲持節都督，出鎮方面。宋三品。　荊州：州名。治江陵縣，在今湖北荊州市荊州區。

　　[6]嶷務存約省：《南齊書》卷二二《豫章文獻王傳》一本無

"嶷"字。

[7]側席：謙恭以待賢者。

[8]王儉：字仲寶，琅邪臨沂（今山東臨沂市）人。歷官太子舍人、秘書丞。本書卷二二、《南齊書》卷二三有傳。王儉與嶷書事，《南齊書·豫章文獻王傳》一本置於蕭嶷遷揚州刺史、封豫章郡王後，丁福林《南齊書校議》云："王儉與蕭嶷箋，《南史》置於蕭嶷由荆州刺史遷揚州刺史前。考下文載此《箋》云：'舊楚蕭條，仍歲多故，荒民散亡，實須緝理。'乃作於蕭嶷在荆州時也。《箋》又有'公臨莅甫爾，英風惟穆''古人期月有成，而公旬日致治'之語，則爲蕭嶷初至荆州時作。此置蕭嶷遷揚州刺史後，與時日不協，即《南史》所載是也。"（中華書局 2010 年版，第 122 頁）

[9]仍歲：連年，多年。

[10]政荒人散：《南齊書·豫章文獻王傳》作"荒民散亡"。

[11]緝理：整理，整治。

[12]甫：剛開始。

[13]江漢：長江與漢水之間及其附近的一些地區。漢，汲古閣本同，殿本作"建"。　來蘇：謂因其來而於困苦中獲得蘇息。

[14]八荒慕義：四面八方仰慕其道義。八荒，《南齊書·豫章文獻王傳》作"八州"，中華本校勘記以爲："嶷所督荆湘雍益梁寧南北秦八州，疑作'八州'是。"可備一説。

[15]庾亮：字元規，潁川鄢陵（今河南鄢陵縣）人。東晉明帝穆皇后之兄。《晉書》卷七三有傳。

[16]荆州無復此政：《南齊書·豫章文獻王傳》作"荆楚無復如此美政"。

[17]朞月有成：期月，一年，指短暫的時間。後用以形容辦事治國的功效迅速、顯著。語本《論語·子路》："苟有用我者，期月而已可也，三年有成。"

[18]成化：完成教化。《南齊書·豫章文獻王傳》作"致治"。

[19]休：美。

[20]連臺：重複犯罪。

[21]原遣：赦免釋放。

[22]建元：南朝齊高帝蕭道成年號（479—482）。

[23]部内：《南齊書·豫章文獻王傳》作"國内"。 昇明：南朝宋順帝劉準年號（477—479）。 逋負：拖欠賦稅、債務。

[24]尚書令：官名。南朝宋沿置，綜理全國政務，出居外朝，參議大政。雖位三品，實權猶如宰相，如録尚書事缺，則兼有宰相之名義。 揚州：州名。治建康縣，在今江蘇南京市。 驃騎大將軍：官名。加官。南朝多加於元老重臣，開府置吏，不領兵。

會魏軍動，[1]詔以嶷爲南蠻校尉、荆湘二州刺史，[2]都督八州。尋給油絡俠望車。[3]二年，給班劍二十人。[4]其夏，於南蠻園東南開館立學，[5]上表言狀。置生三十人，[6]取舊族父祖位正佐臺郎年二十五以下十五以上補之。[7]置儒林參軍一人，[8]文學祭酒一人，[9]勸學從事二人。[10]行釋菜禮。[11]以穀過賤，聽人以米當口錢，優評斛一百。[12]義陽劫帥張群亡命積年，[13]鼓行爲賊，義陽、武陵、天門、南平四郡界被其殘破，[14]沈攸之連討不禽，末乃首用之。[15]攸之起事，群從下邳，於路先叛，結砦於三溪，[16]依據深險。嶷遣中兵參軍虞欣祖爲義陽太守，[17]使降意誘納之，厚爲禮遺，於坐斬首，其黨皆散，四郡獲安。

[1]魏：拓跋氏建立的北魏政權。

[2]南蠻校尉：官名。西晉武帝置，其後或置或省。南朝宋、齊，治江陵（今湖北荆州市荆州區）。掌荆州及江州少數民族事務，統兵，立府。宋四品。齊官品不詳。 湘：州名。治臨湘縣，在今

湖南長沙市。

[3]油絡：用油絡（絲質網狀的車飾）裝飾的車子。王公加禮者常乘。　俠望車：六朝時王公大臣所乘之車，三面有窗可望。

[4]班劍：有紋飾的劍。多用作儀仗，由武士佩持，天子以賜臣屬。班，通“斑”。

[5]南蠻園：當在南蠻校尉府所在地江陵（今湖北荊州市荊州區）。

[6]三十人：《南齊書》卷二二《豫章文獻王傳》作“四十人”。

[7]取舊族父祖位正佐臺郎：《通志》卷八二作“取舊族父祖清顯者”。臺郎，尚書郎。

[8]儒林參軍：州學官名。主持興辦州學。　一：殿本、《南齊書·豫章文獻王傳》同，汲古閣本作“二”。

[9]文學祭酒：州學官名。位在儒林參軍之下，職司禮儀，講“三禮”。

[10]勸學從事：州學官名。位在文學祭酒之下，職司教授。

[11]釋菜禮：古代入學時祭祀先聖先師的一種典禮。

[12]優評斛一百：從優評價，每斛糧抵錢一百。

[13]義陽：郡名。治平陽縣，在今河南信陽市。　劫帥：盜賊的首領。　亡命：脫離名籍者。　積年：多年。

[14]武陵：郡名。治臨沅縣，在今湖南常德市。　天門：郡名。治澧陽縣，在今湖南石門縣。　南平：郡名。治孱陵縣，在今湖北公安縣西南。

[15]末乃：《南齊書·豫章文獻王傳》作“乃”。

[16]三溪：地名。在今安徽旌德縣西北。

[17]中兵參軍：官名。軍府僚佐，掌中兵曹，地位隨軍府地位而定。

入爲中書監、司空、揚州刺史，[1]都督二州，侍中如故，加兵置佐，以前軍臨川王映府文武配司空。[2]嶷以將還都，修廨宇及路陌，[3]東歸部曲不得齎府州物出城。[4]發江津，[5]士女觀送數千人皆垂泣。嶷發江陵感疾，[6]至都未瘳，[7]上深憂慮，爲之大赦，三年六月壬子赦令是也。疾愈，上幸東府，設金石樂，使乘輿至宫六門。[8]

[1]中書監：官名。與中書令職務相等而位次略高，同掌機要，爲事實上的宰相，有“鳳凰池”之稱。　司空：官名。名譽宰相，多爲大臣加官，雖位居秩一品，而無實際職掌。

[2]前軍：官名。即前軍將軍，禁衛軍官。分掌宿衛。

[3]廨（xiè）宇：官署，舊時官吏辦公處的通稱。此處指州治官舍。　路陌（mò）：道路。

[4]齎（jǐ）：持，拿。

[5]發江津：從長江乘舟出發。

[6]江陵：縣名。治所在今湖北荆州市荆州區。

[7]未瘳（chōu）：未痊愈。

[8]宫六門：《建康實錄》卷七《顯宗成皇帝》注：“《地輿志》：都城周二十里一十九步，本吴舊址，晉江左所築，但有宣陽門。至成帝作新宫，始修城開陵陽等五門，與宣陽爲六，今謂六門也。南面三門，最西曰陵陽門……次正中宣陽門……次最東開陽門。東面最南清明門……正東面建春門，後改爲建陽門……正西南西明門……正北面用宫城，無別門。”

武帝即位，進位太尉，[1]增置兵佐，[2]解侍中，增班劍三十人。[3]建元中，武帝以事失旨，高帝頗有代嫡之意。[4]而嶷事武帝恭悌盡禮，未嘗違忤顔色，故武帝友愛亦深。性至孝，高帝崩，哭泣過度，眼耳皆出血。

[1]太尉：官名。三公之一，與司徒、司空同爲名譽宰相，魏晉時多爲大臣加官。宋一品。

[2]增置兵佐：《南齊書》卷二二《豫章文獻王傳》無“增”字。丁福林《南齊書校議》云：“‘置兵佐’，《南史·齊高帝諸子傳》、《通志》卷八十二作‘增置兵佐’。考上文記蕭嶷於齊高帝建元年間入爲司空、揚州刺史時，已‘加兵置佐’，則其進位太尉時當是增置兵佐耳，即《南史》《通志》是也。”（第122頁）

[3]增班劍三十人：《南齊書·豫章文獻王傳》作“增班劍爲三十人”，馬宗霍《南史校證》云：“上文云‘給班劍二十人’，依《齊書》，此次止增十人。《南史》删‘爲’字，連上次所給爲五十人矣，疑當從《齊書》。”（湖南教育出版社2008年版，第680頁）

[4]代嫡：指以蕭嶷取代太子成爲皇位繼承人。

永明元年，[1]領太子太傅，[2]解中書監。宋武以來，[3]州郡秩俸及雜供給，[4]多隨土所出，[5]無有定準。嶷上表請明立定格，[6]班下四方，永爲恒制，從之。嶷不參朝務，而言事密謀，多見信納。服闋，[7]加侍中。宋元嘉制，[8]諸王入齋閣，[9]得白服裙帽見人主，唯出太極四厢，[10]乃備朝衣。自此以來，此事一斷。[11]上與嶷同生相友睦，宮内曲宴，許依元嘉。[12]嶷固辭，不奉敕；唯車駕幸第，乃白服烏紗帽以侍宴焉。至於衣服制度，動皆陳啓，事無專制，務從减省，並不見許。又啓曰：“北第舊邸，本自甚華，臣往歲作小眠齋，皆補接爲辦，無乖格制。[13]要是欅柏之華，[14]一時新净，東府又有此齋，亦爲華屋，而臣頓有二處住止，下情竊所未安。訊訪東宮玄圃，[15]乃有柏屋，制甚古拙，臣乃欲壞取以奉太子，非但失之於前，且補接既多，不可見移，亦恐外物或爲異論，[16]不審可有垂許送東府齋理不？"上答曰："見別紙，汝勞疾，亦復那得不動，何意爲作煩長啓事。"竟不從。

[1]永明：南朝齊武帝蕭賾年號（483—493）。

[2]太子太傅：官名。與太子少傅並稱太子二傅。掌輔導太子。宋三品。齊官品不詳。

[3]宋武：宋武帝劉裕。字德輿。本書卷一，《宋書》卷一、卷二有紀。殿本同，汲古閣本作"宋武帝"，《南齊書》卷二二《豫章文獻王傳》作"宋氏"。

[4]雜供給：《南齊書·豫章文獻王傳》無"雜"字。

[5]隨土所出：指依據當地生產狀況而確定官吏俸禄等。

[6]定格：一定的標準、規章。

[7]服闋（què）：守喪期滿除服。闋，終了。

[8]元嘉：南朝宋文帝劉義隆年號（424—453）。　制：《南齊書·豫章文獻王傳》作"世"，本書疑避唐太宗李世民諱改。

[9]齋閣：書房。

[10]太極：建康宮正殿，有前後殿。

[11]自此：《南齊書·豫章文獻王傳》一本作"自比"。馬宗霍《南史校證》云："比猶近也，疑'此'字誤。"（第681頁）此事一斷：自此以後，停止宋元嘉以來白服裙帽見人主、朝衣入太極四廂舊制。

[12]許依元嘉：特許豫章王嶷白服裙帽見人主。

[13]無乖格制：不違背律令制度。

[14]檉（chēng）柏：河柳與柏樹。

[15]東宮玄圃：玄圃園。南齊文惠太子在東宮辟建，其中樓觀

塔宇，多聚奇石花木，爲太子宴樂之所。

　　[16]外物：外界的人或事物。

　　三年，文惠太子講《孝經》畢，[1]嶷求解太傅，不許。嶷常慮盛滿，又因宮宴求解揚州授竟陵王子良，[2]上終不許，曰："畢汝一世，無所多言。"

　　[1]文惠太子：南齊武帝蕭賾長子蕭長懋。字雲喬。本書卷四四、《南齊書》卷二一有傳。

　　[2]宮宴：殿本同，汲古閣本作"言宴"；《南齊書》卷二二《豫章文獻王傳》之南監本、殿本作"宮宴"，其餘諸本作"言宴"。丁福林《南齊書校議》以爲"言宴"義長（第123頁）。竟陵王子良：蕭子良。字雲英。齊武帝蕭賾次子，文惠太子蕭長懋同母弟。本書卷四四、《南齊書》卷四〇有傳。竟陵，郡名。治莧壽縣，在今湖北鍾祥市。

　　武帝即位後，頻發詔拜陵，不果行，遣嶷拜陵。還過延陵季子廟，[1]觀沸井，有水牛突部伍，直兵執牛推問，[2]嶷不許，取絹一疋，橫繫牛角，放歸其家。政在寬厚，故得朝野歡心。

　　[1]延陵季子：春秋時吳公子季札，堅辭吳王欲廢長立幼之請。見《史記》卷三一《吳太伯世家》。季子廟在句容縣（今江蘇句容市）。

　　[2]直兵：丞相府衛隊的將官。

　　四年，唐寓之賊起，[1]嶷啓上曰："此叚小寇，[2]出於凶愚，天網宏罩，[3]理不足論。但聖明御世，[4]幸可不爾。[5]比藉聲聽，皆云有由而然。但頃小大士庶，每以小利奉公，不顧所損者大。撻籍檢功巧，[6]督郵簡小塘，[7]藏丁匿口，凡諸條制，實長怨府。[8]此目前交利，[9]非天下大計。一室之中，尚不可精，宇宙之內，何可周洗。[10]公家何嘗不知人多巧，[11]古今政以不可細碎，故不爲耳。爲此者實非乖理，但識理者百不有一。陛下弟兒大臣，[12]猶不能伏理，[13]況復天下，悠悠萬品？[14]怨積聚黨，凶迷相類，止於一處，何足不除，脫復多所，[15]便成紜紜。"[16]上答曰："欺巧那可容！[17]宋世混亂，以爲是不？蚊蟻何足爲憂，至今都應散滅。吾政恨其不辯大耳，[18]亦何時無亡命邪。"後乃詔聽復籍注。[19]

[1]唐寓（yǔ）之：富陽（今浙江杭州市富陽區）人。齊武帝永明四年（486）乘檢籍紛擾，聚徒起兵，被稱爲白賊，在杭州一代活動，並於錢塘稱帝、建號，破吳興等四郡八縣，後爲禁軍所平定。

[2]段：《南齊書》卷二二《豫章文獻王傳》作"段"。

[3]天網宏罩：義近天網恢恢。天道如大網，籠罩一切。常用以比喻作惡必受天罰。

[4]御世：治理天下。

[5]可：汲古閣本、《南齊書·豫章文獻王傳》同，殿本作"甚"。

[6]撻籍：中華本《南齊書》從《冊府元龜》卷二八八改作"摘籍"。意爲核查服官役者的戶籍。　功巧：能工巧匠。《南齊書·豫章文獻王傳》作"工巧"。

[7]督郵簡小塘：查核南朝會稽郡興修水利的捐稅等雜稅。

[8]怨府：衆怨歸聚之所。

[9]交利：謀求利益。

[10]周洗：全部整治好。《南齊書·豫章文獻王傳》作“周視”。

[11]巧：中華本校勘記以爲，下文有“上答曰，欺巧那可容”，據文意，“巧”前脱“欺”字。

[12]弟兒：兄弟子侄。

[13]伏理：治理。

[14]悠悠：衆多。　萬品：萬物，萬類。

[15]脱復多所：假設多處發生變亂。

[16]紜紜：繁多而雜亂。意爲大麻煩，大問題。

[17]欺巧那可容：意爲欺詐奸巧之類罪行哪能予以寬容。

[18]政：通“正”。　不辯大：尚未成規模。辯，通“辦”。

[19]籍注：東晋和南朝時將服官役者的姓名、年限載入用黄紙書寫的户籍總册，謂之籍注。凡入黄籍者可免徵役。

　　是時武帝奢侈，後宫萬餘人，宫内不容，太樂、景弟、暴室皆滿，[1]猶以爲未足。嶷後房亦千餘人。潁川荀丕獻書於嶷，[2]極言其失，嶷咨嗟良久，[3]爲書答之，又爲之減遣。[4]

　　[1]太樂：官署名。即太樂署。隸太常。南齊沿置，由令、丞主之，掌宫廷樂事。　景弟：汲古閣本、殿本、百衲本同，中華本作“景第”。　暴室：官署名。原爲織作、染練之地，取暴曬爲名。安置宫中婦女有病及皇后貴人有罪之處。此處當泛指宫廷内織作之所。

　　[2]潁川：郡名。治許昌縣，在今河南許昌市東。

[3]咨嗟：贊嘆。

[4]減遺：減少，遣送。


　　丕字令哲，後爲荆州西曹書佐，[1]長史王秀與其書，[2]題之云“西曹荀君”。丕報書曰：“第五之位，不減驃騎，亦不知西曹何殊長史！且人之處世，當以德行稱著，何遽以一爵高人邪？[3]相如不見屈於澠池，[4]毛遂安受辱於郢都？[5]造敵臨事，[6]僕必先於二子，未知足下之貴，足下之威，孰若秦、楚兩王。僕以德爲寶，足下以位爲寶，各寶其寶，[7]於此敬宜。”於是直題云“長史王君”。時尚書令王儉當朝，[8]丕又與儉書曰：“足下建高人之名，而不顯高人之迹，將何以書於齊史哉。”[9]及南郡綱紀啓荆州刺史隨王子隆請罪丕，[10]丕自申乃免。又上書極諫武帝，言甚直，帝不悦，丕竟於荆州獄賜死。徐孝嗣聞其死，[11]曰：“丕縱有罪，亦不應殺，數千年後，其如竹帛何！”[12]


　　[1]西曹書佐：官名。州佐吏。主選舉事。

　　[2]王秀：王秀之。字伯奮，琅邪臨沂（今山東臨沂市）人。本書卷二四有附傳，《南齊書》卷四六有傳。

　　[3]遽（jù）：倉猝，匆忙。

　　[4]相如不見屈於澠池：戰國時藺相如隨趙王與秦王會於澠池（在今河南境内），以智勇挫敗了秦王對趙王的羞辱。詳見《史記》卷八一《廉頗藺相如列傳》。

　　[5]毛遂安受辱於郢都：戰國時趙國平原君食客毛遂，至郢都説服楚王與趙聯盟合力抗秦事。詳見《史記》卷七六《平原君虞卿列傳》。

［6］造敵：迎擊敵人。

［7］各寶其寶：各以其所認爲珍貴的事（或品行）爲珍寶。

［8］當朝：執掌朝政。

［9］何以書於齊史：憑藉什麼記述在齊國歷史上呢。

［10］綱紀：主要負責官吏。　隨王子隆：蕭子隆。字雲興。齊武帝第八子。高帝封爲枝江縣公。本書卷四四、《南齊書》卷四〇有傳。隨，郡名。治隨縣，在今湖北隨州市。

［11］徐孝嗣：字始昌，東海郯（今山東郯城縣）人。本書卷一五有附傳，《南齊書》卷四四有傳。

［12］如竹帛何：歷史將如何記載這件事？

　　五年，嶷進位大司馬。[1]八年，給皁輪車。[2]尋加中書監，固讓。嶷身長七尺八寸，善持容範，[3]文物衛從，[4]禮冠百僚。每出入殿省，皆瞻望嚴肅。自以地位隆重，深懷退素，北宅舊有園田之美，乃盛脩理之。武帝嘗問臨川王映居家何事樂，映曰：“政使劉瓛講《禮》，[5]顧憸講《易》，朱廣之講《莊》《老》，臣與二三諸彥兄弟友生時復擊贊，[6]以此爲樂。”上大賞之。他日謂嶷曰：“臨川爲善，遂至於斯。”嶷曰：“此大司馬公之次弟，[7]安得不爾！”上仍以玉如意指嶷曰：“未若皇帝之次弟爲善最多也。”

　　［1］大司馬：官名。諸公之一。南朝爲重臣的最高榮譽加銜。《太平御覽》卷二〇九引《齊職儀》曰：“大司馬，品第一，秩中二千石，金章紫綬，武冠絳朝服，佩山玄玉。”

　　［2］皁輪車：黑色車輪的牛車。有勳德的諸王、三公乘用。《晋書·興服志》：“皁輪車，駕四牛，形制猶如犢車，但皁漆輪轂，

上加青油幢，朱絲繩絡。諸王、三公有勳德者特加之。位至公或四望、三望、夾望車。"

[3]容範：容貌風範。

[4]文物：車服旌旗儀仗之類。

[5]政使：正好可以讓。　劉瓛：字子珪，沛國相（今安徽濉溪縣）人。博通《五經》，儒學大師。本書卷五〇、《南齊書》卷三九有傳。

[6]彦（yàn）：賢士，才德出衆的人。

[7]大司馬公之次弟：豫章王蕭嶷本人。以其所任官職代稱。


嶷常戒諸子曰："凡富貴少不驕奢，以約失之者鮮矣。[1]漢世以來，侯王子弟，以驕恣之故，大者滅身喪族，小者削奪邑地，可不戒哉！"稱疾不利住東城，累求還第，令世子子廉代鎮東府。[2]上數幸嶷第，宋長寧陵隧道出第前路，[3]上曰："我便是入他家墓内尋人。"[4]乃徙其表闕騏驎於東岡。[5]騏驎及闕，形勢甚巧，[6]宋孝武於襄陽致之，[7]後諸帝王陵皆模範，[8]而莫及也。


[1]以約失之者鮮：語出《論語·里仁》。

[2]世子：諸王的嫡長子，繼承人。　子廉：豫章王養子，後成爲繼承人。本書本卷有附傳。　代鎮：代理揚州刺史職務。

[3]道：墓道。　第：通"邸"，府邸。

[4]家：《南齊書》卷二二《豫章文獻王傳》作"冢"。馬宗霍《南史校證》云："疑'家'字是，上文謂'宋長寧陵隧道出嶷第前路'，以其爲宋家之陵，故曰入他家墓内。"（第682頁）

[5]表：指墓碑。　闕：墓前兩旁豎立的巨石柱。　騏驎：指放在墓碑前的石刻騏麟，以作表飾。

[6]形勢：姿態，造型。

[7]宋孝武：南朝宋孝武帝劉駿。本書卷二、《宋書》卷六有紀。 襄陽：郡名。治襄陽縣，在今湖北襄陽市。

[8]模範：模仿。

永明末，車駕數遊幸，唯嶷陪從。上嘗出新林苑，[1]同輦夜歸，至宮門，嶷下輦辭出，上曰："今夜行，無使爲尉司所呵也。"嶷對曰："京輦之內，皆屬臣州，願陛下不垂過慮。"[2]上大笑，賜以魏所送氈車。[3]每幸第，不復屏人，敕外監曰："我往大司馬第，是還家耳。"嶷妃庾氏，嘗有疾，瘳，[4]上幸嶷邸，後堂設金石樂，宮人畢至。登桐臺，使嶷著烏紗帽，[5]極日盡歡，敕嶷備家人之禮。嶷謂上曰："古來言願陛下壽比南山，[6]或稱萬歲，此殆近兒言。如臣所懷，實願陛下極壽百年亦足矣。"[7]上曰："百年復何可得，止得東西一百，[8]於事亦濟。"因相執流涕。

[1]新林苑：園林名。在今江蘇南京市江寧區西南。原爲新林浦，有水源出牛首山，西流入大江。齊武帝永明五年（487）在此起新林苑。

[2]垂：敬辭。用於尊稱別人的行動，猶言"俯""惠"。

[3]氈車：又作氊車，中國古代北方游牧民族的一種行止交通工具。此車用氈篷圍蓋車上，既可遠行，亦可居住。

[4]瘳（chōu）：病愈。

[5]烏紗帽：用烏紗製作的圓頂官帽。東晉時宮官著烏紗帽。南朝至隋朝，帝王及貴臣亦用爲宴居之服。以後逐漸行於民間，貴賤皆服。

［6］比：《南齊書》卷二二《豫章文獻王傳》作"偕"。

［7］極壽：猶高壽，長壽。

［8］東西：接近，靠近。參何滿子《"東西"趣談》，《文心世相：何滿子懷舊瑣憶》，北方文藝出版社 2015 年版，第 279 頁。或以爲東西指七八十歲。東晋、南朝時錢陌不足，以西錢七十、東錢八十爲百，故齊武帝以爲百歲難期，遂借東西錢短陌之數爲喻，猶言壽如東錢之八十、西錢之七十於事亦濟。參閱周一良《魏晋南北朝史論集·讀書雜識》，中華書局 1963 年版，第 387—388 頁。

十年，上封嶷諸子。舊例王子封千户，[1]嶷欲五子俱封，啓減，人五百户。其年疾篤，表解職，不許，賜錢五百萬營功德。[2]薨，年四十九。其日上視疾，[3]至薨乃還宫。詔斂以袞冕之服，[4]温明秘器，[5]大鴻臚持節護喪事，[6]太官朝夕送祭奠，[7]大司馬、太傅二府文武悉停過葬。[8]詔贈假黄鉞、都督中外諸軍事、丞相、揚州牧，[9]緑綟綬，[10]具九服錫命之禮，[11]侍中、大司馬、太傅、王如故。給九旒鸞輅，[12]黄屋左纛，[13]虎賁班劍百人，[14]輼輬車，[15]前後部羽葆、鼓吹。[16]喪葬送儀，並依漢東平王蒼故事。[17]

［1］舊例：舊制。

［2］五百萬：《南齊書》卷二二《豫章文獻王傳》作"百萬"。功德：泛指念佛、誦經、布施等事。

［3］上視疾：《南齊書·豫章文獻王傳》作"上再視疾"。

［4］袞冕：古代帝王與上公的禮服與禮冠。

［5］温明秘器：古代皇室、顯宦死後用的棺材。

［6］大鴻臚：官名。列卿之一，掌贊導拜授禮儀。　持節：使

臣奉皇帝之命出行，持節杖以爲憑證並示威重，謂之持節。魏晉以後演繹爲假節、持節、使持節三個權力大小不同的官名。持節得專殺無官位之人，在軍事行動中有誅殺二千石以下官吏的權力。　護（hù）：監視，監督。

[7]太官：官名。掌皇帝飲食宴會的官，稱太官令。　夕：殿本、《南齊書·豫章文獻王傳》同，汲古閣本作"疾"。　祭奠：置供品於靈前或墓前祭祀。

[8]悉停過葬：暫停工作，參與送葬活動。

[9]假黃鉞：魏晉南北朝加給出征大臣的一種稱號，即代表皇帝親征的意思。　都督中外諸軍事：官名。總統中央、地方諸軍，爲全國最高軍事統帥，不常置。　丞相：官名。爲最高國務長官，時多用以封賜權臣。

[10]綠綟（lì）綬：黑黃而近綠色的絲帶。古代丞相以上官吏用作印綬。

[11]九服：古代王者的九種服制。

[12]九旒：指九旒冕。古代王公戴的一種禮帽，冕上有九串垂珠。旒，殿本同，汲古閣本作"流"。　鸞輅：天子王侯所乘之車。

[13]黃屋：古代帝王專用黃繒車蓋的車。　左纛（dào）：古代帝王乘輿上的飾物，以牦牛尾或雉尾製成，設在車衡左邊或左騑上。

[14]虎賁（bēn）：勇士之稱。言能如猛虎之奔走，喻其勇猛。賁，通"奔"。

[15]轀（wēn）輬（liáng）車：古代的卧車，亦用作喪車。

[16]羽葆：古代葬禮儀仗的一種。以鳥羽聚於柄頭如蓋，御者執之前以指揮節度。　鼓吹：本爲皇帝出行儀仗的組成部分，南朝時往往賜予皇親國戚或有功大臣，以示尊崇。高級儀仗分爲前部鼓吹、後部鼓吹，前部鼓吹在前開道，以鉦、鼓等大型樂器爲主，樂工步行演奏；後部鼓吹殿後，以簫、笳、鼙等小型樂器爲主，樂工或步行，或在馬上演奏。

[17]漢東平王蒼故事：依照漢光武帝之子劉蒼喪葬所采用的典章制度。《後漢書》卷四二《東平憲王蒼傳》載："遣大鴻臚持節，五官中郎將副監喪，及將作使者凡六人，令四姓小侯諸國王主悉會詣東平奔喪，賜錢前後一億，布九萬匹。"劉蒼，漢光武帝與光烈陰皇后之子。漢光武帝建武十五年（39）封東平公，十七年進爵爲王。《後漢書》卷四二有傳。東平，郡名。治無鹽縣，在今山東東平縣。

嶷臨終，召子子廉、子恪曰："吾無後，當共相勉勵，[1]篤睦爲先。[2]才有優劣，[3]位有通塞，運有富貧，此自然理，無足以相陵侮。勤學行，守基業，修閨庭，[4]尚閑素，[5]如此足無憂患。聖主儲皇及諸親賢，亦當不以吾没易情也。三日施靈，帷香火、盤水、干飯、酒脯、檳榔而已，[6]朔望菜食一盤，加以甘果，此外悉省。葬後除靈，[7]可施吾常所乘輿扇繖。[8]朔望時節，席地香火、盤水、酒脯、干飯、檳榔便足。[9]棺器及墓中勿用餘物爲後患也。朝服之外，唯下鐵環刀一口。作家每令深，[10]一二依格，[11]莫過度也。後堂樓可安佛，[12]供養外國二僧，餘皆如舊。與汝遊戲後堂船乘，吾所乘牛馬，送二宮及司徒。服飾衣裘，悉爲功德。"子廉等號泣奉行。

[1]吾無後，當共相勉勵：吾無後當，《南齊書》卷二二《豫章文獻王傳》一本作"無吾欲當"，一本作"無吾後當"。馬宗霍《南史校證》云："此本嶷臨終誡子之語，《南史》節删，此句若非轉寫之誤，疑延壽改易原文，移'吾'字於'無'字之上，'無'猶亡也，没也，'吾無後'猶言吾亡後，吾没後也，亦自可通。"

（第 682 頁）

　　[2]篤睦：淳厚和睦。

　　[3]優：殿本、《南齊書・豫章文獻王傳》同，汲古閣本作
"憂"。

　　[4]閨庭：家庭。

　　[5]閑素：悠閑純樸。

　　[6]帷：汲古閣本同，殿本、《南齊書・豫章文獻王傳》作
"唯"。

　　[7]除靈：舊俗於服喪期滿日延僧道追薦亡靈，並撤除靈座，
燒化靈牌，謂之除靈。

　　[8]繖（sǎn）：同"傘"。

　　[9]席地：鋪席於地。

　　[10]每：常常。《南齊書・豫章文獻王傳》作"勿"。馬宗霍
《南史校證》云："'每'蓋'毋'之誤。"（第 682 頁）

　　[11]一二：殿本同，汲古閣本、《南齊書・豫章文獻王傳》作
"一一"。

　　[12]安佛：安置僧人。


　　武帝哀痛特至，[1]蔬食積旬。太官朝送祭奠，敕王
融爲銘，[2]云："半岳摧峰，中河墜月。"[3]帝流涕曰："此
正吾所欲言也。"至其年十二月，乃舉樂宴朝臣。樂始
舉，上便歔欷流涕。[4]


　　[1]至：汲古閣本、殿本無，《南齊書》卷二二《豫章文獻王
傳》有。

　　[2]王融：字元長，琅邪臨沂（今山東臨沂市）人。本書卷二
一有附傳，《南齊書》卷四七有傳。

　　[3]中河：河的中央，河中。

[4]歔（xū）欷（xī）：悲泣，嘆息。

嶷薨後，第庫無見錢，武帝敕貨雜物服飾數百萬，[1]起集善寺，月給第見錢百萬，至上崩乃省。

[1]數百萬：《南齊書》卷二二《豫章文獻王傳》作“得數百萬”。馬宗霍《南史校證》云：“‘得’謂得錢也，不可省。”（第683頁）　　貨：賣。

嶷性汎愛，不樂聞人過失，左右投書相告，置靴中，[1]竟不視，取火焚之。齋庫失火，[2]燒荆州還資，評直三千餘萬，[3]主局各杖數十而已。[4]嶷薨後，忽見形於沈文季曰：[5]“我未應便死，皇太子加膏中十一種藥，[6]使我癱不差，[7]湯中復加藥一種，使利不斷。吾已訴先帝，先帝許還東邸，當判此事。”因賫中出青紙文書示文季曰：[8]“與卿少舊，因卿呈上。”俄失所在。文季秘而不傳，甚懼此事，少時太子薨。

[1]靴：汲古閣本同，殿本、《南齊書》卷二二《豫章文獻王傳》作“鞾”。
[2]齋庫：收藏財物的倉庫。
[3]評直：議定價錢。
[4]主局：部門的主管官吏。
[5]沈文季：字仲達，吳興武康（今浙江德清縣）人。本書卷三七有附傳，《南齊書》卷四四有傳。關於此事，王鳴盛《十七史商榷》卷六二《豫章王嶷傳與齊書微異》云：“傳末言其死後見形，自言爲文惠太子所藥死，已訴先帝，皆《南齊書》所無，此則李延

壽説鬼長技，却不足取。大約豫章與文惠固有夙嫌，豫章死於永明十年，而文惠即以明年正月死，故延壽因而附會之。"

[6]膏：藥膏。

[7]癰（yōng）：同"癕"。惡性毒瘡。

[8]青紙：晋制，皇帝詔書用青紙紫泥。後因以"青紙"借指詔書。

又嘗見形於第後園，乘腰輿，[1]指麾處分，呼直兵，直兵無手板，[2]左右受一玉手板與之，[3]謂曰："橘樹一株死，可覓補之。"因出後園閣，直兵倒地，仍失手板。

[1]腰輿：手挽的便輿。高僅及腰，故名。

[2]手板：古時大臣朝見時，用以指畫或記事的狹長板子。

[3]受：汲古閣本、殿本作"授"。

群吏中南陽樂藹、彭城劉繪、吳郡張稷，[1]最被親禮。藹與竟陵王子良牋，欲率荆、江、湘三州僚吏建碑，[2]託中書侍郎劉繪營辦。[3]藹又與右率沈約書，[4]請爲文。約答曰："郭有道漢末之匹夫，非蔡伯喈不足以偶三絶。[5]謝安石素族之台輔，[6]時無麗藻，迄乃有碑無文。况文獻王冠冕彝倫，[7]儀形寓内，自非一代辭宗，[8]難或與此。約閭閻鄙人，[9]名不入第，[10]欸酬今旨，[11]便是以禮許人，聞命愜顏，已不覺汗之霑背也。"建武中，[12]第二子子恪託約及太子詹事孔珪爲文。[13]

[1]南陽：郡名。治宛縣，在今河南南陽市。　樂藹：字蔚遠，

南陽湞陽（今河南南陽市）人。本書卷五六、《梁書》卷一九有傳。　彭城：郡名。治彭城縣，在今江蘇徐州市。　劉繪：字士章，彭城（今江蘇徐州市）人。本書卷三九有附傳，《南齊書》卷四八有傳。　吳郡：郡名。治吳縣，在今江蘇蘇州市。　張稷：字公喬，吳郡吳（今江蘇蘇州市）人。本書卷三一有附傳，《梁書》卷一六有傳。

〔2〕僚吏：屬吏，屬官。

〔3〕中書侍郎：官名。中書省官。掌呈奏案章。

〔4〕右率：官名。即太子右率。東宮官。與左率共掌護衛太子。

沈約：字休文，吳興武康（今浙江德清縣）人。本書卷五七、《梁書》卷一三有傳。

〔5〕郭有道漢末之匹夫，非蔡伯喈不足以偶三絕：郭泰，字林宗。太原界休（今山西介休市）人。後漢名士，隱居不仕，閉門教授，周游郡國，爲時人所重。郭泰卒，四方之士千餘人皆來會葬。同志者乃刻石立碑，蔡邕撰碑文，謂人曰："吾爲碑銘多矣，皆有慚德，唯郭有道無愧色耳。"後人以郭泰爲人、蔡邕碑文與時賢碑刻爲"三絕"。詳見《後漢書》卷六八《郭太傳》。蔡伯喈，即蔡邕，字伯喈，陳留圉（今河南杞縣）人。《後漢書》卷六〇下有傳。

〔6〕謝安石：謝安，字安石。陳郡陽夏（今河南太康縣）人。《晉書》卷七九有傳。　素族：素封之家族，指貴族。　台輔：三公宰輔之位。

〔7〕彝倫：常理，常道。

〔8〕辭宗：辭賦作者中的大師。

〔9〕閭（lú）閈（hàn）：古代里巷的門。借指街坊，里巷。鄙人：見識淺陋的人。常用作自稱的謙詞。

〔10〕入：殿本同，汲古閣本作"人"。

〔11〕欻（xū）：汲古閣本同，殿本作"歘"。突然，迅疾。

〔12〕建武：南朝齊明帝蕭鸞年號（494—498）。

〔13〕太子詹事：官名。東宮官。掌太子家事。　孔珪：孔稚

珪，本書避唐高宗李治諱省"稚"字。字德璋，會稽山陰（今浙江紹興市）人。齊名士。本書卷四九、《南齊書》卷四八有傳。

妃庾氏，有女功婦德，嶷甚重之。宋時，武帝及嶷位宦尚輕，家又貧薄，庾氏常徹己損身,[1]以相營奉。兄弟每行來公事,[2]晚還飢疲，躬營飲食，未嘗不迎時先辦。雖豐儉隨事，而香净適口。[3]穆皇后不自營,[4]又不整潔，上亦以此貴之。又不妬忌，嶷倍加敬重。嶷薨後，少時亦亡。

[1]徹：剝取，摶節。
[2]行來：往來，出入。
[3]適口：可口。
[4]穆皇后：蕭賾之妻裴惠昭。河東聞喜（今山西聞喜縣）人。謚曰穆。蕭賾即位後追尊爲皇后。本書卷一一、《南齊書》卷二○有傳。

子廉字景藹。初，嶷養魚復侯子響爲嗣子,[1]子廉封永新侯,[2]子響還本。子廉爲世子，位淮陵太守,[3]太子中舍人,[4]前將軍,[5]善撫諸弟。十一年卒，贈侍中，謚哀世子。

[1]魚復：縣名。治所在今重慶奉節縣東白帝城。　子響：南朝齊武帝蕭賾第四子蕭子響。字雲音。本書卷四四、《南齊書》卷四○有傳。　嗣子：諸侯的承嗣子。
[2]永新：縣名。治所在今江西永新縣。
[3]淮陵：郡名。治淮陵縣，在今安徽明光市東北。

[4]太子中舍人：官名。東宮官。掌呈奏案章。

[5]前將軍：《南齊書》卷二二《蕭子廉傳》作"前軍將軍"。丁福林《南齊書校議》云："前、後、左、右將軍乃刺史、守、相之加官，而前軍、後軍、左軍、右軍將軍爲四軍，乃内任之武職。如子廉於太子舍人後所任爲前將軍，則應與刺史、守、相同任，即子廉是時不應單爲前將軍，《南史》非是。"（第 126 頁）前軍將軍，官名。禁衛軍官。分掌宿衛營兵。


子元琳嗣。梁武受禪，[1]詔曰："豫章王元琳、故竟陵王昭冑子同，[2]齊氏宗國，高、武嫡胤，[3]宜祚井邑，[4]以傳于後。[5]降封新塗侯。"[6]


[1]梁武受禪：公元 502 年，南朝齊和帝將帝位禪讓給梁武帝。梁武，南朝梁武帝蕭衍。本書卷六、卷七，《梁書》卷一至卷三有紀。

[2]竟陵王：《南齊書》卷二二《蕭元琳傳》作"巴陵王"。蕭昭冑嗣父爵爲竟陵王，東昏侯永元元年（499）改封巴陵王。 昭冑：蕭昭冑。字景胤，蕭子良之子。本書卷四四、《南齊書》卷四〇有附傳。

[3]嫡胤：嫡親的後代。

[4]宜祚井邑：應該分封爲王侯。

[5]于後：《南齊書·蕭元琳傳》作"世祀"，本書疑避唐太宗李世民諱改。

[6]新塗：《南齊書·蕭元琳傳》作"新淦"。


子廉弟子恪字景沖，永明中，以王子封南康縣侯。[1]年十二，和從兄司徒竟陵王子良《高松賦》，衛軍王儉見而奇之。[2]

[1]南康：縣名。治所在今江西贛州市南康區。
[2]衛軍：官名。亦稱衛將軍，將軍名號。爲重號將軍，用以
加授大臣、重要地方長官，常以權臣兼任。宋二品。

建武中，爲吳郡太守。及大司馬王敬則於會稽
反，[1]奉子恪爲名，而子恪奔走，未知所在。始安王遙
光勸上併誅高、武諸子孫，[2]於是並敕竟陵王昭冑等六
十餘人入永福省，[3]令太醫煮椒二斛，[4]并命辦數十具棺
材，謂舍人沈徽孚曰："椒熟則一時賜死。" 期三更當
殺之。

[1]王敬則：臨淮射陽（今江蘇寶應縣）人，僑居晋陵南沙
（今江蘇常熟市）。本書卷四五、《南齊書》卷二六有傳。 會稽：
郡名。治山陰縣，在今浙江紹興市。
[2]始安：郡名。治始安縣，在今廣西桂林市。 遙光：蕭遙
光，字元暉。始安貞王蕭道生孫。本書卷四一、《南齊書》卷四五
有傳。
[3]六十餘人：《梁書》卷三五《蕭子恪傳》作 "七十餘人"。
永福省：京師建康宮城内殿省名，自劉宋以來，皇太子年幼時居
之。《梁書·蕭子恪傳》作 "西省"，南齊西省即永福省。
[4]太醫：官名。古代宮廷中掌管醫藥的官員。也以泛稱皇家
醫生。 二斛：二十斗。斛，容量單位。十斗爲一斛。

會上暫臥，主書單景儁啓依旨斃之，[1]徽孚堅執曰：
"事須更審。" 爾夕三更，子恪徒跣奔至建陽門。[2]上聞

驚覺曰:"故當未賜諸侯命邪?" 徽孚以答。上撫牀曰:"遙光幾誤人事。" 及見子恪,顧問流涕,諸侯悉賜供饌。以子恪爲太子中庶子。[3]

[1]主書:官名。中書省屬官,主管文書。
[2]跣:殿本、《梁書》卷三五《蕭子恪傳》同,汲古閣本作"跳"。 建陽門:建春門,京師建康城東門。
[3]太子中庶子:官名。東宮屬官。掌侍從、奏事等。

東昏即位,[1]爲侍中。中興二年,[2]爲相國諮議參軍。[3]梁天監元年,[4]降爵爲子,位司徒左長史。[5]

[1]東昏即位:時在公元498年。東昏侯,南朝齊皇帝蕭寶卷。字智藏,齊明帝第二子。公元498年至501年在位。本書卷五、《南齊書》卷七有紀。
[2]中興:南朝齊和帝蕭寶融年號(501—502)。
[3]相國:官名。榮譽贈官,無實際職掌。《梁書》卷三五《蕭子恪傳》作"輔國"。 諮議參軍:官名。王府諮議參軍,掌顧問諫議,品第隨府主地位而定。
[4]天監:南朝梁武帝蕭衍年號(502—519)。
[5]司徒左長史:官名。司徒府僚掾屬之長,左長史位在右長史上。

子恪與弟子範等嘗因事入謝,梁武帝在文德殿引見,[1]謂曰:"夫天下之寶,本是公器,苟無期運,雖有項籍之力,[2]終亦敗亡。宋孝武爲性猜忌,兄弟粗有令名者,無不因事鴆毒,[3]所爲唯景和。[4]至朝臣之中疑有天命而致害者，枉濫相繼。于時雖疑卿祖，無如之何。如宋明帝本爲庸常被免，豈疑得全。又復我于時已年二歲，彼豈知我應有今日。當知有天命者非人所害，害亦不能得。我初平建康城，朝廷內外皆勸我云：‘時代革異，[5]物心須一，[6]宜行處分。’我于時依此而行，誰謂不可？政言江左以來，[7]代謝必相誅戮，[8]此是傷於和氣，國祚例不靈長。此是一義。二者，齊、梁雖曰革代，義異往時。我與卿兄弟宗屬未遠，卿勿言兄弟是親，人家兄弟自有周旋者不周旋者，[9]況五服之屬邪？[10]齊業之初，亦是甘苦共嘗，腹心在我，卿兄弟年少，理當不悉。我與卿兄弟便是情同一家，[11]豈當都不念此，作行路事。此是二義。且建武屠滅卿門，[12]我起義兵，非惟自雪門耻，[13]亦是爲卿兄弟報仇。卿若能在建武、永元之時撥亂反正，[14]我雖起樊、鄧，[15]豈得不釋戈推奉。[16]我今爲卿報仇，且時代革異，望卿兄弟盡節報我耳。且我自藉喪亂，代明帝家天下，不取卿家天下。昔劉子輿自稱成帝子，[17]光武言：[18]‘假使成帝更生，天下亦不復可得，況子輿乎？’梁初人勸我相誅滅者，我答之猶如向言：[19]‘若苟有天命，非我所殺，[20]若其無運，何忽行此，政是示無度量。’[21]曹志親是魏武帝孫，[22]入事晉武，[23]爲晉室忠臣。此即卿事例。卿是宗室，情義異他，方坦然相期，小待自當知我寸心。”[24]又文獻王時內齋直帳閤人趙叔祖，[25]天監初入臺爲齋帥，[26]在壽光省。[27]武帝呼問曰：“汝比見北第諸郎不？[28]若見，道我此意：今日雖是革代，情同一家；

但今盤石未立，所以未得用諸郎。非唯在我未宜，我亦是欲使諸郎得安耳。但閉門高枕，後自當見我心。"叔祖即出具宣敕意。

[1]文德殿：京師建康宮城内殿省名。

[2]項籍之力：項羽據說有力拔山河之力。項羽之字爲籍。《史記》卷七有本紀。

[3]鳩：殿本同，汲古閣本作"鵃"。

[4]景和：南朝宋前廢帝劉子業年號（465）。

[5]革異：變革，變化。

[6]物心：人心。

[7]江左：東晋建都建康，在長江之左，故名。

[8]代謝：朝代更替。

[9]周旋：親密往來。參見周一良《魏晋南北朝史札記》"方圓、落漠、周旋"條，中華書局1985年版，第204頁。

[10]五服：喪服制度，以親疏爲差等，有斬衰、齊衰、大功、小功、緦麻五種名稱，統稱五服。

[11]家：汲古閣本、《梁書·蕭子恪傳》同，殿本作"體"。

[12]建武：南朝齊明帝蕭鸞年號（494—498）。此處代指齊明帝。

[13]惟：殿本同，汲古閣本作"唯"。

[14]卿若：殿本、《梁書·蕭子恪傳》同，汲古閣本無"卿"字。　永元：南朝齊東昏侯蕭寶卷年號（499—501）。

[15]樊：樊城，雍州屬地，在今湖北襄陽市樊城區。　鄧：鄧縣，亦爲雍州屬地，在今湖北襄陽市西北。

[16]推奉：擁戴。

[17]劉子輿自稱成帝子：此事詳見《後漢書》卷一二《王昌傳》。劉子輿，本姓王名昌，一名郎，西漢趙國邯鄲（今河北邯鄲

市）人。成帝，西漢皇帝劉驁，公元前 32 年至前 7 年在位。《漢書》卷一〇有紀。

　　[18]光武：東漢開國皇帝劉秀。《後漢書》卷一有紀。

　　[19]向言：《梁書·蕭子恪傳》作"向孝武時事"。向，先前。

　　[20]非我所殺：《梁書·蕭子恪傳》作"非我所能殺"。

　　[21]政：通"正"。正好。　是：《梁書·蕭子恪傳》作"足"。

　　[22]曹志：字允恭，譙國譙（今安徽亳州市）人。魏武帝曹操之孫、陳思王曹植之子。魏亡，仕晋，官散騎常侍，封鄄城公。《晋書》卷五〇有傳。　魏武帝：曹操。字孟德，譙國譙（今安徽亳州市）人。曹丕受漢禪，追尊其爲武皇帝。《三國志》卷一有紀。

　　[23]晋武：晋武帝司馬炎。西晋皇帝，公元 265 年至 290 年在位。《晋書》卷三有紀。

　　[24]小待：稍待，稍候。

　　[25]直帳：侍衛武吏。

　　[26]臺：官署名稱。此處指朝廷。　齋帥：掌管齋閤宿衛的武吏。

　　[27]壽光省：京師建康宮城内殿省名。

　　[28]比：近來。

　　子恪普通三年累遷都官尚書，[1]四年轉吏部。[2]大通二年，[3]出爲吳郡太守，卒官。[4]謚曰恭子。[5]

　　[1]普通：南朝梁武帝蕭衍年號（520—527）。　都官尚書：官名。五部尚書之一，領都官、水部、庫部、功論四曹。梁十三班。

　　[2]吏部：掌選舉事。吏部尚書居諸部尚書之首。

　　[3]大通：南朝梁武帝蕭衍年號（527—529）。

　　[4]卒官：《梁書》卷三五《蕭子恪傳》記載，蕭子恪於大通

三年（529）卒於郡舍，時年五十二。

　　[5]恭子：《梁書·蕭子恪傳》作"恭"。

　　子恪兄弟十六人並入梁。有文學者，子恪、子質、子顯、子雲、子暉。[1]子恪常謂所親曰："文史之事，諸弟備之矣，不煩吾復牽率。[2]但退食自公，[3]無過足矣。"

　　[1]子質：中華本校勘記以爲當作"子範"。
　　[2]牽率：帶領，引導。
　　[3]自公：盡心奉公。《詩·召南·羔羊》："退食自公，委蛇委蛇。"

　　子恪亦涉學，[1]頗屬文，隨棄其本，故不傳文集。

　　[1]涉學：涉獵學問。

　　子恪次弟子操，封泉陵侯。[1]王侯出身，官無定準，素姓三公長子一人爲員外郎。[2]建武中，子操解褐爲給事中。[3]自此齊末皆以爲例。永泰元年，[4]兄南康侯子恪爲吳郡太守，避王敬則難歸，以子操爲吳郡太守。永元中，爲黄門郎。[5]

　　[1]泉陵：縣名。治所在今湖南永州市。
　　[2]素姓：素族，累代世族。　三公：太尉、司空、司徒。員外郎：官名。員外散騎侍郎之省稱。集書省屬官，多以公族及功臣之子充任。爲閑散之職。宋、齊官品不詳，梁三班。
　　[3]解褐（hè）：脱去布衣，擔任官職。　給事中：官名。集

書省官屬，掌收發文書，獻納諫諍。宋五品。齊官品不詳。

[4]永泰：南朝齊明帝蕭鸞年號（498）。

[5]黃門郎：官名。給事黃門侍郎的簡稱。門下省官。掌奏事，直侍左右。

　　子操弟子範字景則。齊永明中封祁陽縣侯，[1]拜太子洗馬。[2]天監初降爵爲子，位司徒主簿。[3]丁所生母憂去職。[4]

[1]祁陽：縣名。治所在今湖南祁東縣東南。

[2]太子洗馬：官名。職如秘書、謁者，掌太子圖籍，太子出則當直者在前導威儀。

[3]主簿：官名。掌文書府務，爲屬吏之長。

[4]丁所生母憂：省稱丁母憂。遭逢母親喪事。

　　子範有孝性，居喪以毀聞。服闋，累遷大司馬南平王從事中郎。[1]王愛文學士，子範偏被恩遇，常曰：“此宗室奇才也。”使製《千字文》，其辭甚美。王命記室蔡薳注釋之。[2]自是府中文筆皆使具草。[3]

[1]南平王：蕭偉。字文達，蕭順之第八子。本書卷五二、《梁書》卷二二有傳。南平，郡名。治孱陵縣，在今湖北公安縣西。

　從事中郎：官名。此當爲大司馬府從事中郎，職參謀議。梁九班。

[2]記室：官名。記室參軍。王公軍府屬官，掌文記。梁六班至二班。

[3]文筆：文書。

後爲臨賀王正德長史。[1]正德遷丹楊尹,[2]復爲正德信威長史,[3]領尹丞。[4]歷官十餘年, 不出蕃府,[5]而諸弟並登顯列, 意不能平。及是爲到府牋曰:"上蕃首僚, 於兹再忝,[6]河南雌伏,[7]自此重叨。[8]老少異時, 盛衰殊日, 雖佩恩寵, 還羞年鬢。"子範少與弟子顯、子雲才名略相比, 而風采容止不逮, 故宦途有優劣。每讀《漢書‧杜緩傳》云:[9]"六弟五人至大官,[10]唯中弟欽官不至,[11]最知名。"常吟諷之, 以况己也。

[1]臨賀王正德: 南朝梁武帝侄蕭正德。字公和。初封西豐侯, 後封臨賀郡王。本書卷五一有附傳,《梁書》卷五五有傳。臨賀, 郡名。治臨賀縣, 在今廣西賀州市東南。 長史: 官名。王國屬官, 掌王府官吏。宋六品至七品。齊官品不詳。

[2]丹楊尹: 官名。京師所在丹陽郡行政長官, 掌民政。宋三品。齊官品不詳。

[3]信威長史: 官名。信威將軍府長史, 將軍府幕僚之長。信威將軍與智威、仁威、勇威、嚴威等將軍代舊征虜將軍。爲一百二十五號將軍之一。梁十六班。

[4]尹丞: 官名。丹楊尹丞。丹陽尹屬官。一般郡丞十班, 尹丞應高於此。

[5]蕃府: 諸侯王之官府。

[6]忝 (tiǎn): 辱没, 慚愧。

[7]雌伏: 喻屈居下位。

[8]重叨:《梁書》卷三五《蕭子範傳》作"重昇"。

[9]《漢書‧杜緩傳》:《杜緩傳》附載於《杜周傳》内, 在《漢書》卷六〇。杜緩, 南陽杜衍 (今河南南陽市西南) 人, 杜周之孫。

[10]六弟:《梁書·蕭子範傳》作"兄弟"。

[11]欽官不至:杜欽官運未能亨通,未升遷至高官。杜欽,字子夏,杜緩中弟。《漢書》卷六〇有附傳。

　　後爲秘書監。[1]簡文即位,[2]召爲光禄大夫,[3]加金章紫綬。[4]以逼賊不拜。其年葬簡皇后,[5]使製哀策,[6]文理哀切。帝謂武林侯蕭諮曰:[7]"此叚莊陵萬事零落,[8]唯哀册尚有典刑。"敕賚米千石。[9]

[1]秘書監:官名。秘書省長官,掌國之典籍圖書。梁十一班。

[2]簡文即位:時在梁武帝太清三年(549)五月辛巳。簡文帝蕭綱,梁武帝第三子,公元549年至550年在位。本書卷八、《梁書》卷四有紀。

[3]光禄大夫:官名。屬光禄卿,養老疾,無職事,多用於加贈重臣。梁十三班。

[4]金章紫綬:金印紫綬。黄金印章和繫印的紫色綬帶。

[5]簡皇后:蕭綱之妻王靈賓。梁武帝太清三年三月卒,蕭綱即位後追尊爲簡皇后。本書卷一二、《梁書》卷七有傳。

[6]使製哀策:《梁書》卷三五《蕭子範傳》記載,蕭子範與張纘俱製哀策文,簡文帝覽讀之,曰:"今葬禮雖闕,此文猶不減於舊。"與本書所記不同。錢大昕《廿二史考異》卷三六云:"今以《纘傳》考之,其時纘未能還都,無緣有製文事。"

[7]武林:縣名。治所在今廣西平南縣東南。　蕭諮:字世恭。梁武帝弟蕭恢之子。本書卷五二有附傳。

[8]莊陵:梁簡文帝陵墓。王靈賓卒後,於簡文帝大寶元年(550)九月葬於此處。在今江蘇丹陽市三城巷附近。

[9]賚(lài):賞賜。

子範無居宅，尋卒於招提寺僧房。[1]賊平，元帝追贈金紫光禄大夫，[2]諡曰文。前後文集三十卷。

[1]尋卒於招提寺僧房：據《梁書》卷三五《蕭子範傳》，蕭子範卒時年六十四。

[2]元帝：南朝梁元帝蕭繹。本書卷八、《梁書》卷五有紀。

金紫光禄大夫：官名。光禄大夫之重者加金章紫綬，稱爲金紫光禄大夫。養老疾，無職事，多用於贈官。梁十四班。

子滂、確並少有文章，簡文在東宮時，嘗與邵陵王數諸蕭文士，[1]滂、確並預焉。滂位中軍宣城王記室，[2]先子範卒。確位司徒右長史。魏平江陵，入長安。

[1]邵陵王：蕭綸。梁武帝第六子。本書卷五三、《梁書》卷二九有傳。邵陵，郡名。治邵陵縣，在今湖南邵陽市。

[2]中軍：官名。即中軍將軍。梁時，中軍將軍與中衛、中撫、中權將軍合稱四中將軍，爲重號將軍、内號將軍。梁武帝天監七年（508）定爲武職二十四班中的二十三班，大通三年（529）定爲武職三十四班中的三十班。　宣城王：梁簡文帝蕭綱嫡長子哀太子蕭大器之初封爵號。時大器爲揚州刺史。本書卷五四、《梁書》卷八有傳。宣城，郡名。治宛陵縣，在今安徽宣城市宣州區。

滂弟乾字思惕，容止雅正，性恬簡，[1]善隸書，得叔父子雲之法。九歲，補國子《周易》生，[2]祭酒袁昂深敬重之。[3]仕梁爲宣城王諮議參軍。陳武帝鎮南徐州，[4]引爲司空從事中郎。[5]及受命，永定元年，[6]除給事黃門侍郎。[7]時熊曇朗在豫章，[8]周迪在臨川，[9]留異在東陽，[10]陳寶應在建安，[11]共相連結，閩中豪帥，立砦自保。武帝患之，令乾往，諭以逆順，謂曰："昔陸賈南征，趙他歸順；[12]隨何奉使，黥布來臣。[13]追想清風，髣髴在目，卿宜勉建功名，不煩更勞師旅。"乾至，示以逆順，所在款附。其年，就除建安太守。

[1]恬簡：恬淡簡易。

[2]國子：國子學，一種貴族子弟學校，根據《周禮》"國之貴族子弟受於師"而定名。隸屬於太常，五品以上的官員子弟纔可入學。

[3]祭酒：官名。國子學祭酒。爲國子博士之長，掌教授國子生徒。梁十三班。 袁昂：字千里，陳郡陽夏（今河南太康縣）人。本書卷二六有附傳，《梁書》卷三一有傳。

[4]陳武帝：陳霸先。南朝陳的建立者。本書卷九，《陳書》卷一、卷二有紀。 南徐州：僑州名。治京口城，在今江蘇鎮江市。

[5]從事中郎：官名。領諸曹事，爲親近散職。

[6]永定：南朝陳武帝陳霸先年號（557—559）。

[7]給事黃門侍郎：官名。門下省官。掌奏事，直侍左右。陳四品，秩二千石。

[8]熊曇朗：豫章南昌（今江西南昌市）人。本書卷八〇、《陳書》卷三五有傳。

[9]周迪：臨川南城（今江西南城縣東南）人。本書卷八〇、《陳書》卷三五有傳。 臨川：郡名。治南城縣，在今江西撫州市臨川區西。

[10]留異：東陽長山（今浙江金華市）人。本書卷八〇、《陳書》卷三五有傳。 東陽：郡名。治長山縣，在今浙江金華市。

[11]陳寶應：晉安候官（今福建福州市）人。本書卷八〇、

《陳書》卷三五有傳。　建安：郡名。治建安縣，在今福建建甌市。《陳書》卷二一《蕭乾傳》作“建晋”，謂建安、晋安。

[12]陸賈南征，趙他歸順：漢高帝時期頗有辯才的陸賈，受漢高帝之命出使南越，説服南越王趙佗歸附漢朝。陸賈，楚人，《史記》卷九七、《漢書》卷四三有傳。趙佗，秦末任囂爲南海尉，病將死，命真定人趙佗行南海尉事，人因呼爲尉佗。

[13]隨何奉使，黥（qíng）布來臣：秦漢之際漢王（劉邦）謁者隨何作爲劉邦使者，説服淮南王黥布叛楚霸王項羽歸降漢王。事見《漢書》卷三四《英布傳》。隨何事迹約略見於此傳。黥布，秦漢之際六（今安徽六安市）人。秦時犯法受黥刑，故稱黥布。《史記》卷九一、《漢書》卷三四有傳。


天嘉二年，[1]留異反，陳寶應助之，又資周迪兵糧，出寇臨川，因逼建安。乾單使臨郡，[2]不能守，乃棄郡以避寶應。時閩中宰守並受寶應署置，乾獨不屈，徙居郊野。及寶應平，都督章昭達以聞，[3]文帝甚嘉之，超授五兵尚書。[4]卒，[5]謚静子。


[1]天嘉：南朝陳文帝陳蒨年號（560—566）。

[2]單使：單身出使。

[3]章昭達：字伯通，吴興武康（今浙江德清縣）人。本書卷六六、《陳書》卷一一有傳。

[4]五兵尚書：官名。尚書省官。掌中兵、外兵二曹，輔佐尚書令。陳三品，秩中二千石。

[5]卒：據《陳書》卷二一《蕭乾傳》，蕭乾於陳廢帝光大元年（567）卒。

子顯字景陽，[1]子範弟也。幼聰慧，嶷偏愛之。七歲，封寧都縣侯，梁天監初，降爲子。位太尉録事參軍。[2]

[1]景陽：《梁書》卷三五《蕭子顯傳》中華修訂本校勘記云："宋本《册府》卷七七〇、《舊唐書》卷四六《經籍志上》、《新唐書》卷五八《藝文志二》、《玉海》卷四七、《初學記》卷一一注引蕭景暢《齊書》、《廣弘明集》卷二〇梁湘東王繹《梁簡文帝法寶聯璧序》作‘景暢’。"

[2]太尉録事參軍：官名。太尉府屬官，掌文書，糾察府事。

子顯身長八尺，狀貌甚雅，好學，工屬文。嘗著《鴻序賦》，尚書令沈約見而稱曰："可謂明道之高致，[1]蓋《幽通》之流也。"[2]又採衆家《後漢》考正同異，爲一家之書。又啓撰齊史，書成表奏，詔付秘閣。[3]累遷邵陵王友。[4]後除黄門郎。

[1]可謂：《梁書》卷三五《蕭子顯傳》作"可謂得"。
[2]《幽通》：指班固《幽通賦》。
[3]秘閣：古代宮中收藏珍貴圖書之處。
[4]友：官名。王國、公國屬官，掌陪侍諷諫。

中大通二年，[1]遷長兼侍中。[2]梁武帝雅愛子顯才，又嘉其容止吐納，每御筵侍坐，偏顧訪焉。嘗從容謂曰："我造《通史》，此書若成，衆史可廢。"子顯對曰："仲尼讚《易》道，[3]黜《八索》；[4]述職方，[5]除《九丘》。[6]聖製符同，[7]復在茲日。”時以爲名對。

[1]中大通：南朝梁武帝蕭衍年號（529—534）。

[2]長兼：加在官職名稱前，表示非正式任命。

[3]仲尼：孔子的字。

[4]黜：貶斥。　《八索》：孔安國《尚書序》：“八卦説，謂之《八索》，求其義也。”

[5]職方：官名。《周禮·夏官》有職方氏，掌天下地圖，主四方職貢。

[6]《九丘》：孔安國《尚書序》：“九州之志，謂之《九丘》。丘，聚也，言九州所有，土地所生，風氣所宜，皆聚此書也。《春秋左氏傳》曰：楚左史倚相能讀《三墳》《五典》《八索》《九丘》，即謂上世帝王遺書也。”

[7]符同：符命相同。

　　三年，以本官領國子博士。[1]武帝製《孝經義》，[2]未列學官，子顯在職，表置助教一人，生十人。又啓撰武帝集并《普通北伐記》。遷國子祭酒，加侍中，於學遞述武帝《五經義》，遷吏部尚書，[3]侍中如故。

[1]國子博士：國子學教官，兼備顧問。梁九班。

[2]《孝經義》：《梁書》卷三五《蕭子顯傳》作“經義”，《梁書》卷三《武帝紀下》載：中大通四年“三月庚午，侍中、領國子博士蕭子顯上表置制旨《孝經》助教一人，生十人，專通高祖所釋《孝經義》”。

[3]吏部尚書：官名。尚書省吏部曹長官，爲列曹尚書之首。掌官吏銓選、任免事宜。職任甚重。梁十四班。

子顯風神灑落，[1]雍容閑雅，簡通賓客，[2]不畏鬼神。性愛山水，爲《伐社文》以見其志。飲酒數斗，頗負才氣。及掌選，見九流賓客不與交言，[3]但舉扇一撝而已，[4]衣冠竊恨。然簡文素重其爲人，在東宮時，每引與促宴。子顯嘗起更衣，簡文謂坐客曰：“常聞異人間出，今日始見，[5]知是蕭尚書。”其見重如此。出爲吳興太守。卒時年四十九，詔贈侍中、中書令。[6]及請諡，手敕曰：“恃才傲物，宜諡曰驕。”子顯嘗爲《自序》，其略云：“余爲邵陵王友，忝還京師，遠思前比，即楚之唐、宋，[7]梁之嚴、鄒。[8]追尋平生，頗好辭藻，雖在名無成，求心已足。若乃登高目極，[9]臨水送歸，風動春朝，月明秋夜，早鴈初鶯，開花落葉，[10]有來斯應，[11]每不能已也。且前代賈、傅、崔、馬、邯鄲、繆、路之徒，[12]並以文章顯，所以屢上歌頌，自比古人。天監六年，[13]始預九日朝宴，稠人廣坐，獨受旨云：‘今雲物甚美，卿將不斐然賦詩。’[14]詩既成，又降旨曰：‘可謂才子。’余退謂人曰：一顧之恩，非望而至，遂方賈誼何如哉，未易當也。每有製作，特寡思功，須其自來，不以力構。少來所爲詩賦，則《鴻序》一作，體兼衆製，文備多方，頗爲好事所傳，故虛聲易遠。”

[1]風神：風采，神態。　灑落：灑脫飄逸。

[2]簡通：較少交接。

[3]交言：交談。

[4]撝：通“揮”，揮動。

[5]今日始見：《梁書》卷三五《蕭子顯傳》無“見”字。

[6]中書令：官名。中書省長官之一。東晋以後，中書出令權歸他省或侍郎、舍人，中書令漸成閑散之職，多爲重要官員之加官。梁代明定位在中書監下，僅掌文章之事。梁十三班。

[7]楚之唐、宋：戰國時楚國的辭賦家唐勒和宋玉。

[8]梁之嚴、鄒：西漢梁孝王上客、辭賦家嚴忌和鄒陽。

[9]目極：極目遠眺。

[10]開花：殿本、《梁書·蕭子顯傳》同，汲古閣本作"花開"。

[11]有來斯應：外物與作者的內心相呼應。

[12]賈：賈誼。洛陽（今河南洛陽市）人。《史記》卷八四、《漢書》卷四八有傳。　傅：傅毅，字武仲，扶風茂陵（今陝西興平市南位鎮茂陵村）人。《後漢書》卷八〇上有傳。　崔：崔瑗，字子玉，涿郡安平（今河北安平縣）人。《後漢書》卷五二有附傳。　馬：馬融，字季長，扶風茂陵（今陝西興平市南位鎮茂陵村）人。《後漢書》卷六〇上有傳。　邯鄲：邯鄲淳。事見《三國志》卷二一《魏書·劉楨傳》裴松之注引《魏略》。　繆：繆襲，東海（今山東郯城縣）人。《三國志》卷二一有附傳。　路：路粹，字文蔚，陳留（今河南開封市）人。事見《三國志·魏書·劉楨傳》裴松之注引《典略》。

[13]六年：中華本據《梁書·蕭子顯傳》改作"十六年"。

[14]將不：《梁書·蕭子顯傳》作"得不"。

子顯所著《後漢書》一百卷，[1]《齊書》六十卷，[2]《普通北伐記》五卷，《貴儉傳》三卷，[3]文集二十卷。

[1]《後漢書》一百卷：《隋書·經籍志二》在范曄《漢書纘》條注文中有附錄。

[2]《齊書》六十卷：《隋書·經籍志二》著錄云："梁吏部尚

書蕭子顯撰。"

[3]三卷：《梁書》卷三五《蕭子顯傳》作"三十卷"。

子序、愷並少知名。序太清中位中庶子，[1]卒。愷太子家令。[2]

[1]太清：南朝梁武帝蕭衍年號（547—549）。
[2]太子家令：官名。東宮屬官。與太子率更令、太子僕合稱太子三卿，掌東宮錢穀、刑獄、飲食等。梁十班。

愷才學譽望，時論以方其父。[1]簡文在東宮早引接之。時中庶子謝嘏出守建安，[2]於宣猷堂餞飲，並召時才賦詩，同用十五劇韻。[3]愷詩先就，其辭又美。簡文與湘東王令曰："王筠本自舊手，[4]後進有蕭愷可稱，信爲才子。" 先是太學博士顧野王奉令撰《玉篇》，[5]簡文嫌其書詳略未當，以愷博學，於文字尤善，使更與學士删改。太清中，卒於侍中。[6]子顯弟子雲。

[1]方：媲美。
[2]謝嘏：字含茂，陳郡陽夏（今河南太康縣）人。本書卷二〇有附傳，《陳書》卷二一有傳。
[3]劇韻：古人限韻作詩，韻字少而難押的韻爲劇韻。
[4]王筠：字元禮，一字德柔，琅邪臨沂（今山東臨沂市）人。本書卷二二有附傳，《梁書》卷三三有傳。 舊手：老手。
[5]太學博士：官名。屬太常卿。國子學教官，參議禮儀。梁二班。 顧野王：字希馮，吳郡吳（今江蘇蘇州市）人。本書卷六九、《陳書》卷三〇有傳。 《玉篇》：《隋書·經籍志一》著錄：

"《玉篇》三十一卷，陳左衛將軍顧野王撰。"

[6]卒於侍中：《梁書》卷三五《蕭愷傳》云蕭愷時年四十四。

子雲字景喬，年十二，齊建武四年，封新浦縣侯。[1]自製拜章，[2]便有文采。梁天監初，降爵爲子。及長，勤學有文藻，弱冠撰《晋書》，至年二十六，書成百餘卷，[3]表奏之，詔付秘閣。

[1]新浦：縣名。治所在今重慶市開州區西南。

[2]拜章：上給皇帝的奏章。

[3]"弱冠撰《晋書》"至"書成百餘卷"：蕭子雲所著《晋書》，《隋書·經籍志二》有著録，注文云："本一百二卷，梁有，今殘缺。蕭子雲撰。"

子雲性沈静，不樂仕進，[1]風神閑曠，[2]任性不群。夏月對賓客，恒自裸袒。而兄弟不睦，乃至吉凶不相弔問，[3]時論以此少之。

[1]仕：殿本、《梁書》卷三五《蕭子雲傳》同，汲古閣本作"什"。

[2]閑曠：悠閑放達。

[3]乃：殿本同，汲古閣本作"而"。　弔問：吊祭死者，慰問其家屬。

年三十，方起家爲秘書郎，遷太子舍人，撰《東宮新記》奏之，[1]敕賜束帛。累遷丹陽郡丞。湘東王繹爲丹陽尹，[2]深相賞好，如布衣之交。中大通三年，爲臨川内史，在郡以和理稱，人吏悦之。還除散騎常侍。[3]
歷侍中，國子祭酒。

[1]《東宫新記》：《隋書·經籍志二》著録 "《東宫新記》二
十卷"。

[2]湘東王繹：後來的梁元帝蕭繹。本書卷八、《梁書》卷五
有紀。湘東，郡名。治臨烝縣，在今湖南衡陽市。

[3]散騎常侍：官名。集書省官員，與散騎常侍通員當值。梁
十一班。


梁初，郊廟未革牲牷，樂辭皆沈約撰，至是承用。
子雲啓宜改之，敕答曰："此是主者守株，[1]宜急改也。"
仍使子雲撰定。敕曰："郊廟歌辭，應須典誥大語，[2]不
得雜用子史文章淺言。而沈約所撰，亦多舛謬。"[3]子雲
作成，敕並施用。


[1]守株：墨守成規。
[2]典誥大語：《尚書》中《堯典》《湯誥》等篇的並稱。此處
指經書典籍。
[3]舛謬：訛誤。


子雲善草隸，爲時楷法，自云善效鐘元常、王逸少
而微變字體。[1]嘗答敕云："臣昔不能拔賞，[2]隨時所
貴，[3]規摹子敬，[4]多歷年所。年二十六著《晋史》，至
《二王列傳》，欲作論草隸法，言不盡意，遂不能成，略
指論飛白一事而已。[5]十許年，[6]始見《敕旨論書》一

卷，商略筆狀，[7]洞澈字體，始變子敬，全範元常。[8]逮爾以來，[9]自覺功進。”其書迹雅爲武帝所重，帝嘗論書曰：[10]“筆力勁駿，心手相應，巧逾杜度，[11]美過崔寔，[12]當與元常並驅爭先。”[13]其見賞如此。

[1]鐘元常：鍾繇。字元常，潁川長社（今河南長葛市）人。三國魏書法家。《三國志》卷一三有傳。　王逸少：王羲之。字逸少，琅邪臨沂（今山東臨沂市）人。東晉書法家。《晋書》卷八〇有傳。

[2]拔賞：鑒賞。

[3]隨時：《梁書》卷三五《蕭子雲傳》作“隨世”，本書疑避唐太宗李世民諱改。

[4]子敬：王獻之。字子敬，琅邪臨沂（今山東臨沂市）人。王羲之之子。《晋書》卷八〇有附傳。

[5]飛白：漢字書體之一種。筆劃露白，似枯筆所寫。相傳是後漢蔡邕所創。　事：《梁書·蕭子雲傳》作“勢”。

[6]許：餘，多。

[7]商略：品評，評論。　筆狀：《梁書·蕭子雲傳》作“筆勢”。

[8]全範：完全模仿。

[9]逮爾：從那時起。

[10]帝嘗論書曰：“論”下，《梁書·蕭子雲傳》有“子雲”二字。馬宗霍《南史校證》云：“《南史》删去‘子雲’二字，則下文云云爲泛論，失所指矣。”（第688頁）

[11]杜度：字伯度，東漢京兆杜陵（今陝西西安市雁塔區三兆村附近）人。一説本名杜操，後人避魏武帝曹操諱，稱其爲杜度。善草書。見《法書要録》卷七。

[12]崔寔：字子真，一名台，字元始，涿郡安平（今河北安平

縣）人。《後漢書》卷五二有附傳。

[13]並驅：並駕齊驅，齊頭並進。

出爲東陽太守。百濟國使人至建鄴求書，[1]逢子雲爲郡，維舟將發。使人於渚次候之，望船三十許步，行拜行前。子雲遣問之，答曰：“侍中尺牘之美，遠流海外，今日所求，唯在名迹。”子雲乃爲停船三日，書三十紙與之，[2]獲金貨數百萬。性吝，自外答餉不書好紙，好事者重加賂遺，以要其答。[3]

[1]百濟：古國名。故地在今朝鮮半島西南部。

[2]紙：書信、文件的張數。

[3]答：汲古閣本作“答”，殿本作“酬答”。

太清元年，復爲侍中、國子祭酒。二年，侯景寇逼，[1]子雲逃人間。三年，宮城失守，奔晉陵，[2]餒卒于顯雲寺僧房，[3]年六十三。所著《晋書》一百一十卷，[4]《東宮新記》二十卷。

[1]侯景：字萬景，懷朔鎮（今内蒙古固陽縣）人。本魏將，梁武帝太清元年（547）附梁，二年反。本書卷八〇、《梁書》卷五六有傳。

[2]晋陵：郡名。治晋陵縣，在今江蘇常州市。

[3]顯雲寺：《梁書》卷三五《蕭子雲傳》作“顯靈寺”。

[4]《晋書》一百一十卷：《隋書·經籍志二》史部正史類著録蕭子雲撰《晋書》十一卷，注曰：“本一百二卷，梁有，今殘缺。”

子特字世達，早知名，亦善草隸，時人比之衛恒、衛瓘。[1]武帝嘗使特書，及奏，帝曰："子敬之迹不及逸少，蕭特之書遂逼於父。"位太子舍人，海鹽令，[2]坐事免。先子雲卒，[3]遺啓簡文求爲墓誌銘，[4]帝爲製銘焉。

[1]衛恒：字巨山，河東安邑（今山西夏縣）人。衛瓘之子。與其父衛瓘俱善草隸書。《晋書》卷三六有附傳。 衛瓘：字伯玉，河東安邑（今山西夏縣）人。《晋書》卷三六有傳。

[2]海鹽：縣名。治所在今浙江海鹽縣。

[3]先子雲卒：據《梁書》卷三五《蕭特傳》，蕭特卒年二十五。

[4]墓誌銘：放在墓裏刻有死者事迹的石刻。一般包括志和銘兩部分。志多用散文，叙述死者姓氏、生平等。銘是韻文，用於對死者的贊揚、悼念。

子雲弟子暉字景光，少涉學，亦有文才。性恬静，寡嗜慾，嘗預重雲殿聽制講《三慧經》，[1]退爲《講賦》奏之，甚見貴。卒於驃騎長史。[2]

[1]重雲殿：殿名。在京師建康華林園内。 制講：皇帝親自講授。 三慧：佛教用語。指聞慧、思慧、修慧。

[2]驃騎長史：官名。驃騎將軍府長史。驃騎將軍居諸名號將軍之首，用以加授大臣或重要州郡長官，無具體職掌。

# 南史　卷四三

## 列傳第三十三

## 齊高帝諸子下

臨川獻王映字宣光，高帝第三子也。[1]少而警悟，美言笑，善容止。仕宋位給事黃門侍郎、南兖州刺史，[2]留心吏事，自下莫不肅然，令行禁止。

[1]高帝：南朝齊高帝蕭道成。字紹伯，小字鬬將。宋時封齊王，建元元年（479）四月，即位爲帝，國號爲齊，史稱南齊。建元四年三月，崩於臨光殿，時年五十六歲。本書卷四，《南齊書》卷一、卷二有紀。

[2]給事黃門侍郎：官名。郎官給事於黃闥（宮門）之內者，始稱。南朝爲侍中省或門下省次官，侍從皇帝、顧問應對，出則陪乘，並掌管機密文件，位頗重要。皆四員。宋五品。齊及梁初不詳。梁武帝天監七年（508）革選，釐定官品十八班，班多爲貴，黃門郎十二班。陳四品，秩二千石。　南兖州：州名。僑置。東晉僑立兖州，宋時改爲南兖州，初治京口，在今江蘇鎮江市。宋文帝元嘉八年（431）移治廣陵縣，在今江蘇揚州市西北蜀岡上。

高帝踐阼，爲雍州刺史，[1]加都督，[2]封臨川王。[3]
嘗致錢還都買物，有獻計者，於江陵買貨，[4]至都還換，
可得微有所增。映笑曰：“我是賈客邪，乃復求利。”改
授都督、揚州刺史。[5]蒞事聰敏，府州曹局皆重足以奉
禁令，自宋彭城王義康以後，[6]未之有也。永明元年，[7]
爲侍中、驃騎將軍。[8]五年，即本號開府儀同三司。[9]七
年薨。映善騎射，解聲律，工左右書、左右射，[10]應接
賓客，風韻韶靡，及薨，朝野莫不惋惜。贈司空。[11]九
子皆封侯。

[1]雍州：州名。治襄陽縣，在今湖北襄陽市。中華本作“荆
州”，其校勘記曰：“‘荆州’各本作‘雍州’，據《南齊書》改。按
下云‘於江陵買貨至都還換’，則作‘荆州’是。”馬宗霍《南史
校證》云：“按‘雍州’《南齊書》本傳作‘荆州’，下文有於江陵
買貨之語，似以作‘荆州’爲是。《齊高帝紀》，建元元年，以冠
軍將軍映爲荆州刺史，又其證也。”（湖南教育出版社 2008 年版，
第 690 頁）

[2]都督：官名。地方軍政長官，多帶將軍號，領州刺史，兼
理民政。晋、南北朝的都督分使持節、持節、假節三種。

[3]臨川：郡名。治南城縣，在今江西南城縣東南。

[4]江陵：縣名。治所在今湖北荆州市荆州區。爲荆州治所。

[5]揚州：州名。治建康縣，在今江蘇南京市。

[6]彭城王義康：劉義康。小字車子。宋武帝第四子。封彭城
王。本書卷一三、《宋書》卷六八有傳。彭城，郡名。治彭城縣，
在今江蘇徐州市。

[7]永明：南朝齊武帝蕭賾年號（483—493）。

[8]侍中：官名。往來殿中奏事，故名。南朝宋爲門下之侍中

省長官，侍衛皇帝左右，顧問應對，諫諍糾察，平議尚書奏事。宋三品。齊及梁初不詳。梁武帝天監七年（508）革選，侍中十二班。陳三品，秩中二千石。　　驃騎將軍：官名。南朝爲重號將軍，僅作爲軍府名號加授大臣、重要地方長官，無具體職掌。宋二品，開府者位從公，一品。齊及梁初不詳。梁武帝天監七年革選，驃騎將軍二十四班。陳擬一品，比秩中二千石。

[9]開府儀同三司：官名。大臣加號，意謂與三司（太尉、司徒、司空）禮制、待遇相同，許開設府署，自辟僚屬。陳一品，秩萬石。

[10]工左右書、左右射：指左右手均可寫字、射箭。

[11]司空：官名。與太尉、司徒並爲三公。南朝爲名譽宰相，多爲大臣加官，無實際職掌。宋一品。齊及梁初不詳。梁武帝天監七年革選，釐定官品十八班，班多爲貴，司空十八班。陳一品，秩萬石。

　　長子子晋，永元初爲侍中，[1]入梁爲高平太守。[2]第二子子游，州陵侯，[3]爲黃門侍郎。謀反，兄弟並伏誅。

[1]永元：南朝齊東昏侯蕭寶卷年號（499—501）。
[2]高平：郡名。治高平縣，在今河南商城縣東。
[3]州陵：縣名。治所在今湖北洪湖市東北。

　　長沙威王晃字宣明，[1]高帝第四子也。少有武力，爲高帝所愛。昇明二年，[2]代兄映爲淮南、宣城二郡太守。[3]晃便弓馬，初沈攸之事起，[4]晃多從武容，赫弈都街，[5]時人爲之語曰："焕焕蕭四繖。"[6]其年，遷西中郎將、豫州刺史，[7]監三州諸軍事。[8]

[1]長沙：郡名。治臨湘縣，在今湖南長沙市。

[2]昇明：南朝宋順帝劉準年號（477—479）。

[3]淮南：郡名。東晉僑治於丹陽郡于湖縣，在今安徽當塗縣。南朝一度併入宣城郡。　宣城：郡名。治宛陵縣，在今安徽宣城市宣州區。

[4]沈攸之事起：指宋順帝昇明元年荆州刺史沈攸之因不滿蕭道成把持朝政，自荆州起兵，旋被蕭道成遣兵擊敗，自縊而死。沈攸之，字仲達，吳興武康（今浙江德清縣）人，宋司空沈慶之從子。本書卷三七有附傳，《宋書》卷七四有傳。

[5]弈：汲古閣本、殿本作“奕”。

[6]焕焕蕭四繖：形容蕭晃像撑開的傘耀眼奪目。繖，通“傘”。

[7]西中郎將：官名。東、西、南、北四中郎將之一。南朝時統兵，爲帥師征伐或鎮守某一地區之方面大員，地位重要。宋四品。齊及梁初不詳。梁武帝天監七年（508）革選，以鎮兵、翊師、宣惠、宣毅四將軍代舊四中郎將，至大通三年（529）定二百四十二號三十四班將軍，又將四中郎將與四將軍並置，十七班。陳擬四品，比秩中二千石。　豫州：州名。治壽春縣，在今安徽壽縣。

[8]監三州諸軍事：中華本作“監二州諸軍事”，其校勘記曰：“‘二’各本作‘三’。按《南齊書》云‘監豫司二州’，今據改。”馬宗霍《南史校證》云：“按《南齊書》本傳作‘持節監豫司二州之西陽諸軍事’。檢《州郡志》，西陽郡屬郢州。錢大昕《南齊書考異》謂：‘當云監豫司二州郢州之西陽諸軍事，傳脱郢州二字。’是也。豫司連郢，正是三州，與《南史》本文合。”（第691頁）

　　高帝踐阼，晃每陳政事，輒爲典籤所裁，[1]晃殺之。上大怒，手詔賜杖。遷南徐州刺史，[2]加都督。武帝爲皇太子，[3]拜武進陵，[4]於曲阿後湖鬭隊，[5]使晃御馬軍，上聞之，又不悅。臨崩，以晃屬武帝，處以輦轂近蕃，[6]勿令遠出。

[1]典籤：官名。州、府掌管文書的佐史。南北朝置。由於南朝宋時多以年幼皇子出鎮，皇帝委派親信任此職，協助處理政務，故品階雖低，實權在長史之上。出任者多爲寒人，每州、府員數人，一歲中輪番還都彙報，成爲皇帝升黜地方長官的主要依據。以後其權愈重，連年長皇子或其他人出任刺史，亦爲其控制。齊明帝罷其還都奏事，權任漸輕。

[2]南徐州：州名。南朝宋武帝永初二年（421）改徐州置。治京口城，在今江蘇鎮江市。

[3]武帝：南朝齊武帝蕭賾。字宣遠。齊高帝建元元年（479），立爲皇太子。建元四年即位，是爲齊武帝，年號永明。本書卷四、《南齊書》卷三有紀。

[4]武進陵：指蕭氏祖先陵墓。《資治通鑑》卷一四一《齊紀七》胡三省注：“蕭氏之先俱葬武進，高帝之殂也，從其先兆，亦葬武進，號泰安陵。”武進，縣名。治所在今江蘇常州市武進區。

[5]曲阿：縣名。治所在今江蘇丹陽市。

[6]輦轂：皇帝的車輿，此處借指京城。

永明元年，以晃爲都督、南徐州刺史。入爲中書監。[1]時禁諸王蓄仗，在都下者，唯置捉刀左右四十人。[2]晃愛武飾，罷徐州還，[3]私載數百人仗還都，爲禁司所覺，[4]投之江中。帝聞之大怒，將糾以法，豫章王嶷稽首流涕曰：[5]“晃罪誠不足宥，陛下當憶先朝念白象。”白象，晃小字也。上亦垂泣。高帝大漸時，戒武帝曰：“宋氏若骨肉不相圖，佗族豈得乘其弊？汝深戒之。"故武帝終無異意，然晃亦不見親寵。當時論者，以武帝優於魏文，[6]減於漢明。[7]

[1]中書監：官名。中書省長官，西晋時權重，在尚書令上，東晋、南朝地位雖仍高，但多爲重臣加官。南朝宋三品，入朝班次高於中書令。梁十五班。陳二品，秩中二千石。

[2]捉刀：指衛士。《資治通鑑》卷一三六《齊紀二》武帝永明二年胡三省注："捉刀，執刀以衛左右者也。"

[3]徐州：此處當指南徐州。

[4]禁司：指主管防禁之事的部門。《資治通鑑》卷一三六《齊紀二》武帝永明二年胡三省注："禁司，主防禁諸王。"

[5]豫章王嶷：蕭嶷。字宣儼。南朝齊高帝蕭道成次子，武帝蕭賾二弟。武帝永明十年（492）薨逝，追贈假黄鉞、都督中外諸軍事、丞相、揚州牧、侍中、大司馬、太傅，謚號文獻。本書卷四二、《南齊書》卷二二有傳。

[6]魏文：三國魏文帝曹丕。字子桓，沛國譙（今安徽亳州市）人。《三國志》卷二有紀。

[7]漢明：東漢明帝劉莊。光武帝子。《後漢書》卷二有紀。


後拜車騎將軍、侍中。薨，贈開府儀同三司。武帝嘗幸鍾山，[1]晃從駕。以馬稍刺道邊枯蘖，[2]上令左右數人引之，銀纏皆卷聚而稍不出，乃令晃復馳馬拔之，應手便去。每遠州獻駿馬，上輒令晃於華林中調試之。[3]高帝常曰："此我家任城也。"[4]武帝緣此意，故謚曰威。

[1]鍾山：今江蘇南京市中山門外的紫金山，爲江南名山。

[2]馬稍：稍，同"槊"，矛屬兵器。《釋名·釋兵》："矛長丈

八尺曰矟，馬上所持，言其稍稍便殺也。" 枯蘗：枯樹枝。

[3]華林：華林園。三國吳建，後經南朝擴建。故址在今江蘇南京市雞籠山南古臺城内。

[4]任城：指三國魏任城王曹彰。字子文，沛國譙（今安徽亳州市）人。曹操之子。《三國志》卷一九有傳。

　　武陵昭王曅字宣昭，[1]高帝第五子也。母羅氏，從高帝在淮陰，[2]以罪誅。曅年四歲，思慕不異成人，每慟吐血。高帝敕武帝曰："三昧至性如此，恐不濟，汝可與共住，每抑割之。" 三昧，曅小字也。故曅見愛。

[1]武陵：郡名。治臨沅縣，在今湖南常德市。
[2]淮陰：縣名。治所在今江蘇淮安市淮陰區西南。

　　高帝雖爲方伯，[1]而居處甚貧，諸子學書無紙筆，曅常以指畫空中及畫掌學字，遂工篆法。少時又無棋局，乃破荻爲片，縱橫以爲棋局，指點行勢，遂至名品。

[1]方伯：殷周時代一方諸侯之長。後泛稱地方長官。

　　性剛穎儁出，與諸王共作短句詩，[1]學謝靈運體，[2]以呈高帝。帝報曰："見汝二十字，諸兒作中，最爲優者。但康樂放蕩，作體不辯有首尾，[3]安仁、士衡深可宗尚，[4]顏延之抑其次也。"[5]

[1]短句詩：即五言詩。

[2]謝靈運：陳郡陽夏（今河南太康縣）人。謝玄孫。本書卷一九、《宋書》卷六七有傳。

[3]作體不辯有首尾：指作詩的結構不嚴謹，不講究開頭和結尾。

[4]安仁：潘岳。字安仁，滎陽中牟（今河南中牟縣）人。《晉書》卷五五有傳。　士衡：陸機。字士衡，吴郡吴（今江蘇蘇州市）人。陸遜孫。《晉書》卷五四有傳。

[5]顏延之：字延年，琅邪臨沂（今山東臨沂市）人。其文章之美，冠絶當時，與謝靈運齊名，人稱“顏謝”。本書卷三四、《宋書》卷七三有傳。

　　建元二年，[1]爲會稽太守，[2]加都督。上遣儒士劉瓛往郡，[3]爲曅講《五經》。武帝即位，歷中書令、祠部尚書。[4]巫覡或言曅有非常之相，以此自負，武帝聞之，故無寵，未嘗處方岳。[5]於御坐曲宴，醉伏地，貂抄肉柈。帝笑曰：“汙貂。”對曰：“陛下愛其羽毛，而疏其骨肉。”帝不悦。

[1]建元：南朝齊高帝蕭道成年號（479—482）。　二年：《南齊書》卷三五《武陵昭王曅傳》作“三年”。

[2]會稽：郡名。治山陰縣，在今浙江紹興市。

[3]劉瓛：字子珪，小字阿稱，沛郡相（今安徽濉溪縣）人。劉惠子。本書卷五〇、《南齊書》卷三九有傳。

[4]中書令：官名。中書省長官，掌皇帝命令的發布，位高權重。南北朝多爲三品。南朝梁明定令低於監，十三班。　祠部尚書：官名。尚書省六尚書之一，領祠部、儀曹二曹，掌宗廟禮儀。與尚書右僕射通職，不常置。宋三品。梁十三班。陳三品，秩中二

千石。

〔5〕方岳：原指四方山岳，這裏借指地方高級長官。

性輕財重義，有古人風。罷會稽還都，齋中錢不滿萬，俸禄所入，皆與參佐賓僚共之。常曰：“兄作天子，何畏弟無錢。”居止附身所須而已。名後堂山爲首陽，[1]蓋怨貧薄也。

〔1〕首陽：山名。在今山西永濟市南，傳説爲殷遺民伯夷、叔齊隱居之處。

嘗於武帝前與竟陵王子良圍棋，[1]子良大北。[2]及退，豫章文獻王謂暠曰：“汝與司徒手談，[3]故當小相推讓。”答曰：“暠立身以來，未嘗一口妄語。”執心疏婞，偏不知悔。好文章，射爲當時獨絶，琅邪王瞻亦稱善射，[4]而不及暠也。

〔1〕竟陵王子良：蕭子良。字雲英，南蘭陵（今江蘇常州市武進區）人。齊武帝次子。本書卷四四、《南齊書》卷四〇有傳。
〔2〕大北：大敗。
〔3〕司徒：官名。東漢由大司徒改名，與太尉、司空同爲宰相，掌州郡民政，並參議大政，秩萬石。魏晋南北朝多作大臣加官，皆一品（梁稱十八班）。
〔4〕王瞻：字思範，琅邪臨沂（今山東臨沂市）人。襲封東亭侯。本書卷一六有附傳，《梁書》卷二一有傳。

武帝幸豫章王嶷東田，宴諸長王，獨不召暠。嶷曰："風景殊美，今日甚憶武陵。"上仍呼使射，屢發命中，顧四坐曰："手何如？"上神色甚怪，嶷曰："阿五常日不爾，[1]今可謂仰藉天威。"帝意乃釋。後於華林射賭，凡六箭，五破一皮，[2]賜錢五萬文。又上舉酒勸嶷，曰："陛下常不以此處許臣。"上回面不答。

[1]阿五：蕭嶷在兄弟中排行第五，故其兄以"阿五"呼之，以示親切。

[2]五破一皮：指射六箭，有五箭中的。

豫章王於邸起土山，列種桐竹，號爲桐山。武帝幸之，置酒爲樂，顧臨川王映："王邸亦有嘉名不？"[1]映曰："臣好栖静，因以爲稱。"又問嶷，嶷曰："臣山卑，不曾栖靈昭景，唯有薇蕨，[2]直號首陽山。"帝曰："此直勞者之歌也。"

[1]不：汲古閣本同，殿本作"否"。

[2]薇蕨：薇和蕨。嫩葉皆可作蔬，爲貧苦者所常食。

久之，出爲江州刺史。[1]上以嶷方出鎮，求其宅給諸皇子，遣舍人喻旨。嶷曰："先帝賜臣此宅，使臣歌哭有所，陛下欲以州易宅，臣請不以宅易州。"帝恨之。至鎮百餘日，典籤趙渥之啓嶷得失，徵還爲左户尚書。[2]遷太常卿。[3]累不得志。

[1]江州：州名。治溢口城，在今江西九江市。

[2]左户尚書：官名。即左民尚書，南朝爲尚書省民曹長官，五曹尚書之一，掌民事計賬、户籍及土木工程。宋三品。齊及梁初不詳。梁武帝天監七年（508）革選，釐定官品十八班，班多爲貴，左民尚書十三班。陳三品，秩中二千石。唐人諱“民”字，故改“民”爲“户”。

[3]太常卿：官名。掌宗廟、祭祀、禮樂、賓客、車輿、天文、學校、陵園等事，官居清要，職務繁重。宋於前代外又轄明堂、乘黄令。三品。齊不領乘黄，增廩犧令，品級不詳。梁正式定名太常卿，爲十二卿之一，然亦常省稱爲太常。武帝天監七年（508）革選，釐定官品十八班，班多爲貴，太常十四班。陳因梁制，三品，秩中二千石。

冬節問訊，[1]諸王皆出，曇獨後來，上已還便殿，聞曇至，引見，問之，曇稱牛羸不能取路。上敕車府給副御牛一頭。敕主客自今諸王來不隨例者，[2]不復爲通。

[1]冬節問訊：古代的一種禮儀，指冬至節日諸王至正殿向皇上問候請安。

[2]主客：官名。典客，屬尚書省主客曹，掌侯王入朝、迎送、接待等禮儀事務。

公事還，過竟陵王子良宅，冬月道逢乞人，脱襦與之。子良見曇衣單，進襦於曇。曇曰：“我與向人亦復何異。”[1]尚書令王儉詣曇，[2]曇留儉設食，盤中菹菜䱷魚而已。[3]儉重其率真，爲飽食盡歡而去。

[1]向人：常人，指普通人。

　　[2]尚書令：官名。尚書省長官，參議大政，綜理政務。魏、晉、南朝雖僅三品（梁稱十六班），實爲百官之長。陳升爲一品，位卑而常闕。　　王儉：字仲寶，琅邪臨沂（今山東臨沂市）人。本書卷二二有附傳，《南齊書》卷二三有傳。

　　[3]菘菜鯤魚：白菜和鹹魚。

　　尋爲丹楊尹，[1]始不復置行事，[2]自得親政。轉侍中、護軍將軍，[3]給油絡車，[4]又給扶二人。[5]武帝臨崩，遺詔爲衛將軍、開府儀同三司。[6]大行在殯，[7]竟陵王子良在殿内，太孫未至，衆論喧疑，暠衆中言曰："若立長，則應在我；立嫡，則應立太孫。"及鬱林立，[8]甚見馮賴。隆昌元年薨，[9]贈司空，班劍二十人。[10]

　　[1]丹楊尹：官名。丹楊，郡名。治建康縣，在今江蘇南京市，因其爲京都重邑，故太守稱尹。掌京城行政諸務並詔獄，地位頗重要。秩三品。楊，汲古閣本、殿本作"陽"。

　　[2]行事：官名。産生於東晉末年，南朝因之，有"行府州事""行郡事""行國事"。行事在南朝出鎮宗王普遍年幼的情況下設置，對出鎮幼王兼有輔佐和防範的職能（參見魯力《南朝"行事"考》，《武漢大學學報》2008年第6期）。

　　[3]護軍將軍：官名。兩晉、南北朝掌監督京師以外諸軍，不屬領軍，權任頗重。晉、宋三品。梁十五班。陳三品，秩中二千石。

　　[4]油絡車：用油絡（絲質網狀的車飾）裝飾的車子，王公加禮者之常乘。參見《南齊書·輿服志》。

　　[5]給扶：給予扶持之人，爲君主賜給大臣的一種禮遇。

　　[6]衛將軍：官名。漢代重號將軍，位次三司，主領南、北軍，掌宿衛。晉制品秩第一，東晉尤爲重任，南朝沿置。

[7]大行：古代特稱剛死而尚未定謚號的皇帝、皇后。

[8]鬱林：南朝齊鬱林王蕭昭業。字元尚，小名法身。文惠太子長子。本書卷五、《南齊書》卷四有紀。

[9]隆昌：南朝齊鬱林王蕭昭業年號（494）。

[10]班劍：指持班劍的武士，是給予勳臣的特殊待遇。

安成恭王暠字宣曜，[1]高帝第六子也。性清和，多疾。[2]歷位南中郎將、江州刺史，[3]侍中，領步兵校尉，[4]中書令。永明元年，爲散騎常侍、秘書監，[5]領石頭戍事。[6]及夏薨。[7]

[1]安成：郡名。治平都縣，在今江西安福縣東南。

[2]疾：殿本同，汲古閣本作“病”。

[3]南中郎將：官名。東漢末年權置，爲統兵將領，帥師征伐。魏、晋、南北朝沿置，爲方面大員，地位高於一般將領，職權頗重，或兼荆、江、梁等州刺史，或持節。南朝宋、齊多以宗室諸王任之，梁時一度罷此職，後復置。宋四品。齊品秩不詳。陳擬四品，比秩中二千石。

[4]步兵校尉：官名。禁衛軍五營校尉之一，爲皇帝的侍衛武官，掌宫廷宿衛。不領營兵，仍隸中領軍（領軍將軍），用以安置勳舊武臣。宋四品。齊及梁初不詳。梁武帝天監七年（508）革選，釐定官品十八班，班多爲貴，步兵校尉七班。陳六品，秩千石。或説梁改步騎校尉。

[5]散騎常侍：官名。初爲散騎省長官，侍從皇帝左右，諫諍得失，顧問應對，與侍中等共平尚書奏事。員皆四人。宋三品。齊及梁初不詳。梁武帝天監七年革選，釐定官品十八班，班多爲貴，散騎常侍十二班。陳三品，秩中二千石。　秘書監：官名。南朝時爲秘書省長官，掌圖書經籍之事，領著作省。宋三品。齊及梁初不

詳。梁武帝天監七年革選，釐定官品十八班，班多爲貴，秘書監十一班。陳四品，秩中二千石。

[6]石頭：指石頭城，在今江蘇南京市西清凉山。

[7]及夏薨：《南齊書》卷三五《安成恭王暠傳》作"其夏薨"。

鄱陽王鏘字宣韶，[1]高帝第七子也。建元末，武帝即位，爲雍州刺史，加都督。武帝服除，鏘方還，始入覲拜便流涕。武帝愕然，問其故，鏘收淚曰："臣違奉彌年，今奉顏色，聖顏損瘦，所以泣耳。"武帝歡曰："我復是有此一弟。"

[1]鄱陽：郡名。治鄱陽縣，在今江西鄱陽縣。

累遷丹楊尹。永明十年，[1]爲領軍將軍。[2]鏘和悌美令，性謙慎，好文章，有寵於武帝。領軍之授，齊室諸王所未爲，鏘在官理事無擁，當時稱之。車駕游幸，常甲仗衛從，恩待次豫章王嶷。其年，給油絡車。

[1]永明十年：中華本作"永明十一年"，其校勘記曰："'十一年'各本作'十年'，據《南齊書》訂正。"

[2]領軍將軍：官名。南朝掌禁衛軍及京都諸軍，爲禁衛軍最高統帥。齊規定，諸爲將軍官皆敬領軍、護軍，如諸王爲將軍，道相逢，則領、護讓道。宋三品。齊及梁初不詳。梁武帝天監七年（508）革選，釐定官品十八班，班多爲貴，領軍將軍十五班。陳三品，秩中二千石。

隆昌元年，轉尚書左僕射，[1]遷侍中、驃騎將軍、開府儀同三司，領兵置佐。鏘雍容得物情，爲鬱林依信。鬱林心疑明帝，[2]諸王問訊，獨留鏘，謂曰："聞鸞於法身何如？"鏘曰："臣鸞於宗戚最長，且受寄先帝，臣等年皆尚少，朝廷之幹，唯鸞一人，願陛下無以爲慮。"鬱林退謂徐龍駒曰："我欲與公共計取鸞，公既不同，我不能獨辦，且復小聽。"[3]及鬱林廢，鏘竟不知。

[1]尚書左僕射：官名。尚書省次官，尚書令副佐。員一人。宋三品。齊及梁初不詳。梁武帝天監七年（508）革選，釐定官品十八班，班多爲貴，尚書左僕射十五班。陳二品，秩中二千石。

[2]明帝：南朝齊明帝蕭鸞。字景栖，小諱玄度。始安貞王道生之子。本書卷五、《南齊書》卷六有紀。

[3]小聽：稍待。

延興元年，[1]進位司徒，侍中如故。明帝鎮東府，[2]權威稍異，鏘每往，明帝屣履至車迎鏘，語及家國，言淚俱下，鏘以此推信之。而宮臺內皆屬意於鏘，勸令入宮，發兵輔政。[3]制局監謝粲説鏘及隨王子隆曰：[4]"殿下但乘油壁車入宮，[5]出天子置朝堂，二王夾輔號令，[6]粲等閉城門上仗，誰敢不同，宣城公政當投井求活，[7]豈有一步動哉！東城人政共縛送耳。"子隆欲定計，鏘以上臺兵力既悉度東府，且慮難捷，意甚猶豫。馬隊主劉巨，[8]武帝時舊人，詣鏘請間，[9]叩頭勸鏘立事。鏘命駕將入，復回還內，與母陸太妃別，[10]日暮不成行。典籤知謀告之，數日，明帝遣二千人圍鏘宅，害鏘，謝粲等皆見殺。凡諸王被害，皆以夜遣兵圍宅，或斧斫關排牆，叫噪而入，家財皆見封籍焉。

[1]延興：南朝齊海陵王蕭昭文年號（494）。

[2]東府：南朝時爲丞相兼領揚州刺史的治所，故址在今江蘇南京市內。

[3]發：殿本同，汲古閣本作"廢"。

[4]制局監：官名。南朝齊、梁均置，掌宮廷兵衛扈從及器杖，屬尚書外司，任者往往爲君主近幸之人。

[5]油壁車：古代以油脂塗飾的香車，婦女所乘。這裏謝粲是建議二王僞裝入宮。

[6]二王夾輔號令：殿本同，汲古閣本"二"後無"王"字。

[7]宣城公：指齊明帝蕭鸞。

[8]馬隊主：指騎兵統領。

[9]請間：請暗地私下言説。

[10]陸太妃：南朝齊高帝妃，生鄱陽王蕭鏘、晉熙王蕭銶。餘事不詳。

桂陽王鑠字宣朗，[1]高帝第八子也。永明七年爲中書令，加散騎常侍。時鄱陽王鏘好文章，鑠好名理，人稱爲鄱桂。

[1]桂陽：郡名。治郴縣，在今湖南郴州市。

鑠清羸有冷疾，常枕卧，武帝臨視，賜牀帳衾褥。性理偏詖，遇其賞興，則詩酒連日，情有所廢，則兄弟不通。隆昌元年，加前將軍，[1]給油絡車，并給扶二人。

[1]前將軍：官名。漢朝爲重要武職，位上卿。平時無具體職掌，有戰事則典禁兵戍衛京師，或率軍出征。不常置。魏晉南北朝地位漸低，略高於一般雜號將軍，作爲軍府名號。宋三品。齊品秩不詳。

鄱陽王見害，鑠遷中軍將軍、開府儀同三司。[1]不自安，至東府見明帝，及出，處分存亡之計。謂侍讀山惊曰："吾前日觀王，王流涕嗚咽，而鄱陽、隨郡見誅。今日見王，王又流涕而有愧色，其在吾邪？"[2]其夜三更中兵至，見害。

[1]中軍將軍：官名。爲重號將軍。宋位比四鎮將軍，三品。齊位在四征將軍之上，品秩不詳。梁武帝天監七年（508）革選，中軍將軍二十三班。大通三年（529）改制，中軍將軍三十三班。陳擬二品，比秩中二千石。

[2]"不自安"至"其在吾邪"：馬宗霍《南史校證》云："按蜀本《南齊書》本傳作'鑠不自安，至東府詣高宗，還謂左右曰，向錄公見接殷勤，流連不能已，而貌有慚色，此必欲殺我'，此不如《南史》之詳。《通鑑》卷一三九與《齊書》同，惟易'高宗'爲'宣城王'，易'貌'字爲'面'。其時明帝尚未即位，由宣城公進爵爲王，故以王稱之，此《通鑑》書法也。又稱錄公者，胡三省謂：'鸞以太傅錄尚書事，太傅上公，故稱公。'"（第694頁）侍讀，官名。爲皇帝、太子、王公講讀經史的官吏。南朝齊、梁俱置，均因人而設，不常置。

始興簡王鑑字宣徹，[1]高帝第十子也。性聰警。年八歲，喪所生母，號慕過人，數日中便至骨立。豫章文獻王聞之，撫其首鳴咽，謂高帝曰："此兒操行異人，恐其不濟。" 高帝亦悲不自勝。

[1]始興：郡名。治曲江縣，在今廣東韶關市南武水西岸。

初封廣興郡王，[1]袁彖時爲秘書丞，[2]早有令譽，高帝盛重鑑，乃以彖爲友。後改封始興。自晋以來，益州刺史皆以良將爲之。[3]宋泰始中，[4]益州市橋忽生小洲，道士邵碩見之，曰："當有貴一臨州。"[5]劉亮爲刺史，[6]齋前石榴樹陵冬生華，亮以問碩，碩曰："此謂狂華，宋諸劉滅亡之象。後二年君當終，後九載宋當滅。滅後有王勝憙來作此州，冀爾時蜀土平。" 碩始康人，[7]元徽二年，[8]忽告人云："吾命終。" 因卧而死。後人見碩在荆州上明，[9]以一隻故履縛左脚，而行甚疾，遂不知所之。永明二年，武帝不復用諸將爲益州，始以鑑爲益州刺史、督益寧二州軍事，[10]加鼓吹一部。[11] "勝憙" 反語爲 "始興"，碩言於此乃驗。

[1]廣興：郡名。南朝宋明帝泰豫元年（472）改始興郡置。治曲江縣，在今廣東韶關市東南。馬宗霍《南史校證》云："按宋蜀本《南齊書》本傳作 '初封廣興王，後國隨郡改名'。尋晋宋以來，廣興始興之名遞互改易，《宋書·州郡志》有廣興無始興，《齊書·州郡志》有始興無廣興，名雖易而所領之縣則同。錢大昕《南史考異》曰：'廣興即始興郡，宋明帝改始爲廣。齊初仍復故名，非改封也。'此説與《齊書》'後國隨郡改名'正合。"（第695頁）

[2]袁彖：字偉才，小字史公，陳郡陽夏（今河南太康縣）人。本書卷二六有附傳，《南齊書》卷四八有傳。　秘書丞：官名。掌管秘書事務的官員，在兩晉南北朝時期，爲清要之官，出任者多爲士族高門。晉、南朝宋皆六品。梁八班。陳五品，秩六百石。

[3]益州：州名。治成都縣，在今四川成都市。

[4]泰始：南朝宋明帝劉彧年號（465—471）。

[5]一：百衲本同，汲古閣本、殿本作“王”。按，應作“王”。

劉亮：彭城（今江蘇徐州市）人。本書卷一七、《宋書》卷四五有附傳。

[6]始康：縣名。治所在今廣東開平市東南。

[7]元徽：南朝宋後廢帝劉昱年號（473—477）。

[8]上明：古地名。在今湖北松滋市西北長江南岸。東晉孝武帝太元二年（377）自江陵移荆州治此。

[9]寧：州名。治味縣，在今雲南曲靖市。

[10]鼓吹：備有鼓鉦簫笳樂器的樂隊，用於大駕出游行軍。古人以賜功臣勳將。


先是劫帥韓武方常聚黨千餘人，[1]斷流爲暴，郡縣不能禁，行旅斷絕。鑑行至上明，武方乃出降。長史虞悰等咸請殺之。[2]鑑曰：“武方爲暴積年，所在不能制，今降而被殺，失信；且無以勸善。”於是啓臺，果被宥，自是巴西蠻夷凶惡，[3]皆望風降附。行次新城，[4]道路籍籍，云陳顯達大選士馬，[5]不肯就徵，巴西太守陰智伯亦以爲然。[6]乃停新城十許日，遣典籤張曇晳往觀形勢。俄而顯達遣使人郭安明、朱公恩奉書貢遺，[7]咸勸鑑執之。鑑曰：“顯達立節本朝，必自無此。曇晳還，若有同異，執安明等未晚。"居二日，曇皙還，説顯達遣家累已出城，日夕望殿下至。於是乃前。時年十四。

[1]劫帥：盜賊首領。

[2]長史：官名。魏晋南北朝時太傅、太尉、司徒、司空、諸將軍府、諸王國及州郡、屬國都置長史。掌顧問參謀。　虞悰：字景豫，會稽餘姚（今浙江餘姚市）人。本書卷四七、《南齊書》卷三七有傳。

[3]巴西：郡名。治涪縣，在今四川綿陽市東。

[4]新城：縣名。東晋安帝時置，屬始康郡，寄治成都縣，在今四川成都市。南朝宋、齊因之。

[5]陳顯達：南彭城彭城（今江蘇鎮江市）人。齊東昏侯立，大相殺戮，又傳聞將遣兵襲江州。懼禍舉兵，兵敗被殺。本書卷四五、《南齊書》卷二六有傳。

[6]西：殿本同，汲古閣本作"陵"。　陰智伯：武威姑臧（今甘肅武威市）人，世居南平（今湖北公安縣西北）。

[7]朱公恩：南朝齊武帝時爲輔國將軍。

好學，善屬文，不重華飾，器服清素，有高士風。與記室參軍蔡仲熊登張儀樓，[1]商略先言往行及蜀土人物。鑑言辭和辯，仲熊應對無滯，當時以爲盛事。

[1]記室參軍：官名。掌文疏表奏。南北朝時皇弟皇子府、嗣王蕃王府、公府、持節都督府皆置。自七品至九品不等。　張儀樓：《元和郡縣圖志》卷三一《劍南道·成都府》云："州城，秦惠王二十七年張儀所築。初儀築城，屢頹不立，忽有大龜周行旋走，巫言依龜行處築之，遂得堅立。城西南樓百有餘尺，名張儀樓，臨山瞰江，蜀中近望之佳處也。"張儀，戰國時魏國人。《漢

書·藝文志》縱橫家著録《張子》十篇。《史記》卷七〇有傳。

州城北門常閉不開，鑑問其故於虞悰，悰答曰："蜀中多夷暴，有時抄掠至城下，故相承閉之。"鑑曰："古人云，'善閉無關鍵'。且在德不在門。"[1]即令開之。戎夷慕義，自是清謐。於州園地得古冢，無復棺，但有石椁。銅器十餘種，並古形；玉璧三枚；珍寶甚多，不可皆識；金銀爲龜蛇形者數斗。又以朱沙爲阜，水銀爲池，左右咸勸取之。鑑曰："皇太子昔在雍，有發古冢者，得玉鏡、玉屏風、玉匣之屬，皆將還都，吾意常不同。"乃遣功曹何佇爲之起墳，[2]諸寶物一不得犯。

[1]門：殿本同，汲古閣本作"閉"。
[2]功曹：官名。亦稱功曹史。掌選署功勞、吏員賞罰任免。魏、晉、宋、齊不開府將軍、太子二傅、特進、郡縣皆置，梁、陳列卿、皇弟皇子府、嗣王府、蕃王府亦置。宋、齊及梁初品秩不詳。梁武帝天監七年（508）革選，功曹二至六班、流外一至六班。陳九至七品。

性甚清，在蜀積年，未嘗有所營造，資用一歲不滿三萬。王儉常歎云："始興王雖尊貴，而行履都是素士。"時有廣漢什邡人段祖，[1]以淳于獻鑑，[2]古禮器也。高三尺六寸六分，圍三尺四寸，[3]圓如筩，銅色黑如漆，甚薄，上有銅馬，以繩縣馬，令去地尺餘，灌之以水，又以器盛水於下，以芒莖當心跪注淳于，[4]以手振芒，則聲如雷，清響良久乃絶。古所以節樂也。五年，鑑獻龍角一枚，長九尺三寸，色紅，有文。

[1]廣漢：郡名。治雒縣，在今四川廣漢市北。　什邡：殿本同，汲古閣本、百衲本作"什郍"。按，應作"什邡"。什邡，縣名。治所在今四川什邡市。

[2]淳于：亦作"錞于"。一種銅製樂器。《國語·晉語五》："戰以錞于丁寧，儆其民也。"韋昭注："錞于，形如碓頭，與鼓相和。"

[3]圍三尺四寸：《南齊書》卷三五《始興簡王鑑傳》"三"作"二"。

[4]以芒莖當心跪注淳于：指以芒草之莖爲細管，將水小心地從莖中注入淳于。

九年，爲散騎常侍、秘書監，領石頭戍事。上以與鑑久別，車駕幸石頭，宴會賞賜。尋遷左衛將軍，[1]未拜，遇疾。上爲南康王子琳起青陽巷第，[2]新成，車駕與後宮幸第樂飲。其日鑑疾，[3]上遣騎詔問疾相繼，爲之止樂。尋薨。[4]

[1]左衛將軍：官名。負責宮禁宿衛，是中央禁衛軍的主要將領。員一人。晉、宋皆四品。齊高帝建元二年（480），詔與左衛將軍每晚留一人宿直宮中。梁十二班。陳三品，秩二千石。南朝後期，亦曾領兵出征。

[2]南康王子琳：蕭子琳。字雲璋，南蘭陵（今江蘇常州市武進區）人。齊武帝第十九子。本書卷四四、《南齊書》卷四〇有傳。　青陽巷：巷名。在南齊京城建康（今江蘇南京市）。

[3]其日鑑疾：《南齊書》卷三五《始興簡王鑑傳》作"其日

鑑疾甚"。

　　[4]尋薨：殿本同，汲古閣本無"尋"字。


　　江夏王鋒字宣穎，[1]高帝第十二子也。母張氏有容德，宋蒼梧王逼取之，[2]又欲害鋒。高帝甚懼，不敢使居舊宅，匿於張氏舍，時年四歲。


　　[1]江夏：郡名。治夏口城，在今湖北武漢市武昌區。
　　[2]宋蒼梧王：宋後廢帝劉昱。字德融，小字慧震。明帝長子。明帝泰始二年（466），立爲皇太子。泰豫元年（472）即位，殘忍好殺。元徽五年（477）七月，崩於仁壽殿，時年十五歲，死後追封蒼梧王。本書卷三、《宋書》卷九有紀。


　　性方整，好學書，張家無紙札，乃倚井欄爲書，[1]書滿則洗之，已復更書，如此者累月。又晨興不肯拂牕塵，而先畫塵上，學爲書字。


　　[1]井欄：水井四壁用"井"字形木架從下而上疊成，用來保護井壁使其不塌陷，而凸出地表的則是井欄。


　　五歲，高帝使學鳳尾諾，[1]一學即工。高帝大悦，以玉騏驎賜之，曰："騏驎賞鳳尾矣。"至十歲，便能屬文。武帝時，藩邸嚴急，諸王不得讀異書，《五經》之外，唯得看《孝子圖》而已。[2]鋒乃密遣人於市里街巷買圖籍，朞月之間，殆將備矣。

[1]鳳尾諾：古代帝王批示箋奏，表示認可，則署"諾"字，字尾形如鳳尾，因以得名。

[2]《孝子圖》：以孝子事迹爲内容的圖畫，已佚。

好琴書，蓋亦天性。嘗覲武帝，賜以寶裝琴，仍於御前鼓之，大見賞。帝謂鄱陽王鏘曰："闍棃琴亦是柳令之流亞，[1]其既事事有意，吾欲試以臨人。"鏘曰："昔鄒忌鼓琴，[2]威王委以國政。"[3]乃出爲南徐州刺史。善與人交，行事王文和、別駕江祐等，[4]皆相友善。後文和被徵爲益州，置酒告別，文和流淚曰："下官少來未嘗作詩，今日違戀，不覺文生於性。"王儉聞之，曰："江夏可謂善變素絲也。"

[1]闍棃：江夏王蕭鋒小名。棃，汲古閣本同，殿本作"黎"。

[2]鄒忌：戰國時齊國人。以鼓琴游説齊威王，被任相國，封於下邳縣（今江蘇邳州市），號成侯。後又侍齊宣王。

[3]威王：齊威王田因齊。齊桓公田午之子。

[4]王文和：一作王文仲。下邳（今江蘇睢寧縣西北）人。別駕：官名。州刺史副官，刺史巡察轄區政務時，別駕別乘傳車從行，總領行部事務，故以別駕爲名。 江祐：字弘業，濟陽考城（今河南民權縣）人。本書卷四七、《南齊書》卷四二有傳。

工書，爲當時蕃王所推。南郡王昭業亦稱工，謂武帝曰："臣書固應勝江夏王。"武帝答："闍棃第一，法身第二。"法身昭業小名，闍棃鋒小名也。

隆昌元年，爲侍中，領驍騎將軍，[1]尋加秘書監。及明帝知權，蕃邸危懼，江祐嘗謂王晏曰：[2]"江夏王有才行，亦善能匿迹，以琴道授羊景之，景之著名，而江夏掩能於世，非唯七絃而已，百氏亦復如之。"鋒聞歎曰："江祐遂復爲混沌書眉，[3] 欲益反弊耳。寡人聲酒是耽，狗馬是好，豈復一豪於平生哉。"當時以爲話言。常忽忽不樂，著《脩柏賦》以見志曰："既殊群而抗立，亦含貞而挺正。豈春日之自芳，在霜下而爲盛。衝風不能摧其枝，積雪不能改其性。雖坎壈於當年，[4] 庶後凋之可詠。"[5]

[1] 驍騎將軍：官名。雜號將軍，兩晉時與領、護、左右衞、游擊將軍合爲六軍，擔當護衞皇帝宮廷之任。南朝宋四品。梁武帝天監六年（507）四月，置左右驍騎將軍，陳仍分置左右。

[2] 王晏：字休默，一字士彥，琅邪臨沂（今山東臨沂市）人。以位高權重爲蕭鸞所疑，誣以謀反被殺。本書卷二四有附傳，《南齊書》卷四二有傳。

[3] 書眉：中華本作"畫眉"，其校勘記曰："'畫'各本作'書'，據《册府元龜》二七四改，按'畫眉'見《漢書·張敞傳》。"《漢書》卷七六《張敞傳》："又爲婦畫眉，長安中傳張京兆眉憮。有司以奏敞。上問之，對曰：'臣聞閨房之内，夫婦之私，有過於畫眉者。'上愛其能，弗備責也。"

[4] 壈：殿本同，汲古閣本作"凛"。

[5] 庶：汲古閣本同，殿本作"度"。

時鼎業潛移，鋒獨慨然有匡復之意，逼之行事典籤，故不遂也。嘗見明帝，言次及遙光才力可委之意，[1] 鋒答曰："遙光之於殿下，猶殿下之於高皇，[2] 衞宗廟，安社稷，實有攸寄。"明帝失色。

[1]遥光：蕭遥光。字元暉。始安靖王蕭鳳子，齊明帝蕭鸞侄。本書卷四一有傳，《南齊書》卷四五有附傳。

[2]高皇：指南朝齊高帝蕭道成。

鋒有武力，明帝殺諸王，鋒與書詰責，左右不爲通。明帝深憚之，不敢於第收之。鋒出登車，兵人欲上車防勒，鋒以手擊却數人，皆應時倒地，遂逼害之。江敩聞其死，[1]流涕曰：“芳蘭當門，不得不鋤，其《脩柏》之賦乎。”

[1]江敩：字叔文，濟陽考城（今河南民權縣）人。本書卷三六有附傳，《南齊書》卷四三有傳。

南平王鋭字宣毅，[1]高帝第十五子也。位左户尚書，朝直勤謹，未嘗屬疾。永明七年，[2]出爲南中郎將、湘州刺史。[3]延興元年，明帝作輔，害諸王，遣裴叔業平尋陽，[4]仍進湘州。鋭防閣周伯玉大言於衆曰：[5]“此非天子意，今斬叔業，舉兵匡社稷，誰敢不同！”鋭典籤叱左右斬之，鋭見害，伯玉下獄誅。

[1]南平：郡名。治孱陵縣，在今湖北公安縣西南。

[2]七年：中華本作“十年”，其校勘記曰：“‘十年’各本作‘七年’，按《南齊書》作‘十年’，《武帝紀》同，今據改。”

[3]湘州：州名。治臨湘縣，在今湖南長沙市。

[4]裴叔業：河東聞喜（今山西聞喜縣）人。《南齊書》卷五一、《魏書》卷七一、《北史》卷四五有傳。　尋陽：郡名。治柴桑縣，在今江西九江市西南。

[5]防閤：官名。即防閤將軍。侍從武官。南朝時，朝廷禁衛軍置直閤將軍，諸王府置防閤將軍，秩四品。

宜都王鏗字宣儼，[1]高帝第十六子也。生三歲喪母。及有識，問母所在，左右告以早亡，便思慕蔬食自悲。不識母，常祈請幽冥，求一夢見。至六歲，遂夢見一女人，云是其母。鏗悲泣向舊左右説容貌衣服事，皆如平生，聞者莫不歔欷。

[1]宜都：郡名。治夷道縣，在今湖北枝江市。　宣儼：《南齊書》卷三五《宜都王鏗傳》作“宣嚴”。

清悟有學行。永明十一年，爲南豫州刺史、都督二州軍事。[1]雖未經庶務，而雅得人心。舉動每爲籤帥所制，[2]立意多不得行。

[1]南豫州：州名。南朝宋武帝永初三年（422）分豫州淮東置，治歷陽縣，在今安徽和縣。後省置無常。齊武帝永明二年（484）復置，治于湖縣，在今安徽當塗縣。
[2]籤帥：指典籤。

州鎮姑熟，[1]于時人發桓温女冢，[2]得金巾箱，織金篾爲嚴器，又有金蠶銀繭等物甚多。[3]條以啓聞，鬱林敕以物賜之。鏗曰：“今取往物，後取今物，如此循環，豈可熟念。”[4]使長史蔡約自往脩復，[5]纖毫不犯。

［1］姑熟：縣名。治所在今安徽當塗縣。

［2］桓溫：字元子，譙國龍亢（今安徽懷遠縣）人。《晉書》卷九八有傳。

［3］金甖銀甖：中華本作“金甖銀繭”，其校勘記曰：“‘繭’各本作‘甖’，據《南齊書》及《册府元龜》二七七改。”

［4］豈可熟念：中華本作“豈可不熟念”，其校勘記曰：“‘不’字各本並脱，據《太平御覽》七一七引《南齊書》改。”

［5］蔡約：字景撝，濟陽考城（今河南民權縣）人。本書卷二九有附傳，《南齊書》卷四六有傳。


年十歲時，與吉景曜商略先言往行。左右誤排栭瘤屏風，[1]倒壓其背，顔色不異，[2]言談無輟，亦不顧視。彌善射，常以塊的大闊，曰：“終日射侯，何難之有。”乃取甘蔗插地，百步射之，十發十中。


［1］栭瘤：馬宗霍《南史校證》云：“按殿本《南史考證》曰：‘栭，閣本作楠。又榴，一本作瘤，誤。’余按元刊本《南史》正作‘瘤’，似非誤字。‘栭瘤’蓋謂栭木之有瘤者。瘤本木之病，然因有瘤，則其形奇古，故可以爲屏風而增其飾也。今《南齊書》本傳無此段，《太平御覽》卷七〇一《服用部三》屏風條引《齊書》云云全與此同，亦作‘栭瘤’，又‘瘤’非誤字之證。”（第698頁）

［2］顔：汲古閣本同，殿本作“神”。


永明中，制諸王年未三十，不得畜妾。及武帝晏駕後，有勸取左右者，鏗曰：“在内不無使役，既先朝遺旨，何忍而違。”

及延興元年，明帝誅高、武、文惠諸子，鏗聞之，馮左右從容雅步，詠陸機《弔魏武》云：[1]"昔以四海爲己任，死則以愛子託人。"如此者三，左右皆泣。後果遣呂文顯賫藥往，[2]夜進聽事，正逢八關齋。[3]鏗上高坐，謂文顯曰："高皇昔寵任君，何事乃有今日之行？"答云："出不獲已。"於是仰藥。時年十八。身長七尺，鏗狀似兄巘，咸以國器許之。及死，有識者莫不痛惜。

[1]魏武：三國魏武帝曹操。字孟德，沛國譙（今安徽亳州市）人。《三國志》卷一有紀。

[2]呂文顯：臨海（今浙江台州市椒江區）人。本書卷七七、《南齊書》卷五六有傳。

[3]八關齋：《資治通鑑》卷一三五《齊紀一》武帝永明元年胡三省注："釋氏之戒：一不殺生，二不偷盜，三不邪淫，四不妄語，五不飲酒食肉，六不著花鬘瓔珞、香油塗身、歌舞倡伎故往觀聽，七不得坐高廣大床，八不得過齋後喫食。已上八戒，故爲八關。《雜錄名義》云：八戒者，俗衆所受一日一夜戒也。謂八戒一齋，通謂八關齋，明以禁防爲義也。"齋，殿本同，汲古閣本作"濟"。

初鏗出閣時，[1]年七歲，陶弘景爲侍讀，[2]八九年中，甚相接遇。後弘景隱山，忽夢鏗來，慘然言別，云："某日命過。無罪，[3]後三年當生某家。"弘景訪以幽中事，多秘不出。覺後，即遣信出都參訪，果與事符同，弘景因著《夢記》云。

[1]出閣：指皇子出就封國。

[2]陶弘景：字通明，丹陽秣陵（今江蘇南京市）人。梁武帝即位，屢召不應，然朝廷每有大事，無不咨請，與之書問不絕，時人謂之"山中宰相"。本書卷七六、《梁書》卷五一有傳。

[3]無罪：中華本作"身無罪"，其校勘記曰："'身'字各本並脱，據《通志》補。"

晋熙王銶字宣攸，[1]高帝第十八子也。隆昌元年，位郢州刺史。[2]延興元年見害。

[1]晋熙：郡名。治懷寧縣，在今安徽潛山市。
[2]郢州：州名。治夏口城，在今湖北武漢市武昌區。

河東王鉉字宣胤，[1]高帝第十九子也。母張氏，有寵於高帝，鉉又最幼，尤所留心。高帝臨崩，以屬武帝，武帝甚加意焉，爲納柳世隆女爲妃。[2]武帝與群臣看新婦，流涕不自勝，豫章王嶷亦哽咽。及明帝誅高帝諸子，以鉉高帝所愛，亦以才弱年幼，故得全。

[1]河東：郡名。僑寄松滋縣，在今湖北松滋市西北。
[2]柳世隆：字彦緒，河東解（今山西臨猗縣）人。柳元景侄。本書卷三八有附傳，《南齊書》卷二四有傳。

初鉉年三四歲，高帝嘗晝卧纏髮，鉉上高帝腹上弄繩，高帝因以繩賜鉉。及崩後，鉉以寶函盛繩，歲時輒開視，流涕嗚咽。人才甚凡，而有此一至。

建武中，高、武子孫憂疑。鉉朝見，常鞠躬俯僂，不敢正行直視。尋遷侍中、衛將軍。

鉉年稍長。四年，誅王晏，以謀立鉉爲名，鉉免官，以王還第，禁不得與外人交通。永泰元年，[1]明帝暴疾甚，[2]乃見害。聞收至，欣然曰："死生命也，終不斅建安乞爲奴而不得。"[3]仰藥而卒。鉉二子在孩抱，亦見殺。

[1]永泰：南朝齊明帝蕭鸞年號（498）。

[2]暴疾甚：中華本作"疾暴甚"，其校勘記曰："各本作'暴疾甚'，據《通志》改。"

[3]建安：指建安王蕭子真。字雲仙，南蘭陵（今江蘇常州市武進區）人。齊武帝第九子。封建安王。本書卷四四、《南齊書》卷四〇有傳。

論曰：豫章文獻王珪璋之質，夙表天姿，行己所安，率由忠敬。雖代宗之議早隆皇矚，而天倫之愛無虧永明，故知"爲仁由己"，不虛言也。自宋受晋終，馬氏遂爲廢姓，齊受宋禪，劉宗盡見誅夷，梁武革齊，弗取前轍，子恪兄弟，[1]並皆録用，雖見梁武之弘裕，亦表文獻之餘慶。昔陳思《表》云：[2]"權之所存，雖疏必重勢之所去，雖親必輕。"原夫此言，實存固本。然就國之典，既隨代革，卿士入朝，作貴蕃輔，皇王託體，同稟尊極，仕無常資，秩有恒數，禮地兼隆，易生猜疑。[3]武帝顧命，情深尊嫡，密圖遠筭，意在求安。以明帝同起布衣，用存顧託，遂韜末命於近戚，[4]寄重任於疏親，以爲子弟布列，外有強大之固，支庶中立，可息覬覦之謀，表裏相維，浻隆家國。曾不慮機能還衡，<sup>[5]</sup>權可制衆，宗族殲滅，一至于斯。曹植之言，遠有致矣。

[1]子恪：蕭子恪。字景沖。豫章文獻王蕭嶷次子。南朝齊宗室、梁官員。本書卷四二有附傳，《梁書》卷三五有傳。

[2]陳思：指三國魏陳思王曹植。字子建，沛國譙（今安徽亳州市）人。《三國志》卷一九有傳。 《表》：指曹植《陳審舉表》，陳述君王應慎重選用人才。

[3]易生猜疑：殿本同，汲古閣本作“易坐推擬”。馬宗霍《南史校證》云：“按‘猜疑’元刊本《南史》作‘推擬’。殿本《南史考證》曰：‘猜疑，閣本作推擬。’是閣本與元刊本正合。殿本《南齊書》作‘猜擬’，宋蜀本亦作‘推擬’。”（第699頁）

[4]末：汲古閣本同，殿本作“永”。馬宗霍《南史校證》云：“按‘永’元刊本《南史》作‘末’。殿本《南史考證》曰：‘永，一本作末。’與元刊本正合，疑‘末’字是。《南齊書》亦作‘末命’。”（第700頁）

[5]曾不慮機能還衡：中華本作“曾不慮機能運衡”，其校勘記曰：“‘運’各本作‘還’，據《南齊書》改。”

# 南史　卷四四

## 列傳第三十四

## 齊武帝諸子　文惠諸子　明帝諸子

　　武帝二十三男：[1]穆皇后生文惠太子、竟陵文宣王子良，[2]張淑妃生廬陵王子卿、魚復侯子響，[3]周淑儀生安陸王子敬、建安王子真，[4]阮淑媛生晉安王子懋、衡陽王子峻，王淑儀生隨郡王子隆，蔡婕妤生西陽王子明，[5]樂容華生南海王子罕，傅充華生巴陵王子倫，[6]謝昭儀生邵陵王子貞，[7]江淑儀生臨賀王子岳，庾昭容生西陽王子文，荀昭華生南康王子琳，[8]顏婕妤生永陽王子珉，宮人謝生湘東王子建，[9]何充華生南郡王子夏。第六、第十二、第十五、第二十二皇子早亡；子珉繼衡陽元王後。

　　[1]武帝：南朝齊武帝蕭賾。字宣遠。齊高帝建元元年（479），立爲皇太子。建元四年即位，年號永明。本書卷四、《南齊書》卷三有紀。

　　[2]穆皇后：武穆裴皇后，名惠昭，河東聞喜（今山西聞喜縣）人。宋順帝昇明三年（479），爲齊世子妃。齊高帝建元元年（479），爲皇太子妃。三年，薨，謚穆妃，葬休安陵。齊武帝即位，追尊爲皇后。本書卷一一、《南齊書》卷二〇有傳。　竟陵：郡名。治石城，在今湖北鍾祥市。

　　[3]廬陵：郡名。治石陽縣，在今江西吉水縣東北。　魚復：縣名。治所在今重慶奉節縣東白帝城。

　　[4]建安：郡名。治建安縣，在今福建建甌市。

　　[5]西陽：郡名。治西陽縣，在今湖北黃岡市東。

　　[6]巴陵：郡名。治巴陵縣，在今湖南岳陽市。

　　[7]邵陵：郡名。治邵陵縣，在今湖南邵陽市。

　　[8]南康：郡名。治贛縣，在今江西贛州市西南。

　　[9]湘東：郡名。治臨烝縣，在今湖南衡陽市。


　　文惠皇太子長懋，字雲喬，小字白澤，武帝長子也。武帝年未弱冠而生太子，姿容豐美，爲高帝所愛。[1]宋元徽末，[2]除秘書郎，[3]不拜，板輔國將軍，[4]遷晉熙王撫軍主簿。[5]事寧，武帝遣太子還都。[6]高帝方創霸業，心存嫡嗣，謂太子曰：“汝還，吾事辦矣。”處之府東齋，[7]令通文武賓客。謂荀伯玉曰：[8]“我出行日，城中軍悉受長懋節度。我雖不行，內外直防及諸門甲兵，悉令長懋時時履行。”


　　[1]高帝：南朝齊高帝蕭道成。字紹伯，小諱鬭將。宋時封齊王，建元元年（479）四月，即位爲帝。本書卷四，《南齊書》卷一、卷二有紀。

　　[2]元徽：南朝宋後廢帝劉昱年號（473—477）。

[3]秘書郎：官名。掌管國家所藏圖籍的官員。宋六品。梁二班。

[4]輔國將軍：官名。宋明帝泰始五年（469）七月，改爲輔師將軍，後廢帝元徽二年六月復舊。三品。梁武帝天監七年（508）罷。

[5]晋熙王：劉燮。字仲綬。宋明帝第六子。繼劉昶後封爲晋熙王，食邑三千户。本書卷一四、《宋書》卷七二有附傳。晋熙，郡名。治懷寧縣，在今安徽潛山市。 撫軍主簿：官名。指撫軍將軍府主簿。撫軍將軍，宋三品。齊時位在四征將軍上。主簿，屬吏之長，掌軍府文書、印信。

[6]事寧，武帝遣太子還都：中華本校勘記云：“‘事寧’上《南齊書》有‘宋元徽末，隨世祖在郢。世祖還鎮盆城拒沈攸之，使太子勞接將帥，親侍軍旅’。此删去，遂不知‘事寧’所指爲何。”

[7]處之府東齋：當時蕭道成輔政，“府”當指領軍府。

[8]荀伯玉：字弄璋，廣陵（今江蘇揚州市）人。本書卷四七、《南齊書》卷三一有傳。

　　轉秘書丞，[1]以與宣帝諱同，[2]不就。歷中書、黄門侍郎。[3]昇明三年高帝將受禪，[4]以襄陽兵馬重鎮，[5]不欲處佗族，出太子爲雍州刺史，[6]加都督、北中郎將、寧蠻校尉。[7]建元元年，[8]封南郡王，[9]江左嫡皇孫封王，始自此也。

　　[1]秘書丞：官名。掌管秘書事務的官員。在兩晋、南北時期，爲清要之官，出任者多爲士族高門。宋六品。梁八班。陳五品，秩六百石。

　　[2]宣帝：南朝齊高帝父蕭承之。字嗣伯。宋順帝昇明二年

（478），追贈散騎常侍、金紫光禄大夫。蕭道成稱帝後，追尊其爲宣皇帝。事見本書卷四《齊高帝紀》、《南齊書》卷一《高帝紀上》。"承"與"丞"音同，故蕭長懋因避曾祖諱，不願就任秘書丞。

[3]中書侍郎：官名。中書省高級官員，隋以前亦稱中書郎。協助中書令、監起草、發布詔令。宋五品。梁九班。陳四品，秩千石。　黄門侍郎：官名。亦稱黄門、給事黄門郎、給事黄門侍郎。郎官給事於黄闥（宮門）之内者，始稱。南朝爲侍中省或門下省次官，侍從皇帝、顧問應對，出則陪乘，並掌管機密文件，位頗重要。皆四員。宋五品。齊及梁初不詳。梁武帝天監七年（508）革選，釐定官品十八班，班多爲貴，黄門郎梁十二班。陳四品，秩二千石。

[4]昇明：南朝宋順帝劉準年號（477—479）。

[5]襄陽：郡名。治襄陽縣，在今湖北襄陽市。

[6]雍州：州名。治襄陽縣，在今湖北襄陽市。

[7]都督：官名。地方軍政長官，多帶將軍號，領州刺史，兼理民政。晋、南北朝的都督分使持節、持節、假節三種。　北中郎將：官名。東漢靈帝置，爲統兵長官，帥師征伐，魏晋南北朝沿置，演變爲方面大員，地位高於一般將領。南朝宋、齊多以宗室任之，梁時或置或罷。　寧蠻校尉：官名。掌治長江以北少數民族。治襄陽，在今湖北襄陽市。多由駐該地的將軍或雍州刺史兼任，如單任此職，則減刺史一階。宋四品。陳擬五品。

[8]建元：南朝齊高帝蕭道成年號（479—482）。

[9]南郡：郡名。治江陵縣，在今湖北荆州市荆州區。


　　先是，梁州刺史范柏年頗著威名，[1]沈攸之事起，[2]候望形勢，事平，朝廷遣王玄邈代之。[3]玄邈已至，柏年遲回魏興不肯下，[4]太子慮其爲變，乃遣說之，許啓爲府長史。<sup>[5]</sup>及至襄陽，因執誅之。

[1]梁州：州名。治南鄭縣，在今陝西漢中市東。 范柏年：本梓潼（今四川梓潼縣）人，土斷屬梁州華陽郡（今陝西勉縣）。初爲州將，州刺史派他到京師建康見宋明帝並請示機宜。明帝問及梁州是否有貪水，范柏年靈巧答對，留下了“廉泉讓水”的故事。本書卷四七有附傳。

[2]沈攸之：字仲達，吳興武康（今浙江德清縣）人。宋司空沈慶之從子。本書卷三七有附傳，《宋書》卷七四有傳。

[3]王玄邈：字彥遠，太原祁（今山西祁縣）人。本書卷一六、《南齊書》卷二七有附傳。

[4]魏興：郡名。治西城縣，在今陝西安康市西北漢江北岸。

[5]長史：官名。掌顧問參謀，魏晉南北朝時太傅、太尉、司徒、司空、諸將軍府、諸王國及州郡、屬國都置長史。


　　二年，徵爲侍中、中軍將軍，<sup>[1]</sup>置府，鎮石頭。<sup>[2]</sup>穆妃薨，<sup>[3]</sup>成服日，<sup>[4]</sup>車駕出臨喪，朝議疑太子應出門迎。左僕射王儉曰：<sup>[5]</sup>“尋《禮記·服問》：‘君所主夫人、妻、太子嫡婦。’<sup>[6]</sup>言國君爲此三人爲主喪也。今鑾輿臨降，自以主喪而至，雖因事撫慰，義不在弔，南郡以下不應出門奉迎。但尊極所臨，禮有變革，權去杖絰，<sup>[7]</sup>移立戶外，足表情敬，無煩止哭。皇太子既一宮之主，自應以車駕幸宮，依常奉候。既當成服之日，吉凶不相干，宜以衰幘行事，望拜止哭，率由舊章。<sup>[8]</sup>尊駕不以臨弔，奉迎則惟常體，求之情禮，如爲可安。”又其年九月有閏，小祥疑應計閏。<sup>[9]</sup>儉又議，以爲“三百六旬，《尚書》明義，文公納幣，《春秋》致譏。故先儒着喪，<sup>[10]</sup>歲數没閏，大功以下，<sup>[11]</sup>月數數閏。所以吴商云：'舍閏以正朞，<sup>[12]</sup>允協情理。'没閏之理，固在言先"。並從之。

[1]侍中：官名。往來殿中奏事，故名。南朝宋爲門下之侍中省長官，侍衛皇帝左右，顧問應對，諫諍糾察，平議尚書奏事。三品。齊及梁初不詳。梁武帝天監七年（508）革選，釐定官品十八班，班多爲貴，侍中十二班。陳三品，秩中二千石。　中軍將軍：官名。南朝置，爲重號將軍。宋位比四鎮將軍，三品。齊位在四征將軍之上，品秩不詳。梁與中衛、中權、中撫將軍合稱四中將軍，作爲優禮大臣的虚號，祗授予在京師任職者，職任頗重。武帝天監七年革選，中軍將軍二十三班。大通三年（529）改制，中軍將軍三十三班。陳擬二品，比秩中二千石。

[2]石頭：指石頭城，在今江蘇南京市西清涼山。

[3]穆妃：武穆裴皇后。

[4]成服：古時喪禮大殮後，親屬按照與死者的親疏關係穿上不同喪服。

[5]左僕射：官名。即尚書左僕射。尚書省次官，尚書令副佐。員一人。宋三品。齊及梁初不詳。梁武帝天監七年革選，釐定官品十八班，班多爲貴，尚書左僕射十五班。陳二品，秩中二千石。王儉：字仲寶，琅邪臨沂（今山東臨沂市）人。歷仕南朝宋、齊，官至尚書令，總理政務。長於禮學，熟悉朝儀，齊初制度多爲其制定。本書卷二二有附傳，《南齊書》卷二三有傳。

[6]妻：汲古閣本同，殿本作"喪"。

[7]杖経：孝杖與喪服。

[8]章：殿本同，汲古閣本作"意"。

[9]小祥：古喪祭名。指父母死後周年祭禮。

[10]朞喪：猶期服。爲期一年的喪服。

[11]大功：古代喪服制度之一，五服中之第三等。大功喪期分爲兩級：一爲大功九月，爲堂兄弟、衆孫、出嫁之姑、出嫁之姊妹、出嫁之女、未出嫁之堂姊妹服，又爲期親（齊衰不杖期之親屬）之長殤者服。二爲大功七月，爲期親之殤者服。

[12]舍：中華本作“含”，其校勘記曰：“‘含’各本作‘舍’，據《南齊書·禮志》改。按《通典·禮典》引作‘合’。”

武帝即位，爲皇太子。初高帝好《左氏春秋》，[1]太子承旨諷誦，以爲口實。及正位東儲，善立名尚，解聲律，工射，飲酒至數斗，而未嘗舉盃。從容有風儀，音韻和辯，引接朝士，人人自以爲得意。文武士多所招集，會稽虞炎、濟陽范岫、汝南周顒、陳郡袁廓，[2]並以學行才能，應對左右。而武人略陽垣歷生、襄陽蔡道貴，[3]拳勇秀出，當時以比關羽、張飛。[4]其餘安定梁天惠、平原劉孝慶、河東王世興、趙郡李居士、襄陽黃嗣祖、魚文、康絢之徒，[5]並爲後來名將。

[1]《左氏春秋》：左氏，殿本同，汲古閣本作“左傳”。《春秋左氏傳》又名《左傳》，相傳乃春秋末年左丘明爲解釋孔子《春秋》而作，實際上成書時間當在戰國或兩漢之間。作品記事起於魯隱公元年（前722），止於魯悼公十四年（前454）。

[2]會稽：郡名。治山陰縣，在今浙江紹興市。　虞炎：會稽（今浙江紹興市）人。齊武帝永明中以文學爲文惠太子所遇，屬意殊常，官至驍騎將軍。本書卷四八有附傳。　濟陽：郡名。治濟陽縣，在今河南蘭考縣東北。　范岫：字懋賓，濟陽考城（今河南民權縣）人。本書卷六〇、《梁書》卷二六有傳。　汝南：郡名。治上蔡縣，在今河南上蔡縣西南。　周顒：字彥倫，汝南安成（今河

南汝南縣）人。歷仕宋、齊。泛通百家，尤長佛理，有文聲，善音律。著《三宗論》爲時人所重。本書卷三四有附傳，《南齊書》卷四一有傳。　陳郡：郡名。初治陳縣，在今河南周口市淮陽區，南朝宋移治項縣，在今河南沈丘縣。　袁廓：字思度，陳郡陽夏（今河南太康縣）人。本書卷二六有附傳。

[3]略陽：縣名。治所在今四川綿竹市。

[4]關羽：字雲長，河東解（今山西臨猗縣）人。《三國志》卷三六有傳。　張飛：字益德，涿郡（今河北涿州市）人。《三國志》卷三六有傳。

[5]安定：郡名。治安定縣，在今甘肅涇川縣北涇河北岸。梁天惠：南朝齊將領。爲蕭衍軍主。　平原：郡名。治平原縣，在今山東平原縣西南。　劉孝慶：本名法鳳，字仲昌，平原（今山東平原縣）人。本書卷四九有附傳。　河東：郡名。治安邑縣，在今山西夏縣西北。　王世興：南朝齊明帝時任輔國將軍、前軍將軍、軍主。　趙郡：郡名。治平棘縣，在今河北趙縣南。　李居士：趙郡（今河北高邑縣）人。任太子左率、江州刺史，遷征虜將軍。齊永元三年（501）蕭衍起兵反東昏侯，東昏侯遣他率軍迎戰，兵敗投降。　康絢：字長明，華山藍田（今湖北襄陽市）人。本書卷五五、《梁書》卷一八有傳。

　　永明三年，[1]於崇正殿講《孝經》，[2]少傅王儉令太子僕周顒撰爲義疏。[3]五年冬，太子臨國學，[4]親臨策試諸生，於坐問少傅王儉《曲禮》云“無不敬”義，[5]儉及竟陵王子良等各有酬答。太子又以此義問諸學生，謝幾卿等一十人，[6]並以筆對。太子問王儉：“《周易·乾卦》本施天位，而《說卦》云‘帝出乎《震》’，《震》本非天義，豈當相王？”[7]儉曰：“《乾》健《震》

動，天以運爲德，故言‘帝出乎《震》’。"儉又諮太子《孝經》"仲尼居曾子侍"義，臨川王暎諮"孝爲德本"義，[8]太子並應機酬答，甚有條貫。

[1]永明：南朝齊武帝蕭賾年號（483—493）。

[2]崇正殿：南朝宋、齊太子東宮中的殿名，爲太子講學論事之所。故址在今江蘇南京市。

[3]少傅：官名。即太子少傅，皇太子輔臣，諸僚屬及詹事所領屬官悉歸其管理。東晉、南朝省太子少師、太子少保，置太子少傅。宋三品。梁十五班。陳二品，秩中二千石。　太子僕：官名。東宮官。主車馬、親屬，職如太僕、宗正。宋五品。梁十班。陳四品，秩千石。

[4]國學：古代指國家設立的學校。

[5]《曲禮》云"無不敬"義：《禮記·曲禮上》云"毋不敬，儼若思"，意思是凡事不要不嚴肅認真，神情應莊重若有所思。

[6]謝幾卿：陳郡陽夏（今河南太康縣）人。本書卷一九有附傳，《梁書》卷五〇有傳。

[7]王：汲古閣本、殿本作"左"，百衲本、中華本作"主"。馬宗霍《南史校證》云："元刊本《南史》‘左’正作‘主’，與《齊書》合。作‘左’蓋殿本《南史》之誤。"（湖南教育出版社2008年版，第702頁）

[8]臨川王暎：暎，汲古閣本同，殿本作"映"。蕭映，字宣光。南朝齊高帝蕭道成第三子。本書卷四三、《南齊書》卷三五有傳。

明年，上將訊丹楊所領囚爲南北二百里内獄，[1]詔太子於玄圃園宣猷堂録三署囚，[2]原宥各有差。上晚年好游宴，尚書曹事，亦分送太子省視。

[1]丹楊：郡名。即丹陽。治建康縣，在今江蘇南京市。爲京都上郡，故太守稱尹。　領囚：審訊罪犯。　爲：中華本作"及"，其校勘記云："'及'各本作'爲'，據《南齊書》改。"

[2]玄圃園：太子東宮中園圃名。宣猷堂在玄圃園中。　三署：漢時光禄勳下設五官署、左署、右署，合稱三署。

太子與竟陵王子良俱好釋氏，立六疾館以養窮人。[1]而性頗奢麗，宮内殿堂，皆雕飾精綺，過於上宮。開拓玄圃園與臺城北塹等，[2]其中起出土山池閣樓觀塔宇，窮奇極麗，費以千萬。多聚異石，妙極山水。慮上宮中望見，乃旁列脩竹，外施高鄣。造游觀數百間，[3]施諸機巧，宜須鄣蔽，須臾成立，若應毁撤，應手遷徙。製珍玩之物，織孔雀毛爲裘，光采金翠，[4]過於雉頭遠矣。[5]以晋明帝爲太子時立西池，[6]乃啓武帝引前例，求於東田起小苑，[7]上許之。

[1]六疾館：六疾，指六種常見疾病，即寒疾、熱疾、末（四肢）疾、腹疾、惑疾、心疾，亦泛指各種疾病。

[2]臺城：即建康宮，又名顯陽宮。位於今江蘇南京市雞籠山南、乾河沿北。本三國吳後苑城，東晋成帝時改建，咸和七年（332）新宮成，名曰建康宮，爲東晋、南朝臺省（中央政府）和宮殿所在地，故又名"臺城"。臺城有六門：大司馬門、萬春門、東華門、西華門、太陽門、承明門。　北塹：即皇宮所在地。

[3]游觀：中華本作"游牆"，其校勘記云："'牆'各本作'觀'，據《南齊書》改。"馬宗霍《南史校證》云："按'游觀'《南齊書》本傳作'游牆'。觀牆二字相去絶遠，無緣致掍。下文云：'施諸機巧，宜須鄣蔽，須臾成立，若應毁撤，應手遷徙。'疑

此作‘游牆’爲是。游牆者，蓋謂活動之牆可任意開合也。間者隔
也，以游牆作障壁，有間隔之用，一間猶一扇，須多造以備取舍，
故曰數百間。唯此之游牆，既要遷徙，似當輕而易舉。或以薄板，
或以厚革。或以木爲匡而以布蒙之，使若牆然。殊不可知，要非瓴
甋土墼之類耳。若依《南史》作‘游觀’，或謂即樓觀宮觀之觀，
似亦可通，然與下文不切。《册府元龜·儲宮部·失德門》亦作
‘游牆’，蓋從《齊書》。”（第 702—703 頁）

[4]采：汲古閣本同，殿本作“彩”。

[5]雉頭：指雉頭裘，以雉（野雞）頭羽毛織成之裘。

[6]晉明帝：司馬紹。字道畿。東晉元帝司馬睿之子。永昌元
年（322）即位。《晉書》卷六有紀。

[7]東田：文惠太子所建的樓館名，在鍾山（今江蘇南京市紫
金山）下。本書卷五《齊廢帝鬱林王紀》：“先是，文惠太子立樓館
於鍾山下，號曰‘東田’，太子屢游幸之。”

永明中，二宮兵力全實，太子使宮中將吏更番築
役，礜城包巷，[1]制度之盛，觀者傾都。上性雖嚴，太
子所爲，無敢啓者。後上幸豫章王宅，[2]還過太子東田，
見其彌亘華遠，壯麗極目，於是大怒，收監作主帥，太
子懼，皆藏之，由是見責。

[1]築役，礜城包巷：《南齊書》卷二一《文惠太子傳》作
“役築，宮城苑巷”。

[2]後：殿本同，汲古閣本作“役”。

太子素疾，體又過壯，常在宮內，簡於遨遊，玩弄
羽儀，多所僭擬。[1]雖咫尺宮禁，[2]而上終不知。又使徐

文景造輦及乘輿御物虎賁雲罕之屬，[3]上嘗幸東宮，忽忽不暇藏輦，文景乃以佛像內輦中，故上不疑。文景父陶仁時爲給事中，[4]謂文景曰：“終當滅門，政當掃墓待喪耳。”仍移家避之。[5]其後文景竟賜死，陶仁遂不哭，時人以爲有古人風。

[1]玩弄羽儀，多所僭擬：指玩弄帝王的儀仗隊。羽儀，儀仗中飾以羽毛的旌旗，猶指帝王的衛隊。

[2]咫尺宮禁：指距離皇宮很近。

[3]徐文景：齊武帝時官吏，徐陶仁子。

[4]給事中：官名。因在殿中給事（執事）得名。南朝隸集書省，在通直散騎侍郎下、員外散騎侍郎上，選輕用卑。掌侍從皇帝左右、獻納得失、諫靜糾彈、收發傳達諸奏聞文書，雖可封駁，權不甚重，地位漸低。亦管圖書文翰、修史等事。宋五品。齊及梁初不詳。梁武帝天監七年（508）革選，給事中四班。陳七品，秩六百石。

[5]仍：汲古閣本、殿本作“乃”。

十年，豫章王嶷薨，[1]太子見上友于既至，[2]造碑文奏之，未及鐫勒。十一年春正月，太子有疾，上自臨視，有憂色。疾篤，上表告辭，薨于東宮崇明殿，[3]時年三十六。

[1]豫章王嶷：蕭嶷。字宣儼。齊高帝蕭道成次子，武帝蕭賾二弟。本書卷四二、《南齊書》卷二二有傳。

[2]友於既至：指兄弟感情極深。友於，語出《尚書·君陳》“惟孝友于兄弟”，後即以“友於”指兄弟。

［3］崇明殿：文惠太子東宮中的殿名，在今江蘇南京市。

太子年始過立，久在儲宮，得參政事，内外百姓私
咸謂旦暮繼體，[1]及薨，朝野驚愡焉。上幸東宮，上臨
哭盡哀，詔斂以袞冕之服，[2]謚曰文惠，葬崇安陵。[3]有
司奏御服綦，朝臣齊衰三月，[4]南郡國臣齊衰綦，臨汝、
曲江國臣並不服，[5]六宮不從服。

［1］内外百姓私咸謂旦暮繼體：中華本"百姓"作"百司"，
其校勘記云："'百司'各本作'百姓'，據《南齊書》改，按《南
齊書》無'私'字。"旦暮繼體，謂很快就要繼承大統。
［2］袞冕之服：指帝王之服。
［3］崇安陵：南朝齊文惠太子陵寢，在今江蘇常州市武進區之
東城里蕭氏祖墳地。
［4］齊（zī）衰（cuī）：古代喪服等級之一，僅次於斬衰。齊，
輯也，喪服縫邊；衰，喪服，以五升枲麻製成。先秦至唐，齊衰喪
期分爲四級：一，齊衰三年，父卒爲母，母爲長子，承祖重者祖卒
爲祖母等，實際喪期與斬衰同，也爲二十七個月。二，齊衰杖期，
義在父母、夫爲妻等。喪期一年，實際爲十三個月。三，齊衰不杖
期，爲祖父母、伯叔父母、兄弟、未出嫁姊妹、衆子、侄、嫡孫
等。喪期與杖期同。四，齊衰三月，爲曾祖父母，民爲君等。
［5］臨汝、曲江國：代指蕭昭文、蕭昭秀。蕭昭文初封臨汝公，
蕭昭秀初封曲江公。臨汝，縣名。治所在今江西撫州市臨川區西。
曲江，縣名。治所在今廣東韶關市南武水西岸。

武帝履行東宮，見太子服玩過制，大怒，敕有司隨
事毁除，以東田殿堂處爲崇虚館。[1]鬱林立，[2]追尊爲文

帝，廟稱世宗。

[1]崇虛館：館名。齊文惠太子死後，武帝以其生前服玩之具過於奢華，遂命毀除，並將其在東田所建殿堂改爲此館。

[2]鬱林：齊鬱林王蕭昭業。字元尚，小名法身。文惠太子長子。本書卷五、《南齊書》卷四有紀。

初，太子惡明帝，[1]密謂竟陵王子良曰：“我意色中殊不悦此人，當由其福德薄所致。”子良便苦救解，[2]後明帝立，東大相誅害。[3]

[1]明帝：南朝齊明帝蕭鸞。字景栖，小諱玄度。始安貞王道生之子。建武元年（494），自立爲帝，整治吏政，信用典籤，監視諸王，將蕭道成與蕭賾的子孫屠戮殆盡。本書卷五、《南齊書》卷六有紀。

[2]子良便苦救解：子良與蕭鸞殊善。齊武帝臨終詔使子良輔政，子良乃推蕭鸞，故武帝遺詔云：“事無大小，悉與鸞參懷。”

[3]東：汲古閣本、殿本、百衲本作“果”。按，底本誤，應據諸本改。

竟陵文宣王子良字雲英，武帝第二子也。幼聰敏。武帝爲贛縣時，[1]與裴后不諧，[2]遣人船送后還都，已登路，子良時年小，在庭前不悦。帝謂曰：“汝何不讀書？”子良曰：“孃今何處？何用讀書。”帝異之，即召后還縣。

[1]贛縣：縣名。治所在今江西贛州市東北。

[2]裴后：武穆裴皇后。

仕宋爲邵陵王友。[1]時宋道衰謝，諸王微弱，故不廢此官。昇明三年，爲會稽太守，都督五郡。封聞喜公。宋元嘉中，[2]皆責成郡縣，[3]孝武後，[4]徵求急速，以郡縣遲緩，始遣臺使，自此公役勞擾。高帝踐祚，子良陳之，請息其弊。

[1]邵陵王：劉友。字仲賢，宋明帝劉彧第七子。本書卷一四、《宋書》卷九〇有傳。　友：官名。王府屬官。掌陪侍游居，規諷道義。宋六品。馬宗霍《南史校證》云：“按《南齊書》本傳作‘爲宋邵陵王友，王名友，尋廢此官’。尋晋宋以來，王國官屬，有師有友，有文學。《宋書·百官志》謂：‘友者因文王仲尼四友之名也。’既有此官，而邵陵王之名適與官名相同，《南史》謂‘不廢此官’，是當時不避邵陵王諱也。《齊書》謂‘尋廢此官’，是當時爲王諱也。二者正相反，王鳴盛謂‘不知《南史》何據’，又謂‘諸王生名不宜諱，而即其府中官屬理應避，且《南史》删去王名友三字，則不廢云云意不明’。余謂延壽若必欲求簡，亦當於‘友’下疊一‘友’字，作‘爲邵陵王友友’，似尚可通。”（第704頁）

[2]元嘉：南朝宋文帝劉義隆年號（424—453）。

[3]皆責成郡縣：中華本作“凡事皆責成郡縣”，其校勘記云：“‘凡事’二字各本並脱，據《通鑑》補。”

[4]孝武：宋孝武帝劉駿。字休龍，小字道民。文帝第三子。本書卷二、《宋書》卷六有紀。

子良敦義愛古，郡人朱百年有至行，先卒，賜其妻米百斛，蠲一人，給其薪蘇。[1]郡閣下有虞翻舊牀，[2]罷任還，乃致以歸。後於西邸起古齋，多聚古人器服以充之。夏禹廟盛有禱祀，[3]子良曰："禹泣辠表仁，[4]菲食旌約，[5]服玩果粽，足以致誠。"使歲獻扇簟而已。

[1]蠲一人，給其薪蘇：指減免一民戶賦稅，讓他專供朱百年妻的柴薪。

[2]虞翻：字仲翔，會稽餘姚（今浙江餘姚市）人。初爲孫策功曹，後任富春長、騎都尉。因數諫爭，觸犯孫權，被貶徙。《三國志》卷五七有傳。

[3]夏禹：姓姒，名文命。史稱大禹、帝禹，爲夏后氏首領。詳見《史記》卷二《夏本紀》。

[4]泣辠：泣罪。指大禹因哀憐罪人而哭泣。語出劉向《說苑·君道》："禹出見罪人，下車問而泣之。"

[5]菲食旌約：食粗劣的飯食表示節約。


時有山陰人孔平詣子良訟嫂市米負錢不還。[1]子良歎曰："昔高文通與寡嫂訟田，義異於此。"乃賜米錢以償平。

[1]山陰：縣名。治所在今浙江紹興市。


建元二年，穆妃薨，去官，仍爲丹楊尹，[1]開私倉振屬縣貧人。先是太妃以七月薨，子良以八月奉凶問。及小祥，疑南郡王應相待。尚書左僕射王儉議以爲"禮有倫序，義無徒設。如令遠則不待，近必相須，禮例既乖，即心無取。若疑兄弟同居，吉凶舛雜，則遠還之子，自應開立別門，以終喪事，靈筵祭奠，隨在家之人，再朞而毀。庶子在家，亦不待嫡。而況儲妃正體王室，中軍長奠之重，[2]天朝又行權制，進退彌復非疑。謂應不相待，中軍縓縞之日，[3]聞喜致哀而已，不受弔慰。至聞喜變除，昆弟亦宜相就寫情，不對客"。從之。

[1]丹楊尹：官名。丹陽，因其爲京都重邑，故太守稱尹。掌京城行政諸務並詔獄，地位頗重要。宋三品。

[2]長奠：中華本作"長嫡"，其校勘記云："'嫡'各本作'奠'，據《南齊書·禮志》改。"

[3]縓縞：中華本作"祥縞"，其校勘記云："'祥'各本作'縓'，據《南齊書·禮志》改。"

武帝即位，封竟陵郡王、南徐州刺史，[1]加都督。永明二年，爲護軍將軍，[2]兼司徒。[3]四年，進號車騎將軍。[4]子良少有清向，[5]禮才好士，居不疑之地，傾意賓客，天下才學皆游集焉。善立勝事，夏月客至，爲設瓜飲及甘果，[6]著之文教。士子文章及朝貴辭翰，皆發教撰録。[7]

[1]南徐州：州名。治京口城，在今江蘇鎮江市。

[2]護軍將軍：官名。兩晋、南北朝掌監督京師以外諸軍，不屬領軍，權任頗重。宋三品。梁十五班。陳三品，秩中二千石。

[3]司徒：官名。與太尉、司空並爲三公，爲名譽宰相，分掌政事。宋一品。齊及梁初不詳。梁武帝天監七年（508）革選，釐定官品十八班，班多爲貴，司徒十八班。陳一品，秩萬石。

[4]車騎將軍：官名。魏晋南北朝時爲重號將軍，但僅作爲軍府名號，加授大臣、地方長官。宋二品，開府者一品。梁二十四班。陳擬一品，比秩中二千石。

[5]清向：中華本作“清尚”，其校勘記云：“‘尚’各本作‘向’，據《南齊書》《通鑑》改。”

[6]瓜飲：指以寒泉洗瓜解渴，乃消夏樂事。語出曹丕《與吳質書》：“浮甘瓜於清泉，沈朱李於寒水。”

[7]教：文體的一種，爲官府或長上的告諭。

　　是時上新視政，[1]水旱不時，子良密啓請原除逋租。[2]又陳寬刑息役，輕賦省徭。并陳“泉鑄歲遠，[3]類多翦鑿，江東大錢，十不一在，公家所受，必須輪郭，[4]遂買本一千，加子七百，[5]求請無地，捶革相驅。[6]尋完者爲用，既不兼兩，回復遷貿，[7]會非委積，[8]徒令小人每嬰困苦。[9]且錢布相半，[10]爲制永久，或聞長宰須令輸直，[11]進違舊科，退容姦利”。

[1]視：《南齊書》卷四〇《竟陵文宣王子良傳》作“親”。

[2]逋租：指拖欠的租賦。

[3]泉：指錢幣。

[4]輪郭：指未被剪鑿磨損，有輪有郭。中華本“輪郭”後有“完全”二字，其校勘記云：“‘完全’二字各本並脱，據《南齊書》《册府元龜》補。按下云‘尋完者爲用’，即指‘完全’而言。”

[5]遂買本一千，加子七百：指百姓爲了繳納賦税，須花錢購買“輪郭完全”的錢幣，買一千，要另加七百錢纔能買到，加重了百姓的負擔。

[6]捶革：拷打處罰。　相驅：中華本作“相繼”，其校勘記云：“‘繼’各本作‘驅’，據《南齊書》改。”

[7]回復遷貿：指錢幣在市場上不斷來回交換。

[8]委積：指囷倉儲備。

[9]嬰：遭受。

[10]錢布相半：指繳納賦稅，一半納錢，一半納布帛實物。

[11]輸直：指繳納錢幣。

五年，正位司徒，給班劍二十人，[1]侍中如故。移居雞籠山西邸，[2]集學士抄《五經》、百家，依《皇覽》例爲《四部要略》千卷。[3]招致名僧，講論佛法，造經唄新聲，[4]道俗之盛，江左未有。

[1]班劍：指持班劍的武士，給予勳臣的特殊待遇。

[2]雞籠山：即今江蘇南京市雞鳴山。竟陵王官邸在此。

[3]《皇覽》：三國魏諸臣撰集，自《五經》群書，分類爲篇，以供皇帝閱讀，故稱《皇覽》。據《魏略》稱，書分四十餘部，每部數十篇，合八百餘萬字，爲中國最早的類書。殿本同，汲古閣本無“皇”字。

[4]造經唄新聲：指創作出許多新的佛經唱偈。

武帝好射雉，[1]子良啓諫。先是左衛殿中將軍邯鄲超上書諫射雉，[2]武帝爲止，久之，超竟被誅。永明末，上將復射雉，子良復諫，前後所陳，上雖不盡納，而深見寵愛。

[1]射雉：射獵野雞。一種田獵活動。

[2]左衛：官名。即左衛將軍。負責宮禁宿衛，是中央禁衛軍的主要將領，員一人。南朝宋四品。齊高帝建元二年（480），詔與右衛將軍每晚一人宿直宮中。梁十二班。陳三品，秩二千石。　殿中將軍：官名。侍衛武官，典禁兵督守殿廷。東晉選用門閥之士，

南北朝不典兵，員額漸多，品秩漸低，掌侍衛殿廷，屬左右衛將軍。宋六品。梁一班。陳九品。

又與文惠太子同好釋氏，甚相友悌。子良敬信尤篤，數於邸園營齋戒，大集朝臣衆僧，至賦食行水，[1]或躬親其事，世頗以爲失宰相體。勸人爲善，未嘗厭倦，以此終致盛名。

[1]賦食：布散飲食。　行水：指沐浴潔身以事佛。

八年，給三望車。[1]九年，都下大水，吳興偏劇，[2]子良開倉振救貧病不能立者，於第北立解收養，[3]給衣及藥。十年，領尚書令、揚州刺史，[4]本官如故。尋解尚書令，加中書監。[5]

[1]三望車：六朝時王公大臣所乘之車，三面有窗可望。
[2]吳興：郡名。治烏程縣，在今浙江湖州市。
[3]解：汲古閣本、殿本作“廨”。
[4]尚書令：官名。尚書省長官，參議大政，綜理政務。如置錄尚書事，則爲其副貳，如闕錄尚書事，則居宰相之位。魏晉、南朝雖僅三品（梁稱十六班），實爲百官之長。陳升爲一品，位卑而常闕。　揚州：州名。治建康縣，在今江蘇南京市。
[5]中書監：官名。中書省長官，西晉時權重，在尚書令上，東晉、南朝地位雖仍高，但多爲重臣加官。南朝宋、齊三品，入朝班次高於中書令。梁十五班。陳二品，秩中二千石。

文惠太子薨，武帝檢行東宮，[1]見太子服御羽儀，多過制度，上大怒，以子良與太子善，不啓聞，頗加嫌責。

[1]東宮：指太子居住之宮。

武帝不豫，詔子良甲仗入延昌殿侍醫藥。子良啓進沙門於殿户前誦經，武帝爲感夢見優曇鉢花。[1]子良案佛經宣旨，使御府以銅爲花，插御牀四角。日夜在殿内，太孫間日入參。[2]武帝暴漸，[3]内外惶懼，百僚皆已變服，[4]物議疑立子良。俄頃而蘇，問太孫所在，因召東宮器甲皆入，遺詔使子良輔政，明帝知尚書事。子良素仁厚，不樂時務，乃推明帝。詔云："事無大小，悉與鸞參懷"，子良所志也。太孫少養於子良妃袁氏，甚著慈愛，既懼前不得立，自此深忌子良。大行出太極殿，[5]子良居中書省，[6]帝使虎賁中郎將潘敞二百人仗，[7]屯太極西階之下。[8]成服後，諸王皆出，子良乞停至山陵，不許。

[1]優曇鉢花：無花果樹，產於印度。其花隱於花托内，一開即斂，不易看見。佛教以爲優曇鉢花開是佛的瑞應，故又稱祥瑞花。

[2]太孫：指齊鬱林王蕭昭業，文惠太子長子。

[3]暴漸：突然休克。

[4]變服：指變換爲喪服。

[5]大行：古代特稱剛死而尚未定謚號的皇帝、皇后。此處指齊武帝蕭賾的遺體。　太極殿：宮殿名。魏晉及南朝皇宮皆有太極

殿，規模龐大，一般包括前殿（正殿）和左、右兩側的東堂和西堂等建築，爲皇帝舉行重大禮儀之場所。

[6]中書省：中國古代中樞官署之名，爲秉承君主意旨，掌管機要，發布皇帝詔書、中央政令的最高機構。長官爲中書令、監。

[7]虎賁中郎將：官名。禁軍統領。東晉後無營兵，祇爲侍從武官。南朝沿置，屬領軍。宋五品。梁五班。陳七品，秩六百石。

[8]太極：汲古閣本同，殿本作“太殿”。


進位太傅，[1]增班劍爲三十人，本官如故，解侍中。隆昌元年，[2]加殊禮，劍履上殿，入朝不趨，贊拜不名，[3]進督南徐州。其年疾篤，謂左右曰：“門外應有異。”遣人視，見淮中魚無筭，[4]皆浮出水上向城門。尋薨，年三十五。


[1]太傅：官名。輔政大臣，或説與太師、太保並號三公。魏晉、南北朝亦位上公，在太師上、太保下，地位尊隆。一品（梁稱十八班）。

[2]隆昌：南朝齊鬱林王蕭昭業年號（494）。

[3]贊拜：古時舉行朝拜、祭祀或婚禮儀式時由贊禮人唱導行禮。 不名：指不直呼其名，以示尊敬。

[4]淮：應指秦淮河。


帝常慮子良異志，及薨，甚悦。詔給東園温明秘器，[1]斂以衮冕之服，[2]東府施喪位，[3]大鴻臚持節監護，[4]太官朝夕送祭。[5]又詔追崇假黃鉞、侍中、都督中外諸軍事、大宰、領大將軍、揚州牧，[6]綠綟綬，[7]備九服錫命之禮，[8]使持節、中書監、王如故。給九旒鑾輅、黄屋左纛、輼輬車、前後部羽葆、鼓吹，[9]挽歌二部，[10]虎賁班劍百人，葬禮依晋安平王孚故事。[11]初，豫章王嶷葬金牛山，[12]文惠太子葬夾石。[13]子良臨送，望祖硎山悲感歎曰："北瞻吾叔，前望吾兄，死而有知，請葬兹地。"及薨，遂葬焉。

[1]東園温明秘器：古代皇室、顯官死後用的棺材。東園爲古代掌管陵墓内器物、葬具的官署，屬少府。

[2]衮冕：古代帝王與上公的禮服與禮冠。

[3]東府：南朝時爲丞相兼領揚州刺史的治所，故址在今江蘇南京市内。

[4]大鴻臚：官名。九卿之一，管理賓客、朝儀事務的高級官員。三國、西晋沿置，東晋、南朝成爲專司朝會禮儀之官，不常置，南朝梁改名鴻臚卿。皆三品。

[5]太官：官名。掌皇帝飲食宴會的官吏。

[6]假黄鉞：魏晋南北朝時給予位高權重之大臣出征時特加的一種稱號，即代表皇帝親征之標誌。 大宰：官名。即太宰，又稱太師，西晋因避司馬師諱改。位居百官之首，與太傅、太保並爲上公，常執朝政。東晋、南朝多用作贈官，安置元老重臣。皆一品（梁稱十八班）。 大將軍：官名。朝廷大臣，魏晋、北朝亦頗重其任，常典軍政，南朝不常設，或作爲贈官。皆一品（梁稱十八班）。

[7]綠綟綬：一種黑黄而近綠色的絲帶，古代三公以上用綠綟色綬帶。

[8]九服：古代帝王的九種服制。指大裘冕、衮冕、鷩冕、毳冕、希冕、玄冕、韋弁服、皮弁服、冠弁服。

[9]九旒：指九旒冕，古代王公戴的一種禮帽，冕上有九串垂珠。 鷖輅：天子王侯所乘的車。 黄屋：古代帝王專用黄繒車蓋的車。 左纛：古代帝王乘輿上的飾物，以左纛犛牛尾或雉尾製

成，設在車衡左邊或左騑上。　輼輬車：古代的臥車，有窗牖，閉之則溫，開之則涼，故名。因秦始皇死後之初，被置於輼輬車内，後漸用爲喪車。　羽葆：古代葬禮儀仗的一種。以鳥羽聚於柄頭如蓋，御者執之前以指揮節度。　鼓吹：備有鼓鉦簫笳樂器的樂隊，用於大駕出遊行軍。古人以賜功臣勳將。

[10]挽歌：古人送葬時所唱哀悼死者之詩歌，又作"輓歌"。

[11]晋安平王孚：司馬孚。字叔達，河内溫（今河南溫縣）人。《晋書》卷三七有傳。

[12]金牛山：山名。在今安徽廬江縣西北。

[13]夾石：地名。在今安徽桐城市北。

所著内外文筆數十卷，[1]雖無文采，多是勸戒。

[1]文筆數十卷：明張溥輯《漢魏六朝百三家集》有《蕭竟陵集》，收文四十卷。

子良既亡，故人皆來奔赴，陸惠曉於邸門逢袁象，[1]問之曰："近者云云，定復何謂？王融見殺，[2]而魏準破膽。[3]道路籍籍，又云竟陵不永天年，有之乎？"答曰："齊氏微弱，已數年矣，爪牙柱石之臣都盡，命之所餘，政風流名士耳。若不立長君，無以鎮安四海。王融雖爲身計，實安社稷，恨其不能斷事，以至於此。道路之談，自爲虚説耳，蒼生方塗炭矣，政當瀝耳聽之。"

[1]陸惠曉：一作陸慧曉，字叔明，吳郡吳（今江蘇蘇州市）人。本書卷四八、《南齊書》卷四六有傳。　袁象：字偉才，小字史公，陳郡陽夏（今河南太康縣）人。善屬文及談玄。本書卷二六

有附傳，《南齊書》卷四八有傳。

[2] 王融：字元長，琅邪臨沂（今山東臨沂市）人。本書卷二一有附傳，《南齊書》卷四七有傳。

[3] 魏準：會稽（今浙江紹興市）人。齊鬱林王時太學生。以才學爲中書郎王融所賞識，融欲奉蕭子良爲帝，他慫恿其事。本書卷二一有附傳。

建武中，[1] 故吏范雲上表爲子良立碑，[2] 事不行。子昭胄嗣。

[1] 建武：南朝齊明帝蕭鸞年號（494—498）。

[2] 范雲：字彥龍，南鄉舞陰（今河南泌陽縣）人。本書卷五七、《梁書》卷一三有傳。

昭胄字景胤，汎涉書史，有父風，位太常。[1] 以封境邊魏，永元元年，[2] 改封巴陵王。

[1] 太常：官名。主管祭祀、朝會等禮儀的高級官員，初監管皇室陵寢、文化教育，職務繁重，後專掌禮儀。南朝梁改稱太常卿。宋三品。

[2] 永元：南朝齊東昏侯蕭寶卷年號（499—501）。

先是，王敬則事起，[1] 南康侯子恪在吳郡，[2] 明帝慮有同異，召諸王侯入宮，晋安王寶義及江陵公寶覽住中書省，[3] 高、武諸孫住西省，[4] 敕人各兩左右自隨，過此依軍法；孩抱者乳母隨入。其夜並將加害，賴子恪至乃免。自建武以來，高、武王侯，居常震怖，朝不保夕，至是尤甚。

[1]王敬則：臨淮射陽（今江蘇寶應縣）人，僑居晋陵南沙（今江蘇常熟市）。本書卷四五、《南齊書》卷二六有傳。

[2]子恪：蕭子恪。字景沖。豫章文獻王蕭嶷次子。本書卷四二有附傳，《梁書》卷三五有傳。　吳郡：郡名。治吳縣，在今江蘇蘇州市。

[3]晋安王寶義：蕭寶義。本名明基，字智勇。齊明帝長子。明帝建武元年（494），封晋安郡王。本書卷四四、《南齊書》卷五〇有傳。

[4]西省：官署名。本門下三省之一，係禁軍直宿處。後成爲圖書著作之地。參見王素《三省制略論》（中西書局 2021 年版）

及陳顯達起事，[1]王侯復入宫，昭胄懲往時之懼，與弟永新侯昭穎逃奔江西，[2]變形爲道人。[3]崔慧景舉兵，[4]昭胄兄弟出投之。慧景敗，昭胄兄弟首出投臺軍主胡松，[5]各以王侯還第，不自安，謀爲身計。子良故防閤桑偃爲梅蟲兒軍副，[6]結前巴西太守蕭寅，[7]謀立昭胄。昭胄許事剋用寅爲尚書左僕射、護軍，以寅有部曲，[8]大事皆委之。時胡松領軍在新亭，[9]寅遣人説之，松許諾。又張欣泰嘗爲雍州，[10]亦有部曲，昭胄又遣房天寶以謀告之，欣泰聞命響應。蕭寅左右華永達知其謀，以告御刀朱光尚。[11]光尚挾左道以惑東昏，[12]因謂東昏曰：“昨見蔣王，[13]云巴陵王在外結黨欲反，須官出行，仍從萬春門入，事不可量。”時東昏日游走，聞此説大懼，不復出四十餘日。偃等議募健兒百餘人，從萬春門入，突取之。昭冑以爲不可。偃同黨王山沙慮事久無成，以事告御刀徐僧重，寅遣人殺山沙於路。吏於麝滕中得其事迹，[14]昭冑兄弟與同黨皆伏誅。

[1]陳顯達：南彭城彭城（今江蘇鎮江市）人。本書卷四五、《南齊書》卷二六有傳。

[2]永新：縣名。治所在今江西永新縣。　昭穎：蕭昭穎。蕭子良子，官至寧朔將軍、彭城太守，封永新侯。陳顯達起兵反東昏侯，他與兄昭冑逃奔江西，變形爲僧人。及崔慧景舉兵反，復出投之。慧景敗，又轉投朝廷軍，各以王侯還第。後蕭昭冑謀反自立，他參與其事，事敗被殺。　江西：《資治通鑑》卷一四三《齊紀九》東昏侯永元二年胡三省注：“江西，橫江以西之地。”按，橫江在今安徽當塗縣西北一帶江面，長江至此流向改變，由南至北，由縱變橫，故云橫江。

[3]道人：僧人。

[4]崔慧景：一作崔惠景。字君山，清河東武城（今河北清河縣）人。本書四五、《南齊書》卷五一有傳。

[5]臺軍主：臺軍，指禁衛軍。軍主，武官名。其名起於南朝宋，與隊主相對，大約領兵千名以上者稱軍主，千人以下者稱隊主。　胡松：南朝齊龍驤將軍、直閤將軍。明帝永泰元年（498）王敬則反，他率軍前討，以功封沙陽縣男。東昏侯永元中位太子右率，與張欣泰等密謀廢東昏侯以應蕭衍，事敗被殺。

[6]防閤：官名。即防閤將軍。侍從武官。南朝時，朝廷禁衛軍置直閤將軍，諸王府置防閤將軍。　梅蟲兒：吳興（今浙江湖州市）人。與茹法珍並爲制局監，俱見寵倖。後爲外監，權傾一時。本書卷七七有附傳。

[7]巴西：郡名。治涪縣，在今四川綿陽市東。

[8]部曲：本爲漢時軍隊之編制。魏晉以來，豪門大族之私人

軍隊稱部曲。部曲帶有人身依附性質，經主人放免，可成爲平民。亦借指軍隊。

[9]新亭：又名中興亭。三國吳築，故址在今江蘇南京市西南，地近江濱，依山爲城壘，爲軍事和交通要地。

[10]張欣泰：字義亨，竟陵竟陵（今湖北潛江市）人。本書卷二五有附傳，《南齊書》卷五一有傳。

[11]御刀：指御前帶刀侍衛。

[12]東昏：齊東昏侯蕭寶卷。字智藏。明帝第二子。明帝建武元年（494），立爲皇太子。永泰元年（498）即皇帝位。本書卷五、《南齊書》卷七有紀。

[13]蔣王：蔣子文。東漢末廣陵（今江蘇揚州市）人。嘗自言骨青，死當爲神。任秣陵尉，逐賊受傷而死。三國吳孫權時，蔣之故吏見蔣於道，一如生前，並講當爲土地神，要百姓爲其立祠。不久，屢顯神通，信者日多。孫權封其爲中都侯，改鍾山爲蔣山。南朝宋時加爵爲相國、大都督、鍾山王。齊時進號爲帝。故亦稱"蔣侯""蔣王""蔣帝"。

[14]麝臍：《資治通鑑》卷一四四《齊紀十》和帝中興元年胡三省注："山沙以盛麝香，故曰麝臍，猶今之香袋。"

梁受禪，降封昭冑子同爲監利侯。[1]

[1]監利：縣名。治所在今湖北監利市東北。

同弟賁字文奐，形不滿六尺，神識耿介。幼好學，有文才，能書善畫，於扇上圖山水，咫尺之內，便覺萬里爲遥。矜慎不傳，自娛而已。好著述，嘗著《西京雜記》六十卷。起家湘東王法曹參軍，[1]得一府歡心。及亂，王爲檄，賁讀至"偃師南望，無復儲胥、露寒，河陽北臨，或有穹廬氈帳"，迺曰："聖製此句，非爲過似，如體目朝廷，非關序賊。"王聞之大怒，收付獄，遂以餓終。又追戮賁尸，乃著《懷舊傳》以謗之，極言誣毀。

[1]湘東王：蕭繹。字世誠，小字七符，梁武帝第七子。武帝天監十三年（514）封湘東王。本書卷八、《梁書》卷五有紀。湘東，郡名。治臨烝縣，在今湖南衡陽市。　法曹：王府、公府、將軍府僚屬諸曹之一，南朝法曹長官爲參軍。　參軍：官名。即參軍事，南朝王府、公府、將軍府及諸州置，自六品至九品不等。

　盧陵王子卿字雲長，武帝第三子也。建元元年，封臨汝郡公。[1]武帝即位，爲郢州刺史，[2]加都督。子卿諸子中無德，又與魚復侯子響同生，故無寵。徙都督、荆州刺史。始興王爲益州，[3]子卿解督。[4]

[1]臨汝郡：中華本作"臨汝縣"，其校勘記曰："'縣'各本作'郡'。據《南齊書》改。按臨汝爲江州臨川郡屬縣，見《南齊書·州郡志》。"臨汝，縣名。治所在今江西撫州市臨川區西。
[2]郢州：州名。治夏口城，在今湖北武漢市武昌區。
[3]始興王：即蕭鑑。字宣徹，南蘭陵（今江蘇常州市武進區）人。齊高帝第十子。本書卷四三、《南齊書》卷三五有傳。
[4]解督：解去益州、寧州之督。《南齊書》中華本校勘記云："錢大昕《廿二史考異》云：'按《齊書》本云都督荆、湘、益、寧、梁、南、北秦七州，則益州在所督之內，其云解督者，特解益州，非去都督之號也。'今按《始興王鑑傳》，鑑爲益州刺史，持

節都督益寧二州軍事，則子卿解督當解益寧二州之督。"

子卿在鎮，營造服飾，多違制度，作瑇瑁乘具。[1]詔責之，令速送都；又作銀鐙、金薄裹箭脚，[2]亦便速壞去。凡諸服章，自今不啓專輒作者，當得痛杖。又曰："汝比令讀學，今年轉成長，學既勿，[3]得敕如風過耳，[4]使吾失氣。"

[1]瑇瑁乘具：指用瑇瑁殼裝飾的車船。瑇瑁，爬行動物，形似龜，背有甲十二片，黑白斑文，相錯而成，可做裝飾品。

[2]又作銀鐙、金薄裹箭脚：馬宗霍《南史校證》云："按殿本《南史考證》曰：'鐙，閣本作鐙。'元刊本《南史》正作'銀鐙'，閣本與合。又按《南齊書》本傳云：'純銀乘具乃復可爾，何以作鐙亦是銀。可即壞之。'《南史》即節取彼文也，彼文與乘具並言，則鐙乃鞍鐙，謂馬鞍兩旁足所踏也，與鐙錠之鐙異義。殿本作'鐙'，即鐙錠俗字。《説文》有鐙無鐙，錠爲鐙之本義。徐鉉曰：'錠中置燭，故謂之鐙，今俗別作鐙，非是。'然則以'鐙'爲鞍具者，亦借字也。但鞍具不可從俗作'鐙'。"（第706—707頁）

[3]學既勿：中華本作"學既勿就"，其校勘記云："'就'字各本並脱，據《通志》補。"勿，汲古閣本同，殿本作"未"。

[4]如風過耳：耳旁風。

永明十年，爲都督、南豫州刺史。[1]之鎮，道中戲部伍爲水軍，上聞大怒，殺其典籤。[2]遣宜都王鏗代之。[3]子卿還第，至崩不與相見。

[1]南豫州：州名。南朝宋武帝永初三年（422）分豫州淮東

置，治歷陽縣，在今安徽和縣。後省置無常。齊武帝永明二年（484）復置，治于湖縣，在今安徽當塗縣。

[2]典籤：官名。州、府掌管文書的佐吏。南北朝置。由於南朝宋時多以年幼皇子出鎮，皇帝委派親信任此職，協助處理政務，故品階雖低，實權在長史之上。出任者多爲寒人，每州、府員數人，一歲中輪番還都彙報，成爲皇帝升黜地方長官的主要依據。以後其權愈重，連年長皇子或其他人出任刺史，亦爲其控制。齊明帝罷其還都奏事，權任漸輕。

[3]宜都王鏗：蕭鏗。字宣嚴。齊高帝第十六子。封宜都王。本書卷四三、《南齊書》卷三五有傳。

隆昌元年，爲衛將軍、開府儀同三司，[1]置兵佐。鄱陽王鏘見害，[2]以子卿代爲司徒。所居屋梁柱際血出溜于地，旬日而見殺。

[1]衛將軍：官名。漢代重號將軍，位次三司，主領南、北軍，掌宿衛。晉制品秩第一，東晉尤爲重任，南朝沿置。　開府儀同三司：官名。大臣加號，意謂與三司（太尉、司徒、司空）禮制、待遇相同，許開設府署，自辟僚屬。

[2]鄱陽王鏘：蕭鏘。字宣韶。齊高帝第七子。封鄱陽王。本書卷四三、《南齊書》卷三五有傳。

魚復侯子響字雲音，武帝第四子也。豫章王嶷無子，養子響。後嶷有子，表留爲嫡。武帝即位，爲南彭城、臨淮二郡太守。[1]

[1]南彭城：郡名。南朝齊時虛設，無實土。　臨淮：郡名。

南朝齊時虛設，無實土。

子響勇力絶人，開弓四斛力，數在園池中帖騎馳走竹樹下，[1]身無虧傷。既出繼，車服異諸王，每入朝輒忿，拳打車壁，武帝知之，令車服與皇子同。

[1]帖騎：指不施馬鞍，貼身騎在馬背上。

永明六年，有司奏子響宜還本，乃封巴東郡王。[1]七年，爲都督、荆州刺史。直閤將軍董蠻粗有氣力，[2]子響要與同行。蠻曰："殿下癲如雷，敢相隨邪？"子響笑曰："君敢出此語，亦復奇癲。"上聞而不悦，曰："人名蠻，復何容得藴籍。"乃改名爲仲舒。謂曰："今日仲舒，何如昔日仲舒？"答曰："昔日仲舒，出自私庭，今日仲舒，降自天帝，以此言之，勝昔遠矣。"上稱善。

[1]巴東：郡名。治魚復縣，在今重慶奉節縣東白帝城。
[2]直閤將軍：官名。禁衛將領。南朝宋置。統殿門及上閤屯兵，監殿内直衛，保護皇帝。梁、陳時亦統兵出征（參見張金龍《魏晋南北朝禁衛武官制度研究》，中華書局2004年版）。 董蠻：南朝齊武帝時武將。武帝時改名仲舒，初爲驃騎中兵參軍。

子響少好武，帶仗左右六十人，皆有膽幹，[1]數在内齋殺牛置酒，與之聚樂。令私作錦袍絳襖，欲餉蠻交易器仗。長史劉寅等連名密啓，[2]上敕精檢，寅等懼，欲秘之。子響聞臺使，[3]不見敕，乃召寅及司馬席恭穆、諮議參軍江悆、殷曇粲、中兵參軍周彥、典籤吳脩之、王賢宗、魏景深等俱入,[4]于琴臺下併斬之。上聞之怒,遣衛尉胡諧之、游擊將軍尹略、中書舍人茹法亮領羽林三千人檢捕群小。[5]敕「子響若來首自歸,[6]可全其性命」。

[1]膽幹：膽量和才幹。

[2]劉寅：字景蕤,高平（今山東巨野縣）人。

[3]子響聞臺使：中華本作「子響聞臺使至」,其校勘記云：「'至'字各本並脫,據《南齊書》《通志》補。」

[4]司馬：官名。南朝諸公府、軍府皆置。爲所在府署高級幕僚。掌參贊軍務,管理府內武職,位僅次於長史。員一人,或分置左、右,其品秩隨府主地位高低而定。宋七至六品。齊及梁初官品不詳。梁武帝天監七年（508）革選,司馬六至十班。陳八至五品。　席恭穆：關隴豪族出身。　諮議參軍：官名。亦稱諮議參軍事。所在府署屬官,掌諷議。南朝王府、丞相府、公府、位從公府、州軍府皆有置,但無定員,亦不常置,職掌不定。其位甚尊,在列曹參軍上,州所置者常帶大郡太守,且有越次行府州事者。品級皆隨府主地位高下而定。宋七品。齊及梁初不詳。梁武帝天監七年革選,諮議參軍六至九班。陳七至五品。　江悆：殿本同,汲古閣本作「江愈」。　中兵參軍：官名。諸公府、軍府僚屬。職掌本府中兵曹事務,兼備參謀咨詢。其品位隨府主地位高低不等。　魏景深：《南齊書》作「魏景淵」,本書避唐高祖李淵諱改。

[5]衛尉：官名。掌宮門宿衛屯兵,巡行宮外,糾察不法,管理武器庫藏,領武庫、公車司馬令。齊官品不詳。梁十二班。陳三品,秩中二千石。　胡諧之：豫章南昌（今江西南昌市）人。本書卷四七、《南齊書》卷三七有傳。　游擊將軍：官名。雜號將軍。南朝宋四品。梁武帝天監六年改游騎將軍,另置左、右游擊將軍,

十一班。陳四品，秩二千石。　尹略：淮南（今安徽壽縣）人。《南齊書》卷三〇有附傳。　中書舍人：官名。南朝諸帝皆非出身高門，遂引用没有聲望、社會地位的寒士、細人等親信爲之，入直禁中，於收納、轉呈文書章奏之本職外，漸奪中書侍郎草擬詔令之任。梁四班。陳八品。　茹法亮：吴興武康（今浙江德清縣）人。南朝齊權臣。本書卷七七、《南齊書》卷五六有傳。

[6]來首：中華本作“束手”，其校勘記云：“‘束手’各本作‘來首’，據《通鑑》改。”

諧之等至江津，[1]築城燕尾洲。[2]子響白服登城，頻遣信與相聞，曰：“天下豈有兒反，身不作賊，直是麤疏。今便單舸還闕，何築城見捉邪？”尹略獨答曰：“誰將汝反父人共語。”子響聞之唯灑泣。又送牛數十頭，酒二百石，果饌三十輿，略棄之江流。子響膽力之士王衡天不勝忿，[3]乃率黨度洲攻壘斬略，而諧之、法亮單艇奔逸。

[1]江津：戍名。一名奉城，在今湖北荆州市沙市東南，爲屯兵要地。

[2]燕尾洲：《資治通鑑》卷一三七《齊紀三》武帝永明八年胡三省注：“燕尾洲在江津戍西，江水至此，北合靈溪水。”

[3]王衡天：汲古閣本、殿本作“王衝天”。中華本校勘記云：“‘王衝天’大德本、南、北監本作‘王衡天’，今從汲古閣本、殿本、局本。”

上又遣丹楊尹蕭順之領兵繼之，[1]子響即日將白衣左右三十人，乘舴艋中流下都。初，順之將發，文惠太子素忌子響，密遣不許還，令便爲之所。子響及見順之，欲自申明，順之不許，於射堂縊之。有司奏絕子響屬籍，[2]賜爲蛸氏。[3]

[1]蕭順之：字文緯，南蘭陵（今江蘇常州市武進區）人。齊高帝族弟，梁武帝父。事見本書卷六《梁武帝紀》、《梁書》卷一《武帝紀上》。

[2]屬籍：指宗屬之籍，玉牒。

[3]蛸氏："蛸"與"蕭"音近。

子響密作啓數紙，藏妃王氏裙腰中，具自申明，云："輕舫還闕不得，此苦之深，唯願矜憐，無使竹帛齊有反父之子，父有害子之名。"及順之還，上心甚怪恨。百日於華林爲子響作齋，[1]上自行香，對諸朝士嗚噎。及見順之，嗚咽移時，左右莫不掩涕。他日出景陽山，[2]見一猨透擲悲鳴，問後堂丞："此猨何意？"答曰："猨子前日墮崖致死，其母求之不見，故爾。"上因憶子響，歔欷良久，不自勝。順之慙懼，感病，遂以憂卒。於是豫章王嶷上表曰："故庶人蛸子響識懷靡樹，見淪不逞，肆憤一朝，取陷凶德，身膏草野，未云塞釁。[3]但歸罪司戮，迷而知返，撫事惟往，載傷心目。伏願一下天矜，使得旋窆餘麓，豈伊窮骸被德，實且天下歸仁。"上不許，貶爲魚復侯。

[1]華林：華林園。三國吳建，後經南朝擴建。故址在今江蘇南京市雞籠山南古臺城內。

[2]景陽山：宮苑人工土山。南朝宋文帝元嘉二十三年（446），起景陽山於華林園，故址在今江蘇南京市雞籠山南古臺城內。

[3]塞釁：抵銷罪過。

安陸王子敬字雲端，武帝第五子也。初封應城縣公。[1]先是子敬所生早亡，帝命貴妃范氏母養之，[2]而子及婦服制，禮無明文。永明中，尚書令王儉議：“孫爲慈孫，婦爲慈婦，姑爲慈姑，宜制朞年服。”從之。十年，位散騎常侍、撫軍將軍、丹揚尹。[3]十一年，加車騎將軍。[4]隆昌元年，遷都督、南兗州刺史。[5]延興元年，[6]加侍中。明帝除諸蕃王，遣中護軍王玄邈征九江，王廣之襲殺子敬。[7]

初，子敬爲武帝所留心，帝不豫，有意立子敬爲太子，代太孫。子敬與太孫俱入參畢同出，武帝目送子敬良久，曰：“阿五鈍。”由此代換之意乃息。

[1]應城：縣名。治所在今湖北應城市。

[2]帝命貴妃范氏母養之：此句後，中華本據《通志》補“及范氏薨”四字。

[3]散騎常侍：官名。初爲散騎省長官，侍從皇帝左右，諫諍得失，顧問應對，與侍中等共平尚書奏事。宋三品。齊及梁初不詳。梁武帝天監七年（508）革選，釐定官品十八班，班多爲貴，散騎常侍十二班。陳三品，秩中二千石。　撫軍將軍：官名。晉、南朝宋皆三品。齊時在四征將軍上。

[4]車騎將軍：官名。魏晉南北朝時爲重號將軍，但僅作爲軍府名號，加授大臣、地方長官。宋二品，開府者一品。梁二十四

班。陳擬一品，比秩中二千石。

[5]南兗州：州名。僑置。東晋僑立兗州，宋時改爲南兗州，初治京口，在今江蘇鎮江市。宋文帝元嘉八年（431）移治廣陵縣，在今江蘇揚州市西北蜀岡上。

[6]延興：南朝齊海陵王蕭昭文年號（494）。

[7]王廣之：字士林，一字林之，沛郡相（今安徽濉溪縣）人。本書卷四六、《南齊書》卷二九有傳。


晋安王子懋字雲昌，武帝第七子也。諸子中最爲清恬，有意思，廉讓好學。年七歲時，母阮淑媛嘗病危篤，請僧行道。有獻蓮華供佛者，[1]衆僧以銅罌盛水漬其莖，欲華不萎。子懋流涕禮佛曰："若使阿姨因此和勝，願諸佛令華竟齋不萎。"七日齋畢，華更鮮紅，視罌中稍有根鬚，當世稱其孝感。


[1]蓮華：蓮花。


永明五年，爲南兗州刺史、監五州軍事。六年，徙監湘州刺史。[1]八年，撰《春秋例苑》三十卷，奏之，武帝敕付秘閣。十一年，爲都督、雍州刺史，給鼓吹一部。豫章王喪服未畢，上以邊州須威望，許得奏之。啓求所好書，武帝曰："知汝常以書讀在心，足爲深欣。"賜以杜預手所定《左傳》及《古今善言》。[2]


[1]湘州：州名。治臨湘縣，在今湖南長沙市。

[2]杜預：字元凱，京兆杜陵（今陝西西安市長安區）人。司馬懿之婿。博學多通，著《春秋左氏經傳集解》三十卷，爲現存最

早的《左傳》注本，收入《十三經注疏》。《晋書》卷三四有傳。

隆昌元年，爲征南大將軍、江州刺史，[1]敕留西楚部曲助鎮襄陽，[2]單將白直俠轂自隨。[3]陳顯達時屯襄陽，入别，子懋謂之曰："朝廷命身單身而反，身是天王，[4]豈可過爾輕率。今欲將二三千人自隨，公意何如?"顯達曰："殿下若不留部曲，便是大違敕旨。"顯達因辭出便發去。子懋計未立，還鎮尋陽。[5]

[1]征南大將軍：官名。魏晉南北朝時，在武職中地位很高，任職者多統兵出鎮在外，都督數州軍事。晉二品，禄賜與特進同，開府則位從公，假金章紫綬，升爲一品。南朝宋二品。齊位從公，開府儀同如公，置僚屬亦從公。梁、陳時較征南將軍進一階。　江州：州名。治溢口城，在今江西九江市。

[2]西楚：《史記》卷一二九《貨殖列傳》以淮北沛、陳、汝南、南郡爲西楚，相當於今安徽淮北、江蘇西北、河南南部和湖北北部地區。

[3]白直俠轂：《資治通鑑》卷一三九《齊紀五》明帝建武元年"單將白直俠轂自隨"句胡三省注："諸王有白直，有夾轂隊。俠，讀曰夾。"白直，南朝時指在官當值没有月薪的小吏，亦即額外吏役。俠轂，指護衛於東西兩側的衛隊。

[4]天王：《資治通鑑·齊紀五》明帝建武元年胡三省注："子懋自稱天王，蓋謂是天家諸王也。"

[5]尋陽：郡名。治柴桑縣，在今江西九江市西南。

延興元年，加侍中。聞鄱陽、隨郡二王見殺，[1]欲起兵赴難，與參軍周英、防閤陸超之議："傳檄荆、郢，入討君側，事成則宗廟獲安，不成猶爲義鬼。"防閤董僧慧攘袂曰："此州雖小，孝武亦嘗用之，[2]今以勤王之師，橫長江，指北闕，以請鬱林之過，誰能對之。"於是部分兵將，人匡社稷。[3]

[1]鄱陽：指鄱陽王蕭鏘。字宣韶。南朝齊高帝第七子。本書卷四三、《南齊書》卷三五有傳。

[2]孝武：宋孝武帝劉駿。字休龍，小字道民。宋文帝劉義隆第三子。本書卷二、《宋書》卷六有紀。

[3]人：汲古閣本、殿本、百衲本作"入"。按，底本誤，應據諸本改。

　　母阮在都，遣書欲密迎上，阮報同產弟于瑤之爲計。瑤之馳告明帝，於是纂嚴，遣中護軍王玄邈、平西將軍王廣之南北討，使軍主裴叔業與瑤之先襲尋陽，[1]聲云爲郢府司馬。子懋知之，遣三百人守盆城。[2]叔業泝流直上，襲盆城。子懋先已具船於稽亭渚，聞叔業得盆城，乃據州自衛。

[1]軍主：一軍之統帥即稱軍主，其下設軍副，協助軍主管理軍中事務。軍主或闕，則由軍副代領軍衆。　裴叔業：河東聞喜（今山西聞喜縣）人。南朝齊名將。《南齊書》卷五一、《魏書》卷七一、《北史》卷四五有傳。

[2]盆城：在今江西九江市。

　　子懋部曲多雍土人，皆勇躍願奮，叔業畏之，遣于瑤之説子懋曰："今還都，必無過憂，政當作散官，[1]不失富貴也。"

[1]散官：指有官名而無職事的官稱。

子懋既不出兵攻叔業，衆情稍沮。中兵参軍于琳之，[1]瑤之兄也，説子懋重賂叔業。子懋使琳之往，琳之因説叔業請取子懋。叔業遣軍主徐玄慶將四百人隨琳之入城，[2]僚佐皆奔散，唯周英及外兵参軍王皎更移入城内。[3]子懋聞之歎曰："不意吾府有義士二人。"琳之從二百人仗自入齋，子懋笑謂之曰："不意渭陽，翻成梟獍。"琳之以袖障面，使人害之。故人懼罪無敢至者，唯英、皎、僧慧號哭盡哀，爲喪殯。[4]

[1]中兵参軍：官名。指中兵將軍行参軍。中兵，殿本同，汲古閣本作"中軍"。
[2]徐玄慶：齊明帝建武二年（495），爲輔國將軍。三年，爲冠軍將軍、兗州刺史，擊退北魏軍進攻。
[3]外兵参軍：官名。外兵，即外兵曹。三國魏始置，掌京畿外軍隊，屬五兵尚書。晋分爲左、右外兵曹。東晋康帝、穆帝以後仍合爲外兵曹。南朝因之。又東晋及南朝宋、齊公府、軍府下亦置外兵参軍，爲其佐吏中諸曹参軍之一。
[4]爲喪殯：中華本作"爲之喪殯"，其校勘記云："'之'字各本並脱，據《册府元龜》七一五補。"

董僧慧，丹楊姑熟人，[1]出自寒微而慷慨有節義。好讀書，甚驍果，能反手於背彎五斛弓，當世莫有能者。玄邈知其豫子懋之謀，執之。僧慧曰："晋安舉義

兵，僕實豫議。古人云'非死之難，得死之難'。僕得
爲主人死，不恨矣。願至主人大斂畢，[2]退就湯鑊，雖
死猶生。"玄邈義而許之。還具白明帝，乃配東冶。[3]言
及九江時事，輒悲不自勝。子懋子昭基，九歲，以方二
寸絹爲書，參其消息，并遺錢五百，以金假人，崎嶇得
至。僧慧覩書，對錢曰："此郎君書也。"悲慟而卒。

[1]姑熟：縣名。治所在今安徽當塗縣。
[2]大斂：喪禮之一。將已裝裹的尸體放入棺材。
[3]東冶：官署名。南朝宋設東冶、南冶，皆置令、丞各一人，
掌工徒鼓鑄之事，隸屬少府。齊因之。梁、陳改南冶爲西冶。

　　陸超之，吳人，以清静雅爲子懋所知。子懋既敗，
于琳之勸其逃亡。答曰："人皆有死，此不足懼。吾若逃
亡，非唯孤晋安之眷，亦恐田横客笑人。"[1]玄邈等以其
義，欲因將還都，[2]而超之亦端坐待命。超之門生姓周
者，謂殺超之當得賞，乃伺超之坐，自後斬之，頭墜而
身不僵。玄邈嘉其節，厚爲殯斂。周又助舉棺，未出
户，棺墜，政壓其頭折即死。[3]聞之者莫不以爲有天
道焉。

[1]田横：秦末起義首領。原爲齊國貴族，在陳勝、吳廣大澤
鄉起義後，田横與兄田儋、田榮也反秦自立。後漢高祖劉邦統一天
下，田横不肯稱臣於漢，率五百門客逃往海島。劉邦派人招撫，田
横被迫乘船赴洛，於途中自殺。
[2]囙：汲古閣本同，殿本作"因"。

[3]政壓其頭折即死：中華本作“政壓其頭折頸即死”，其校勘記云：“‘頸’字各本並脱，據《通鑑》《通志》補。”

隨郡王子隆字雲興，武帝第八子也。性和美，有文才。娶尚書令王儉女爲妃。武帝以子隆能屬文，謂儉曰：“我家東阿也。”[1]

[1]東阿：指三國魏東阿王曹植。字子建，沛國譙（今安徽亳州市）人。曹操子。《三國志》卷一九有傳。

永明八年，爲都督、荆州刺史。隆昌元年，爲侍中、撫軍將軍，領兵置佐。延興元年，轉中軍大將軍，[1]侍中如故。

[1]中軍大將軍：官名。南朝宋二品。齊時位從公，開府儀同如公。梁、陳時較中軍將軍進一階。

子隆年二十一，而體過充壯，常使徐嗣伯合蘆茹丸以服自銷損，[1]猶無益。明帝輔政，謀害諸王，武帝諸子中子隆最以才貌見憚，故與鄱陽王鏘同夜先見殺。文集行於世。

[1]徐嗣伯：一作徐嗣，字叔紹，東海（今山東郯城縣）人。徐叔向子。有孝行，精於醫術。本書卷三二有附傳。　蘆茹丸：一種減肥藥。朱季海《南齊書校議》：“古治肥有藥見此。”（中華書局2013年版，第137頁）

建安王子真字雲仙，武帝第九子也。永明七年，累遷郢州刺史，加都督。隆昌元年，爲散騎常侍、護軍將軍。

延興元年，明帝遣裴叔業就典籤柯令孫殺之，子真走入牀下，令孫手牽出之，叩頭乞爲奴贖死，[1]不從，見害，年十九。

[1]贖死：免除死罪。

西陽王子明字雲光，武帝第十子也。永明元年，封武昌王。[1]三年，失國璽，[2]改封西陽。[3]十年，爲會稽太守，督五郡軍事。

[1]武昌：郡名。治武昌縣，在今湖北鄂州市。
[2]國璽：傳國之璽，代表一國權力的印章。
[3]西陽：郡名。治西陽縣，在今湖北黃岡市東。

子明風姿明净，士女觀者，咸嗟嘆之。建武元年，爲撫軍將軍，領兵置佐。二年，誅蕭諶，[1]子明及弟子罕、子貞同譖謀見害，年十七。

[1]蕭諶：字彥孚，南蘭陵蘭陵（今江蘇常州市武進區西北）人。蕭誕弟。本書卷四一、《南齊書》卷四二有傳。諶，殿本同，汲古閣本作“諶誣”。

南海王子罕字雲華，武帝第十一子也，頗有學。母樂容華有寵，故武帝留心。

　　母嘗寢疾，子罕晝夜祈禱。于時以竹爲燈纘照夜，此纘宿昔枝葉大茂，母病亦愈，咸以爲孝感所致。主簿劉緩及侍讀賀子喬爲之賦頌，[1]當時以爲美談。建武元年，位護軍將軍。二年，見殺，年十七。

　　[1]劉緩：字仲翔，沛郡相（今安徽濉溪縣）人。博聞强識，有節操。事見本書卷五〇、《梁書》卷四〇《劉顯傳》。　侍讀：官名。爲皇帝、太子、王公講讀經史的官吏。南朝齊、梁俱置，均因人而設，不常置。

　　巴陵王子倫字雲宗，武帝第十三子也。永明十年，爲北中郎將、南琅邪彭城二郡太守。[1]鬱林即位，以南彭城禄力優厚，[2]奪子倫與中書舍人綦母珍之，[3]更以南蘭陵代之。[4]

　　[1]南琅邪：郡名。南朝宋改琅邪郡置，治金城，在今江蘇句容市西北。齊武帝永明元年（483）移治白下城，在今江蘇南京市北金川門外幕府山南麓。　彭城：郡名。即南彭城。南朝齊時郡無實土，寄治南琅邪。
　　[2]禄力：俸給。
　　[3]綦母珍之：暨陽縣（今江蘇江陰市）人。南朝齊鬱林王寵臣。本書卷七七有附傳。
　　[4]南蘭陵：郡名。南朝宋置，治蘭陵縣，在今江蘇常州市武進區西北。

　　延興元年，明帝遣中書舍人茹法亮殺子倫，子倫時

鎮琅邪城，[1]有守兵，子倫英果，明帝恐不即罪，以問
典籤華伯茂。伯茂曰：“公若遣兵取之，恐不即可辦，若
委伯茂，一小吏力耳。”既而伯茂手自執鴆逼之，左右
莫敢動者。子倫正衣冠，出受詔，謂法亮曰：“積不善之
家，必有餘殃。昔高皇帝殘滅劉氏；[2]今日之事，理數
固然。”舉酒謂亮曰：“君是身家舊人，今銜此命，當由
事不獲已。此酒差非勸酬之爵。”因仰之而死，時年十
六，法亮及左右皆流涕。

[1]琅邪城：古城名。即白下城。史載齊武帝數至琅邪城講武，
即此。

[2]高皇帝：南朝齊高帝蕭道成。　劉氏：指南朝宋劉姓宗室。

先是高帝、武帝爲諸王置典籤帥，一方之事，悉以
委之。每至覲接，輒留心顧問，刺史行事之美惡，係於
典籤之口，莫不折節推奉，恒慮弗及，於是威行州部，
權重蕃君。武陵王曅爲江州，[1]性烈直不可忤，典籤趙
渥之曰：“今出郡易刺史。”[2]及見武帝相誣，曅遂免還。
南海王子罕戍琅邪，欲暫游東堂，典籤姜秀不許而止。
還泣謂母曰：“兒欲移五步亦不得，與囚何異。”秀後輒
取子罕屐纑飲器等供其兒昏，武帝知之，鞭二百，繫尚
方，[3]然而擅命不改。邵陵王子貞嘗求熊白，[4]厨人答典
籤不在，不敢與。西陽王子明欲送書參侍讀鮑僎病，典
籤吳脩之不許，曰：“應諮行事。”[5]乃止。言行舉動，不
得自專，徵衣求食，必須諮訪。

[1]武陵：郡名。治臨沅縣，在今湖南常德市。

[2]出郡：中華本作"出都"，其校勘記云："'出都'各本作'出郡'，據《通鑑》改。按'出都'指出至都，故下云'及見武帝相誣，曄遂免還'。"

[3]尚方：官方手工業機構。秦置，漢因之，隸少府。南朝宋武帝初，以相府作部配合，謂之左尚方，而原尚方謂之右尚方，並主造軍器，其職掌如漢之考工令。齊因之，梁有中、左、右尚方，均隸少府。

[4]熊白：熊背上的脂肪。色白，故名。爲珍貴美味。

[5]行事：產生於東晉末年，南朝因之，有"行府州事""行郡事""行國事"。行事在南朝出鎮宗王普遍年幼的情況下設置，對出鎮幼王兼有輔佐和防範的職能（參見魯力《南朝"行事"考》，《武漢大學學報》2008 年第 6 期）。

永明中，巴東王子響殺行事劉寅等，武帝聞之，謂群臣曰："子響遂反。"戴僧静大言曰：[1]"諸王都自應反，豈唯巴東。"武帝問其故，答曰："天王無罪，而一時被囚，取一挺藕，一杯漿，皆諮籤帥，[2]不在則竟日忍渴。諸州唯聞有籤帥，不聞有刺史。"

[1]戴僧静：會稽永興（今浙江杭州市蕭山區西）人。本書卷四六、《南齊書》卷三〇有傳。

[2]籤帥：指典籤。

竟陵王子良嘗問衆曰："士大夫何意詣籤帥？"參軍范雲答曰："詣長史以下皆無益，詣籤帥使便有倍本之價，不詣謂何！"子良有愧色。

及明帝誅異己者，諸王見害，悉典籤所殺，竟無一人相抗。孔珪聞之流涕曰：[1]"齊之衡陽、江夏最有意，[2]而復害之。若不立籤帥，故當不至於此。"

[1]孔珪：孔稚珪，本書避唐高宗李治諱改。字德璋，會稽山陰（今浙江紹興市）人。本書卷四九、《南齊書》卷四八有傳。
[2]衡陽：指衡陽王蕭鈞。　江夏：指江夏王蕭鋒。

邵陵王子貞字雲松，武帝第十四子也。建武二年見誅，年十五。

臨賀王子岳字雲嶠，武帝第十六子也。[1]明帝誅武帝諸子，唯子岳及弟六人在後，時呼爲"七王"。朔望入朝，上還後宮，輒歎息曰："我及司徒諸兒子皆不長，高、武子孫日長大。"永泰元年，[2]上疾甚，絕而復蘇，於是誅子岳等。

[1]十六：殿本同，汲古閣本作"十五"。
[2]永泰：南朝齊明帝蕭鸞年號（498）。

延興、建武中，凡三誅諸王，[1]每一行事，明帝輒先燒香，嗚咽涕泣，衆以此輒知其夜當殺戮也。子岳死時年十四。

[1]凡三誅諸王：指延興元年（494）蕭鸞輔政時殺齊高帝子桂陽王鑠、衡陽王鈞、江夏王鋒及武帝子建安王子真、巴陵王子倫等；建武二年（495）殺武帝子西陽王子明、南海王子罕、邵陵王

子貞等；永泰元年（498）殺高帝子河東王鉉及孫桂陽王昭粲、巴陵王昭秀，又殺武帝子西陽王子文、衡陽王子峻、南康王子琳、永陽王子珉、湘東王子建、南郡王子夏等。

西陽王子文字雲儒，武帝第十七子也。永明七年，封蜀郡王，[1]建武中，改封西陽。永泰元年見殺，年十四。

[1]蜀郡：郡名。治成都縣，在今四川成都市。

衡陽王子峻字雲嵩，武帝第十八子也。永明七年，封廣漢郡王，[1]建武中改封。永泰元年見殺，年十四。

[1]廣漢郡：郡名。治雒縣，在今四川廣漢市北。

南康王子琳字雲璋，武帝第十九子也。母荀昭華盛寵，後宮才人位登采女者，依例舊賜玉鳳凰，[1]荀時始爲采女，[2]得玉鳳凰投地曰：“我不能例受此。”武帝乃拜爲昭華。

[1]玉鳳凰：婦女用的裝飾品。用美玉製成鳳凰形狀，佩戴在頭髮或衣衫上。
[2]采女：皇帝宮女侍妾名號。東漢光武帝於宮中置美人、宮人、采女三等，並無爵秩，歲時賞賜充給而已。南朝宮中亦置。

子琳以母寵故最見愛。太尉王儉因請昏，[1]武帝悦而許之。群臣奉寶物名好盡直數百金，武帝爲之報答亦如此。及應封，而好郡已盡，乃以宣城封之。[2]既而以宣城屬揚州，不欲爲王國，改封南康公褚蓁爲巴東公，[3]以南康爲王國封子琳。永泰元年見殺，年十四。

[1]太尉：官名。與司徒、司空並爲三公。兩晉、南朝爲名譽宰相，多爲大臣加官，無實際職掌。宋一品。齊及梁初不詳。梁武帝天監七年（508）革選，釐定官品十八班，班多爲貴，太尉十八班。陳一品，秩萬石。　請昏：請爲婚姻。

[2]宣城：郡名。治宛陵縣，在今安徽宣城市宣州區。

[3]褚蓁：字茂緒，河南陽翟（今河南禹州市）人。本書卷二八、《南齊書》卷二三有附傳。


湘東王子建字雲立，武帝第二十一子也。母謝無寵，武帝度爲尼。明帝即位，使還母子建。永泰元年見殺，年十三。

南郡王子夏字雲廣，武帝第二十三子也。上春秋高，子夏最幼，寵愛過諸子。初，武帝夢金翅鳥下殿庭，[1]搏食小龍無數，乃飛上天。及明帝初，其夢方驗。永泰元年，子夏誅，年七歲。

[1]金翅鳥：趙翼《廿二史劄記》卷一二《齊明帝殺高武子孫》云：“《子夏傳》，明帝名鸞，即金翅鳥也。”


文惠太子四男：安皇后生廢帝鬱林王昭業，宮人許氏生廢帝海陵恭王昭文，[1]陳氏生巴陵王昭秀，褚氏生桂陽王昭粲。

[1]海陵：郡名。治建陵縣，在今江蘇泰州市東北。

巴陵王昭秀字懷尚，太子第三子也。鬱林即位，封臨海郡王。[1]隆昌元年，爲都督、荆州刺史。延興元年，徵爲車騎將軍。明帝建武二年，改封巴陵王。永泰元年見殺，年十六。

[1]臨海郡：郡名。治章安縣，在今浙江台州市椒江區章安街道。

桂陽王昭粲，太子第四子也。鬱林立，封永嘉郡王。[1]延興元年，出爲荆州刺史，加都督。建武三年，改封桂陽王。[2]四年，爲太常。永泰元年見殺，年八歲。

[1]永嘉郡：郡名。治永寧縣，在今浙江温州市。
[2]桂陽：郡名。治郴縣，在今湖南郴州市。

明帝十一男：敬皇后生廢帝東昏侯寶卷、江夏王寶玄、鄱陽王寶寅、和帝，[1]殷貴嬪生巴陵隱王寶義、晋熙王寶嵩，袁貴妃生廬陵王寶源，管淑妃生邵陵王寶脩，[2]許淑媛生桂陽王寶貞。餘皆早夭。

[1]江夏：郡名。治夏口城，在今湖北武漢市武昌區。 鄱陽：郡名。治鄱陽縣，在今江西鄱陽縣。 和帝：南朝齊和帝蕭寶融。

字智昭，齊明帝第八子。本書卷五、《南齊書》卷八有紀。

[2]寶脩：《南齊書》卷五〇作“寶攸”。

巴陵隱王寶義字智勇，明帝長子也，本名明基。建武元年，封晉安郡王。

寶義少有廢疾，不堪出人間，止加除授，爲都督、揚州刺史，仍以始安王遥光代之。轉爲右將軍，[1]領兵置佐，鎮石頭。二年，爲南徐州刺史，加都督。東昏即位，進征北將軍、開府儀同三司，[2]給扶。[3]永泰元年，[4]爲都督、揚州刺史。三年，進位司徒。和帝西臺建，[5]以爲侍中、司空。[6]

[1]右將軍：官名。平時無具體職掌，有戰事則典禁兵戍衛京師，或率軍出征，不常置。魏晉南北朝地位漸低，略高於一般雜號將軍，用作軍府名號。宋三品。

[2]征北將軍：官名。與征南、征東、征西合稱四征將軍，多爲持節都督，出鎮方面，地位顯要。宋三品，持節都督則進爲二品。齊及梁初不詳。梁武帝天監七年（508）革選，征北將軍二十三班，武帝大通三年（529）改制，又爲三十三班。陳擬二品，比秩中二千石。

[3]給扶：給予扶持之人，爲君主賜給大臣的一種禮遇。

[4]永泰：中華本作“永元”，其校勘記云：“‘永元’各本作‘永泰’，據《南齊書》改。按永泰二年改元永元，無三年；而下出‘三年’，明爲永元之三年。”

[5]西臺：齊和帝在江陵即位，江陵在建康西，故曰西臺。

[6]司空：官名。與太尉、司徒並爲三公。南朝爲名譽宰相，多爲大臣加官，無實際職掌。宋一品。齊及梁初不詳。梁武帝天監

七年革選，釐定官品十八班，班多爲貴，司空十八班。陳一品，秩萬石。

梁武平建鄴，[1]宣德太后令以寶義爲太尉、領司徒，[2]詔云：“不言之化，形于自遠。”時人皆云此實録也。

[1]梁武：梁武帝蕭衍。字叔達，小字練兒。本書卷六、卷七，《梁書》卷一至卷三有紀。　建鄴：南朝齊的首都，在今江蘇南京市。

[2]宣德太后：文惠太子妃王寶明，琅邪臨沂（今山東臨沂市）人。鬱林王即位，尊爲皇太后；海陵之廢，出居鄱陽王故第，號宣德宫，稱宣德皇太后。本書卷一一、《南齊書》卷二〇有傳。

梁受禪，封謝沐公。尋封巴陵郡王，奉齊後。天監中薨。[1]

[1]天監：南朝梁武帝蕭衍年號（502—519）。

江夏王寶玄字智深，明帝第三子也。建武元年，封江夏郡王。東昏即位，爲都督、南徐兖二州刺史。[1]

[1]兖：州名。即南兖州。南朝僑置。治廣陵縣，在今江蘇揚州市西北蜀岡上。

寶玄娶尚書令徐孝嗣女爲妃，[1]孝嗣被誅離絶，[2]東昏送少姬二人與之。寶玄恨望有異計。

[1]徐孝嗣：字始昌，小字遺奴，東海郯（今山東郯城縣）
人。本書卷一五有附傳，《南齊書》卷四四有傳。

[2]離絶：詔令離婚。

明年，崔慧景舉兵，還至廣陵，[1]遣使奉寶玄爲主，
寶玄斬其使，因是發將吏防城。

[1]廣陵：縣名。治所在今江蘇揚州市西北蜀岡上。

慧景將度江，寶玄密與相應，開門納慧景，乘八搁
輿，[1]手執絳麾幡，[2]隨慧景至都，百姓多往投集。慧景
敗，收得朝野投寶玄及慧景軍名，[3]東昏令燒之，曰：
"江夏尚爾，豈復可罪餘人。"

[1]八搁輿：八人抬的無帷蓋的大轎。《資治通鑑》卷一四三
《齊紀九》東昏侯永元二年胡三省注："搁，舉也。八搁輿，蓋八人
舉之，即今之平肩輿。輿，不帷不蓋。"

[2]絳麾幡：紅色指揮旗。古代帝王儀仗之一。

[3]名：名刺。向蕭寶玄及崔慧景投的名刺，表示擁戴。

寶玄逃奔，數日乃出，帝召入後堂，以步鄣裹
之，[1]令群小數十人鳴鼓角馳繞其外，[2]遣人謂曰："汝近
圍我亦如此。"少日乃殺之。

[1]步鄣：步帳，用以遮蔽的帳幕。

[2]鳴鼓角馳繞其外：指擂鼓吹號用以驚嚇。

廬陵王寶源字智泉，明帝第五子也。建武元年封。和帝即位，爲車騎將軍、開府儀同三司。中興二年薨。[1]

[1]中興：南朝齊和帝蕭寶融年號（501—502）。

鄱陽王寶寅字智亮，明帝第六子也。建武初，封建安郡王。東昏即位，爲都督、郢州刺史。永元三年，爲車騎將軍、開府儀同三司，鎮石頭。其秋，雍州刺史張欣泰等謀起事於新亭，殺臺內諸主帥。難作之日，并前南譙太守王靈秀奔往石頭，[1]帥城內將吏，去車腳，[2]載寶寅向臺城，百姓數千人皆空手隨後。[3]至杜姥宅，[4]日已欲暗，城門閉，城上人射之，衆棄寶寅走。

[1]南譙：郡名。治山桑縣，在今安徽巢湖市東南。
[2]車腳：指車輪。
[3]千人：汲古閣本同，殿本作“十人”。
[4]杜姥宅：在南朝都城建康臺城南掖門外，以東晉成帝杜皇后母裴氏宅第所在而得名。在今江蘇南京市。

寶寅逃亡三日，戎服詣草市尉，[1]尉馳以啓帝，帝迎入宮，問之。寶寅涕泣稱制不自由，帝笑，乃復爵位。宣德太后臨朝，改封寶寅鄱陽王。中興二年，謀反奔魏。[2]

[1]草市：《資治通鑑》卷一四四《齊紀十》和帝中興元年胡

三省注："臺城六門之外，各有草市，置草市尉司察之。"

[2]謀反奔魏：《南齊書》卷五〇《鄱陽王寶夤傳》作"謀反誅"。馬宗霍《南史校證》云："按《南齊書》本傳殿本與此同，宋蜀本作'謀反誅'。錢大昕《南齊書考異》曰：'按寶夤起兵不克奔魏，事見《魏史》。此云誅者，據梁人之詞，以爲寶夤已死，其在魏者僞也。'錢氏所據爲汲古閣本，與宋蜀本正合。殿本此卷無考證，未知所據何本，疑校勘諸臣依《南史》改。"（第715頁）

邵陵王寶脩字智宣，明帝第九子也。建武元年，封南平郡王，[1]二年改封。中興二年謀反，宣德太后令賜死。

[1]南平：郡名。治屛陵縣，在今湖北公安縣西南。

晉熙王寶嵩字智靖，明帝第十子也。中興元年，和帝以爲中書令。[1]二年誅。

[1]中書令：官名。中書省長官，掌皇帝命令的發布，位高權重。東晉以後，中書出令權或歸他省，或歸侍郎、舍人，中書令漸成閑職，僅掌文章之事。南北朝多爲三品。南朝梁明定令低於監，十三班。

桂陽王寶貞，明帝第十一子也。中興二年誅。

論曰：守器之重，邦家所馮，觀文惠之在東儲，固已有虧令德，向令負荷斯集，猶當及於禍敗，況先期凤隕，愆失已彰。而武帝不以擇賢，傳之昏孽，推此而論，有冥數矣。子良物望所集，失在儒雅，當斷不斷，以及于災，非止自致喪亡，乃至宗祀覆滅，哀哉！夫帝王子弟，生長尊貴，情僞之事，不經耳目，雖卓爾天悟，自得懷抱，孤寡爲識，所陋猶多。齊氏諸王，並幼踐方岳，故輔以上佐，簡自帝心，勞舊左右，用爲主帥，州國府第，先令後行。飲食游居，動應聞啓，端拱守禄，遵承法度，張弛之要，莫敢厝言。行事執其權，典籤掣其肘，處地雖重，行止莫由。威不在身，恩未接下，倉卒一朝，事難總集，望其擇位扶危，[1]不可得矣。路温舒云：[2]"秦有十失，其一尚存。"斯宋氏之餘風，及在齊而彌弊。寶玄親兼一體，欣受家殃，曾不知執柯所指，蹠蕚相從而敗。以此而圖萬事，未知其髣髴也。

[1]擇位：中華本作"釋位"，其校勘記云："'釋位'各本作'擇位'，據《南齊書·武十七王傳論》改。"

[2]路温舒：字長君，巨鹿（今河北平鄉縣）人。曾爲縣獄吏，因學律令。西漢宣帝即位，上書言宜尚德緩刑。《漢書》卷五一有傳。

# 南史　卷四五

## 列傳第三十五

王敬則　陳顯達　張敬兒　崔慧景

　　王敬則，臨淮射陽人也。[1]僑居晋陵南沙縣。[2]母爲女巫，常謂人云："敬則生時胞衣紫色，應得鳴鼓角。"人笑之曰："汝子得爲人吹角可矣。"[3]

　　[1]臨淮：郡名。治盱眙縣，在今江蘇盱眙縣東北。　射陽：縣名。治所在今江蘇寶應縣東北。
　　[2]晋陵：郡名。治晋陵縣，在今江蘇常州市。　南沙：縣名。治所在今江蘇常熟市西北。
　　[3]吹角：吹號角。

　　敬則年長，而兩腋下生乳，各長數寸。夢騎五色師子。[1]性倜儻不羈，好刀劍，嘗與既陽縣吏鬪，[2]謂曰："我若得既陽縣，當鞭汝小吏背。"吏唾其面曰："汝得既陽縣，我亦得司徒公矣。"[3]屠狗商販，徧於三吳。使於高麗，[4]與其國女子私通，因不肯還，被收錄然後反。

[1]師：汲古閣本、殿本作"獅"。

[2]既陽：縣名。治所在今江蘇江陰市東南。

[3]司徒公：官名。即司徒。東漢由大司徒改名，與太尉、司空同爲宰相，掌州郡民政，並參議大政。魏晋南北朝多爲大臣加官，皆一品（梁稱十八班）。

[4]高麗：國名。又作高夷、高句驪、句驪等。西漢末朱蒙建國，都國内城（今吉林集安市東）。轄境相當今遼寧渾河上游以東，朝鮮狼林山以西，南到朝鮮清川江一帶。東漢獻帝建安十四年（209）遷都丸都城（今吉林集安市境）。公元 4 世紀時南占樂浪郡地。南朝宋文帝元嘉四年（427）遷都今朝鮮平壤市。

　　善拍張，[1]補刀戟左右。宋前廢帝使敬則跳刀，[2]高出白虎幢五六尺，接無不中。仍撫髀拍張，甚爲儇捷。補俠轂隊主，[3]領細鎧左右，[4]與壽寂之殺前廢帝。[5]及明帝即位，[6]以爲直閤將軍，[7]封重安縣子。[8]

[1]拍張：古代武術雜技的一種。

[2]宋前廢帝：劉子業。小字法師，孝武帝長子。本書卷二、《宋書》卷七有紀。

[3]俠轂隊主：跟隨在車子兩側擔任護衛的隊長。

[4]鎧：官名。即細鎧主，宿衛武官。南朝宋置。

[5]壽寂之：南朝宋歷任羽林監、太子屯騎校尉、寧朔將軍、南泰山太守。本書卷七七、《宋書》卷九四有附傳。

[6]明帝：南朝宋明帝劉彧。字休炳，小字榮期，宋文帝第十一子。初封淮陽王，後改封湘東王。泰始元年（465）十二月即位。本書卷三、《宋書》卷八有紀。

[7]直閤將軍：官名。禁衛將領。南朝宋置。統殿門及上閤屯兵，監殿內直衛，保護皇帝。梁、陳時亦統兵出征（參見張金龍《魏晉南北朝禁衛武官制度研究》，中華書局 2004 年版）。

[8]重安縣子：封爵名。重安，縣名。屬衡陽郡。治所在今湖南衡陽市北。縣子，“開國縣子”的省稱。據《南齊書》卷二六《王敬則傳》，重安縣子食邑三百五十戶。

敬則少時於草中射獵，有蟲如烏豆集其身，摘去乃脫，其處皆流血。敬則惡之，詣道士卜，[1]道士曰：“此封侯瑞也。”敬則聞之喜，故出都自效。

[1]道士：道教徒。

後補既陽令，昔日闘吏亡叛，勒令出，遇之甚厚。曰：“我已得既陽縣，汝何時得司徒公邪？”初至既陽縣陸主山下，宗侶十餘船同發，敬則船獨不進，乃令弟入水推之，見烏漆棺。敬則呪云：“若是吉，使船速進，吾富貴當改葬爾。”船須臾，[1]入縣收此棺葬之。

[1]船須臾：中華本作“船須臾去”，其校勘記云：“‘去’字各本並脫，據《南齊書》補。”

時軍荒後，縣有一部劫逃入山中爲人患，敬則遣人致意劫帥使出首，當相申論。郭下廟神甚酷烈，[1]百姓信之，敬則引神爲誓，必不相負。劫帥既出，敬則於廟中設酒會，於坐收縛曰：“吾啓神，若負誓，還神十牛。

今不得違誓。”即殺十牛解神，并斬諸劫，百姓悦之。

[1]郭下：《南齊書》卷二六《王敬則傳》作“治下”，本書避唐高宗李治諱改。

元徽二年，[1]隨齊高帝拒桂陽賊於新亭，[2]敬則與羽林監陳顯達、寧朔將軍高道慶乘舸迎戰，[3]大破賊水軍。事寧，帶南太山守、右俠轂主，[4]轉越騎校尉、安成王車騎參軍。[5]蒼梧王狂虐，[6]左右不自安。敬則以高帝有威名，歸誠奉事，每下直輒往領軍府。夜著青衣，扶匐道路，爲高帝聽察。高帝令敬則於殿內伺機。及楊玉夫將首投敬則，[7]敬則馳謁高帝，乃戎服入宮。至永明門，[8]門郎疑非蒼梧還，敬則慮人覘見，以刀環塞窒孔，呼開門甚急。衛尉丞顏靈寶窺見高帝乘馬在外，[9]竊謂親人：“今若不開內領軍，天下會是亂爾。”門開，敬則隨帝入殿。

[1]元徽：南朝宋後廢帝劉昱年號（473—477）。
[2]齊高帝：蕭道成。字紹伯，小諱鬭將。宋時封齊王，建元元年（479）四月，即位爲帝，國號爲齊，史稱南齊。本書卷四，《南齊書》卷一、卷二有紀。　桂陽：郡名。治郴縣，在今湖南郴州市。　新亭：又名中興亭。三國吳築，故址在今江蘇南京市西南，地近江濱，依山爲城壘，爲軍事和交通要地。
[3]羽林監：官名。掌宿衛送從。宋五品。梁五班。陳七品，秩六百石。　寧朔將軍：官名。三國魏置，統兵出征。南朝宋四品。梁武帝天監七年（508）置寧遠將軍等五號將軍代此。
[4]南太山：僑郡名。即南泰山。據《宋書·州郡志一》，治

丹徒縣，在今江蘇鎮江、常州二市間。《南齊書》卷二六《王敬則傳》作“南泰山”，馬宗霍《南史校證》云：“此是郡名，不可省寫作‘太’。”（湖南教育出版社 2008 年版，第 718 頁）

[5]越騎校尉：官名。禁軍長官。南朝不領兵，用以安置勳舊，爲侍衛武職。宋四品。梁七班。陳六品，秩千石。 安成王：安成恭王蕭暠。字宣曜。齊高帝蕭道成第六子。本書卷四三、《南齊書》卷三五有傳。 車騎參軍：官名。車騎將軍府僚屬。車騎將軍，官名。魏晉南北朝時爲重號將軍，但僅作爲將軍府名號，加授大臣、地方長官。宋二品，開府者一品。梁二十四班。陳擬一品，比秩中二千石。

[6]蒼梧王：宋後廢帝劉昱。字德融，小字慧震。明帝長子。本書卷三、《宋書》卷九有紀。

[7]楊玉夫：參與謀殺宋後廢帝劉昱的關鍵人物。以千牛刀殺劉昱，並將其首級送與王敬則。餘事不詳。

[8]永明門：《南齊書·王敬則傳》作“承明門”，馬宗霍《南史校證》云：“檢《齊高帝紀》，‘承明’是也，此《南史》傳寫之訛，元刊本《南史》誤同。”（第 719 頁）承明門，南朝建康宮城北門，齊時因避高帝父蕭承之諱，改爲北掖門（參見郭黎安《六朝建康城門考》，《江海學刊》1995 年第 2 期）。

[9]衛尉丞：官名。衛尉卿的屬官。 顏靈寶：在蕭道成謀殺宋後廢帝的事件中，幫助蕭道成打開承明門。餘事不詳。

昇明元年，[1]遷輔國將軍，[2]領臨淮太守，知殿內宿衛兵事。沈攸之事起，[3]進敬則冠軍將軍。[4]高帝入守朝堂，袁粲起兵，[5]召領軍劉韞、直閤將軍卜伯興等於宮內相應，[6]戒嚴將發，敬則開關掩襲，皆殺之。殿內竊發盡平，敬則之力也。政事無大小，帝並以委之。

[1]昇明：南朝宋順帝劉準年號（477—479）。

[2]輔國將軍：官名。宋明帝泰始五年（469）七月，改爲輔師將軍，後廢帝元徽二年（474）六月復舊，三品。梁武帝天監七年（508）罷。

[3]沈攸之事起：指昇明元年荆州刺史沈攸之因不滿蕭道成把持朝政，自荆州起兵，旋被蕭道成遣兵消滅，自縊而死。沈攸之，字仲達，吳興武康（今浙江德清縣）人。宋司空沈慶之從子。本書卷三七有附傳，《宋書》卷七四有傳。

[4]冠軍將軍：官名。南朝宋三品。梁武帝天監七年，設五武將軍代之，大通三年（529）復置，列武臣將軍班内。陳擬四品，比秩中二千石。

[5]袁粲：原名愍孫，字景倩，陳郡陽夏（今河南太康縣）人。東晉丹陽尹袁豹之孫，南朝宋太尉袁淑之姪。本書卷二六有附傳，《宋書》卷八九有傳。

[6]召：《南齊書》卷二六《王敬則傳》作“夕”，馬宗霍《南史校證》云：“與上文屬讀，謂袁粲起兵之夕也。考之《宋書·袁粲傳》，粲之舉事，本期夜發，則當以‘夕’字爲是。”（第719頁）　領軍：官名。即領軍將軍。南朝掌禁衛軍及京都諸軍，爲禁衛軍最高統帥。齊規定，諸爲將軍官皆敬領軍、護軍，如諸王爲將軍，道相逢，則領、護讓道。宋三品。齊及梁初官品不詳。梁武帝天監七年革選，釐定官品十八班，班多爲貴，領軍將軍十五班。陳三品，秩中二千石。　劉韞：字彦文，彭城（今江蘇徐州市）綏興里人。長沙成王劉義欣之子。本書卷一三、《宋書》卷五一有附傳。

敬則不識書，止下名，然甚善決斷。齊臺建，爲中領軍。高帝將受禪，材官薦易太極殿柱。[1]順帝欲避土，[2]不肯出宮遜位。明日當臨軒，順帝又逃宮内。敬則將輿入迎帝，啓譬令出，引令升車。順帝不肯即上，收淚謂敬則曰："欲見殺乎？" 敬則答曰："出居別宮爾，官先取司馬家亦復如此。" 順帝泣而彈指："唯願後身生生世世不復天王作因緣。" 宮內盡哭，聲徹於外。順帝拍敬則手曰："必無過慮，當餉輔國十萬錢。"

[1]材官薦易太極殿柱：按，王鳴盛《十七史商榷》卷六二《薦易殿柱》云："'薦'字，似可疑，然今吳下俗語尚有之，他無所見。薦者，謂柱將損壞，欲易之，而惜費不肯改作，以他木旁承之，乃易去其柱，諺目爲脱梁換柱。" 材官，官名。即材官將軍。掌土木工程之工徒，屬中領軍。南朝宋、齊兼屬尚書省起部曹，梁、陳改屬少府卿。宋五品。梁二班。陳九品。

[2]順帝：南朝宋順帝劉準。字仲謀，小字智觀。明帝第三子。元徽五年（477），即皇帝位，改元昇明。本書卷三、《宋書》卷一〇有紀。　避土：中華本作"避上"，其校勘記云："'避上'各本作'避土'；惟大德本作'避上'。張元濟《南史校勘記》：'按上疑指齊高帝，下文"又逃宮內"。《南齊書·王敬則傳》作"土"。'今按封建迷信之説，動土有忌，或'避土'之意指此。今兩存，以備參考。"

齊建元元年，[1]出爲都督、南兗州刺史，[2]封尋陽郡公。[3]加敬則妻懷氏爵爲尋陽國夫人。[4]

[1]建元：南朝齊高帝蕭道成年號（479—482）。

[2]都督：官名。地方軍政長官，多帶將軍號，領州刺史，兼理民政。晋、南北朝的都督分使持節、持節、假節三種。　南兗州：州名。東晋僑立兗州，宋時改爲南兗州，初治京口，在今江蘇鎮江市。宋文帝元嘉八年（431）移治廣陵縣，在今江蘇揚州市西

北蜀岡上。

[3]尋陽郡公：封爵名。尋陽，郡名。治柴桑縣，在今江西九江市西南。據《南齊書》卷二六《王敬則傳》，尋陽郡公食邑三千戶。

[4]尋陽國夫人：夫人，古代命婦的封號。漢時列侯之妻封夫人，後因之。故尋陽郡稱尋陽郡國。

　　二年，魏軍攻淮、泗，[1]敬則恐，委鎮還都，百姓皆驚散奔走。上以其功臣不問，以爲都官尚書，[2]遷吳興太守。[3]郡舊多剽掠，有十數歲小兒於路取遺物，敬則殺之以徇。自此路不拾遺，郡無劫盜。又錄得一偷，召其親屬於前鞭之。令偷身長掃街路，久之，乃令偷舉舊偷自代。諸偷恐爲所識，皆逃走，境內以清。仍入烏程，[4]從市過，見屠肉枅，[5]歎曰："吳興昔無此枅，是我少時在此所作也。"召故人飲酒説平生，不以屑也。遷護軍，[6]以家爲府。

[1]魏軍攻淮、泗：指齊高帝建元二年（480），北魏南侵淮南壽春及泗水胊山一帶。

[2]都官尚書：官名。尚書省都官曹長官。掌都官、水部、庫部、論功四曹。南北朝置，皆三品（梁十三班）。

[3]吳興：郡名。治烏程縣，在今浙江湖州市。

[4]烏程：縣名。治所在今浙江湖州市。

[5]枅：懸挂秤的橫木。

[6]護軍：官名。即護軍將軍。南朝禁衛軍將領，與領軍並爲中軍統帥。總領臺城外宿衛諸軍，掌京城防衛，權任頗重。資輕者爲中護軍，資重者爲護軍將軍。宋三品。梁十五班。陳三品，秩中

二千石。

三年，以改葬去職，詔贈敬則母尋陽國太夫人，改授侍中、撫軍。[1]高帝遺詔敬則以本官領丹楊尹，[2]尋遷會稽太守，[3]加都督。永明二年，[4]給鼓吹一部。[5]會土邊帶湖海，人丁無士庶皆保塘役。敬則以功力有餘，悉評斂爲錢送臺庫，以爲便宜。[6]上許之。

[1]侍中：官名。往來殿中奏事，故名。南朝宋爲門下之侍中省長官，侍衛皇帝左右，顧問應對，諫諍糾察，平議尚書奏事。宋三品。齊及梁初不詳。梁武帝天監七年（508）革選，釐定官品十八班，班多爲貴，侍中十二班。陳三品，秩中二千石。　撫軍：官名。即撫軍將軍。宋三品。齊時位在四征將軍上。

[2]丹楊尹：官名。即丹陽尹。丹陽，郡名。治建康縣，在今江蘇南京市，因其爲京都重邑，故太守稱尹。

[3]會稽：郡名。治山陰縣，在今浙江紹興市。

[4]永明：南朝齊武帝蕭賾年號（483—493）。

[5]鼓吹：備有鼓鉦簫笳樂器的樂隊，用於大駕出游行軍。古人以賜功臣勳將。

[6]悉評斂爲錢送臺庫，以爲便宜：中華本校勘記云：“‘評’《通典・食貨典》作‘課’。按《南齊書》此下載竟陵王子良啓曰：‘今郡通課此直，悉以還臺。’疑作‘課’是。”

三年，進號征東將軍。[1]宋廣州刺史王翼之子妾路氏酷暴，[2]殺婢媵，翼之子法朗告之，敬則付山陰獄殺之。[3]路氏家訴，爲有司所奏，山陰令劉岱坐棄市刑。[4]敬則入朝，上謂敬則曰：“人命至重，是誰下意殺之？都不啓聞。”敬則曰：“是臣愚意。臣知何物科法，見背後有節，便言應得殺人。”劉岱亦引罪，上乃赦之；敬則免官，以公領郡。[5]

[1]征東將軍：官名。位次三公，多爲持節都督，出鎮方面，地位顯要。宋三品，若爲持節都督則進爲二品。梁武帝天監七年（508）定爲武職二十四班中的二十三班。陳擬二品，比秩中二千石。

[2]廣州：州名。治番禺縣，在今廣東廣州市。

[3]山陰：縣名。治所在今浙江紹興市。

[4]劉岱：許福謙《〈南齊書〉紀傳疑年録》云：“劉岱之姓名及官職僅見於此……檢趙超《漢魏南北朝墓誌彙編》收有《齊故監餘杭縣劉府君墓誌銘》，云：‘南徐州東莞郡莒縣都鄉長貴里劉岱，字子喬……山陰令，坐太守事，左遷尚書札白衣監餘杭縣。春秋五十有四……終於縣解（廨）。’”（參見許福謙《〈南齊書〉紀傳疑年録》，《首都師範大學學報》1998 年第 1 期）　棄市刑：古代的一種刑罰。在鬧市執行死刑，並將尸體扔在大街示衆。

[5]公：即公爵。

後與王儉俱即本號開府儀同三司。[1]時徐孝嗣於崇禮門候儉，[2]因嘲之曰：“今日可謂連璧。”儉曰：“不意老子遂與韓非同傳。”[3]人以告敬則，敬則欣然曰：“我南沙縣吏，徼倖得細鎧左右，逮風雲以至於此。遂與王衛軍同日拜三公，[4]王敬則復何恨。”了無恨色。朝士以此多之。

[1]王儉：字仲寶，琅邪臨沂（今山東臨沂市）人。歷仕南朝

宋、齊，官至尚書令，總理政務。長於禮學，熟悉朝儀，齊初制度
多爲其制定。本書卷二二有附傳，《南齊書》卷二三有傳。　開府
儀同三司：官名。大臣加號，意謂與三司（太尉、司徒、司空）禮
制、待遇相同，許開設府署，自辟僚屬。

　[2]徐孝嗣：字始昌，東海郯（今山東郯城縣）人。本書卷一
五有附傳，《南齊書》卷四四有傳。　崇禮門：宮門名。南朝建康
宮城内尚書省分上省、下省兩個院落，上省在西，其門爲崇禮門；
下省在東，其門爲建禮門。上、下省通過架空的閣道連接。通常認
爲，上省包括朝堂及附屬辦事機構，而下省是尚書省諸曹的辦公
處；上省在應門内、端門（梁時改稱太陽門）外的庭院東側，位於
臺城内城，下省在臺城内城城牆之外，上、下省被内城城牆與牆外
道路隔開。然亦有觀點認爲，尚書上省與下省均在臺城外城，位於
臺城東南部東掖門内、雲龍門外的道路兩側。上省爲尚書朝堂和諸
曹辦公處，下省是尚書諸曹官員及家屬的宿舍區（參見陳蘇鎮《魏
晋洛陽宮中主要行政機構的分佈》，《文史》第一二八輯，中華書
局 2019 年版；郭湖生《臺城辯》，《文物》1999 年第 5 期）。

　[3]老子：道家學派的創始人和主要代表人物，與莊子並稱
“老莊”，代表作品有《道德經》。《史記》卷六三有傳。　韓非：
戰國末期著名思想家、法家代表人物。代表作品有《韓非子》。
《史記》卷六三有傳。

　[4]王衛軍：即王儉。


　　十一年，授司空。[1]敬則名位雖達，不以富貴自遇。
初爲散輦使魏，[2]於北館種楊柳。後員外郎虞長曜北使
還，[3]敬則問：“我昔種楊柳樹，今若大小？”長曜曰：
“虞中以爲明棠。”[4]武帝令群臣賦詩，敬則曰：“臣幾落
此奴度。”[5]上問之，敬則對曰：“臣若解書，不過作尚書
都令史爾，[6]那得今日。”敬則雖不大識書，而性甚警

黠，臨郡令省事讀辭，下教制決，[7]皆不失理。

[1]司空：官名。與太尉、司徒並爲三公。南朝爲名譽宰相，多爲大臣加官，無實際職掌。宋一品。齊及梁初不詳。梁武帝天監七年（508）革選，釐定官品十八班，班多爲貴，司空十八班。陳一品，秩萬石。

[2]初爲散輦使魏：馬宗霍《南史校證》云：“按‘散輦’《南齊書》本傳作‘散騎’，疑‘騎’字是。”（第720頁）

[3]員外郎：官名。員外散騎侍郎的簡稱。門下省官，掌奏事，直侍左右。

[4]明棠：汲古閣本、殿本作“甘棠”。按，此作“甘棠”是。甘棠，稱頌王敬則在北地留下遺愛。典出《史記》卷三四《燕召公世家》：“周武王之滅紂，封召公於北燕……召公巡行鄉邑，有棠樹，決獄政事其下，自侯伯至庶人各得其所，無失職者。召公卒，而民人思召公之政，懷棠樹不敢伐，哥詠之，作《甘棠》之詩。”

[5]臣幾落此奴度：中華本改作“臣幾落此奴度內”，其校勘記云：“‘內’字各本並脱，據《南齊書》補。”

[6]尚書都令史：官名。尚書左右丞屬官。協助左右丞總知尚書臺內部事務。分曹設置，晉、宋、齊都令史員額八人。

[7]下教制決：中華本作“下教判決”，其校勘記云：“‘判’各本作‘制’，據《南齊書》改。”教，文體的一種，這裏指長官的告諭。

明帝輔政，[1]密有廢立意。隆昌元年，[2]出敬則爲會稽太守，加都督。海陵王立，[3]進位太尉。[4]明帝即位，爲大司馬，[5]臺使拜授日，雨大洪注，敬則文武皆失色。一客旁曰：“公由來如此，昔拜丹楊尹、吳興時亦然。”敬則大悦曰：“我宿命應得雨。”乃引羽儀、備朝服、導引出聽事拜受,[6]意猶不自得，吐舌久之。

[1]明帝：南朝齊明帝蕭鸞。字景栖，小諱玄度，始安貞王蕭
道生之子。本書卷五、《南齊書》卷六有紀。

[2]隆昌：南朝齊鬱林王蕭昭業年號（494）。

[3]海陵王：蕭昭文。字季尚，文惠太子第二子。本書卷五、
《南齊書》卷五有紀。

[4]太尉：官名。與司徒、司空並爲三公。兩晉、南朝爲名譽
宰相，多爲大臣加官，無實際職掌。宋一品。齊及梁初不詳。梁武
帝天監七年（508）革選，釐定官品十八班，班多爲貴，太尉十八
班。陳一品，秩萬石。

[5]大司馬：官名。南朝時爲最高榮譽加號之一，位從公，秩
一品，不常授。

[6]導引：指由羽儀（儀仗隊）開路引入。　聽事：指大廳、
廳堂。


帝既多殺害，敬則自以高、武舊臣，心懷憂懼。帝
雖外厚其禮而內相疑備，數訪問敬則飲食體幹。聞其衰
老，且以居內地，故得少安。後遣蕭坦之將齋仗五百人
行晉陵,[1]敬則諸子在都，憂怖無計。上知之，問計於
梁武帝,[2]武帝曰：“敬則豎夫，易爲感，唯應錫以子女
玉帛，厚其使人，如斯而已。”上納之。


[1]蕭坦之：字君平，南蘭陵（今江蘇常州市武進區）人。蕭
欣祖子。本書卷四一、《南齊書》卷四二有傳。　晉陵：《南齊書》
卷二六《王敬則傳》作“武進陵”。

[2]梁武帝：蕭衍。字叔達，小字練兒。本書卷六、卷七，《梁

書》卷一至卷三有紀。

　　吴人張思祖，敬則謀主也，爲府司馬，頻銜使。上偽傾意待之，以爲游擊將軍。[1]遣敬則世子仲雄入東。[2]仲雄善彈琴，江左有蔡邕焦尾琴在主衣庫，[3]上敕五日一給仲雄。仲雄在御前鼓琴，作《懊憹曲》，歌曰：“常歎負情儂，郎今果行許。”又曰：“君行不浄心，那得惡人題。”帝愈猜愧。

　　[1]游擊將軍：官名。雜號將軍。魏、晋爲禁軍將領，掌宿衛之任，隸中領軍（領軍將軍），四品。南朝宋四品。梁武帝天監六年（507）改游騎將軍，另置左、右游擊將軍，十一班。陳四品，秩二千石。
　　[2]遣敬則世子仲雄入東：中華本校勘記云：“李慈銘《南史札記》：‘“世”字衍。據《南齊書》言敬則長子元遷，則仲雄是次子。且敬則安得有世子？其下收敬則子有員外郎世雄而無仲雄。《通鑑》注云“此即敬則世子仲雄也。仲世二字必有一誤”。今以敬則諸子之名推之，自以元、仲、季、幼、少爲次，不當有世雄，且《南史》避世字。’”
　　[3]蔡邕：字伯喈，陳留圉（今河南杞縣）人。《後漢書》卷六〇有傳。　焦尾琴：古代名琴之一，《後漢書·蔡邕傳》：“吴人有燒桐以爨者，邕聞火烈之聲。知其良木，因請而裁爲琴，果有美音，而其尾猶焦，故時人名曰‘焦尾琴’焉。”　主衣庫：官署名。職掌保管皇帝衣服、冠冕及雜物。

　　永泰元年，[1]帝疾屢經危殆，以張瓌爲平東將軍、吴郡太守，[2]置兵佐，密防敬則。内外傳言當有處分。

敬則聞之，竊曰：“東今有誰，祇是欲平我耳。東亦何易可平，吾終不受金罌。”金罌謂鴆酒也。諸子怖懼，第五子幼隆遣正員將軍徐嶽以情告徐州行事謝朓爲計，[3] 若同者當往報敬則。朓執嶽馳啓之。敬則城局參軍徐庶家在京口，[4] 其子密以報庶，庶以告敬則五官王公林。[5] 公林，敬則族子也，常所委信。公林勸敬則急送啓賜兒死，單舟星夜還都。敬則曰：“若爾，諸郎要應有信，且忍一夕。”其夜，呼僚佐文武拼蒲賭錢，謂衆曰：“卿諸人欲令我作何計？”莫敢先答。防閤丁興懷曰：“官祇應作爾。”[6] 敬則不聲。[7] 明旦，召山陰令王詢、臺傳御史鍾離祖願，[8] 敬則橫刀跂坐，問詢等發丁可得幾人，庫見有幾錢物，詢、祖願對並乖旨，敬則怒，將出斬之。王公林又諫敬則曰：“官詎不更思？”敬則唾其面，曰：“小子，我作事何關汝小子。”乃起兵，招集配衣，二三日便發。欲劫前中書令何胤還爲尚書令，[9] 長史王弄璋、司馬張思祖止之曰：[10] “何令高蹈，必不從，不從便應殺之。舉大事先殺朝賢，事必不濟。”乃率實甲萬人過浙江，謂曰：“應須作檄。”思祖曰：“公今自還朝，何用作此？”乃止。

[1]永泰：南朝齊明帝蕭鸞年號（498）。

[2]張瓌：字祖逸，吳郡吳（今江蘇蘇州市）人。本書卷三一有附傳，《南齊書》卷二四有傳。　平東將軍：官名。多持節都督或監某一地區的軍事，亦可作爲刺史兼理軍務的加官。宋三品。梁武帝天監七年（508）定爲武職二十四班中的二十班。陳擬三品，比秩中二千石。　吳郡：郡名。治吳縣，在今江蘇蘇州市。

[3]正員將軍:《資治通鑑》卷一四一《齊紀七》明帝永泰元年胡三省注:"官至將軍而未有軍號者爲正員將軍,次爲員外將軍。"

徐州行事:指代行徐州州府長官職權。 謝朓:字玄暉,陳郡陽夏(今河南太康縣)人。本書卷一九有附傳,《南齊書》卷四七有傳。

[4]京口:又稱京城、京,爲南徐州治所,在今江蘇鎮江市。南朝時爲交通要衝、軍事重鎮。《隋書·地理志下》:"京口東通吳、會,南接江、湖,西連都邑,亦一都會也。"

[5]五官:官名。即五官掾。爲郡守屬吏。漢置,主掌郡府諸曹及祠祀等,常爲郡守佐吏之首,省稱郡五官。南朝時五官掾多以他官兼領,亦有知郡事者。

[6]官祇應作爾:意思是説王敬則應該動手反擊。《資治通鑑》卷一四一《齊紀七》明帝永泰元年胡三省注:"言應作如此事,謂應反也。"

[7]敬則不聲:中華本作"敬則不作聲",其校勘記云:"'作'字各本並脱,據《南齊書》補。"

[8]臺傳御史:《資治通鑑》卷一四一《齊紀七》明帝永泰元年胡三省注云:"臺傳御史,臺所遣督諸郡錢穀者。" 鍾離:縣名。治所在今安徽鳳陽縣臨淮關鎮。

[9]中書令:官名。中書省長官。掌皇帝命令的發布,位高權重。南北朝多爲三品。南朝梁明定令低於監,十三班。 尚書令:官名。尚書省長官。參議大政,綜理政務。魏、晉、南朝雖僅三品(梁稱十六班),實爲百官之長。陳升爲一品,位高權重而常闕。

[10]長史:官名。掌顧問參謀,魏晉南北朝時太傅、太尉、司徒、司空、諸將軍府、諸王國及州郡、屬國都置長史。


朝廷遣輔國將軍前軍司馬左興盛、直閣將軍馬軍主胡松三千餘人,築壘於曲阿長岡;尚書左僕射沈文秀爲持節、都督,[1]屯湖頭,[2]備京口路。

[1]尚書左僕射:官名。省稱左僕射。尚書省次官,尚書令副佐。員一人。宋三品。齊及梁初不詳。梁武帝天監七年(508)革選,釐定官品十八班,班多爲貴,尚書左僕射十五班。陳二品,秩中二千石。　沈文秀:字仲遠,吳興武康(今浙江德清縣)人。宋司空沈慶之之侄。本書卷三七有附傳,《宋書》卷八八有傳。

[2]湖頭:《資治通鑑》卷一四一《齊紀七》明帝永泰元年胡三省注:"湖頭,玄武湖頭也。其地東接蔣山西巖下,西抵玄武湖隄,地勢坦平,當京口大路。"

　　敬則以舊將舉事,百姓檐篙荷鍤隨逐之十餘萬衆。[1]至武進陵口慟哭,[2]乘肩輿而前。遇興盛、山陽二柴,[3]盡力攻之。官軍不敵,欲退而圍不開,各死戰。胡松領馬軍突其後,白丁無器仗,皆驚散。敬則大叫索馬,再上不得上,興盛軍容袁文曠斬之傳首。[4]

[1]檐篙荷鍤:猶揭竿而起。檐,汲古閣本、殿本作"擔"。
[2]武進陵:指蕭氏祖先陵墓。《資治通鑑》卷一四一《齊紀七》明帝永泰元年胡三省注:"蕭氏之先俱葬武進,高帝之殂也,從其先兆,亦葬武進,號泰安陵。"武進,縣名。治所在今江蘇常州市武進區。
[3]興盛、山陽二柴:指臺軍前軍司馬左興盛和輔國將軍劉山陽駐紮的營寨。馬宗霍《南史校證》云:"按'柴'《南齊書》本傳作'砦',二字通用,'柴'本字也,俗又作'寨'。"(第722頁)
[4]傳首:指傳首京城。

　　是時上疾已篤，敬則倉卒東起，朝廷震懼。東昏侯在東宮議欲叛，[1]使人上屋望，見征虜亭失火，謂敬則至，急裝欲走。有告敬則者，敬則曰：“檀公三十六策，[2]走是上計，汝父子唯應急走耳。”蓋譏檀道濟避魏事也。

　　[1]東昏侯：蕭寶卷。字智藏。齊明帝第二子。本書卷五、《南齊書》卷七有紀。
　　[2]檀公：指檀道濟。高平金鄉（今山東嘉祥縣）人。南朝宋開國元勳，隨劉裕率兵平定桓玄之亂。本書卷一五、《宋書》卷四三有傳。

　　敬則之來，聲勢甚盛，凡十日而敗。時年六十四。朝廷漆其首藏在武庫，[1]至梁天監元年，[2]其故吏夏侯亶表請收葬，[3]許之。

　　[1]武庫：掌管兵器的官署。
　　[2]天監：南朝梁武帝蕭衍年號（502—519）。
　　[3]夏侯亶：字世龍，譙郡譙（今安徽亳州市）人。本書卷五五有附傳，《梁書》卷二八有傳。

　　陳顯達，南彭城人也。[1]仕宋以軍功封彭澤縣子，[2]位羽林監、濮陽太守，[3]隸齊高帝討桂陽賊於新亭壘。劉勔大桁敗，[4]賊進杜姥宅。[5]及休範死，[6]顯達出杜姥宅，大戰於宣陽、津陽門，[7]大破賊，矢中左目而鏃不出。地黃村潘嫗善禁，先以釘釘柱，嫗禹步作氣，釘即出，乃禁顯達目中鏃出之。事平，封彭城侯，[8]再遷平越中郎將、廣州刺史，[9]加都督。

[1]南彭城：郡名。東晋僑置於晋陵郡界，治所在今江蘇常州市武進區西。隋廢。

[2]彭澤縣子：封爵名。彭澤，縣名。治所在今江西湖口縣東南。子爲五等爵制中第四等封爵。

[3]濮陽：郡名。治濮陽縣，在今河南濮陽市西南。

[4]劉勔：字伯猷，彭城（今江蘇徐州市）人。本書卷三九、《宋書》卷八六有傳。

[5]杜姥宅：在南朝都城建康臺城南掖門外，以東晋成帝杜皇后母裴氏宅第所在而得名。在今江蘇南京市。

[6]休範：劉休範。宋文帝第十八子，九歲封順陽王，次年改封桂陽王。本書卷四〇、《宋書》卷七九有傳。

[7]宣陽：城門名。即六朝時都城建康南面正門，本名白門，南朝宋明帝時改此名。 津陽門：城門名。位於都城建康南面，南朝宋元嘉二十五年（448）改開陽門爲津陽門，在今江蘇南京市（參見郭黎安《六朝建康城門考》，《江海學刊》1995年第2期）。

[8]彭城侯：中華本作“豐城侯”，其校勘記云：“‘豐城’各本作‘彭城’，據《南齊書》改。《宋書·州郡志》，江州豫章太守領豐城侯相。”

[9]平越中郎將：官名。西晋武帝時置，治廣州，府置佐吏，主護南越，治理交、廣地區少數民族事務，南朝沿置。

沈攸之事起，顯達遣軍援臺，長史到遁、司馬諸葛導勸顯達保境蓄衆，[1]密通彼此。顯達於坐手斬之，遣表疏歸心齊高帝。帝即位，拜護軍將軍。後御膳不宰牲，顯達上熊蒸一盤，上即以充飯。後拜都督、益州刺史。[2]

[1]到遁：彭城武原（今江蘇邳州市）人。到撝弟。元徽年間，任寧遠將軍、輔國長史、南海太守。

[2]益州：州名。治成都縣，在今四川成都市。

武帝即位，[1]進號鎮西將軍。[2]益部山險，[3]多不賓服。大度村獠，前刺史不能制，顯達遣使責其租賒。獠帥曰："兩眼刺史尚不敢調我。"遂殺其使。顯達分部將吏，聲將出獵，夜往襲之，男女無少長皆斬之。自此山夷震服。

[1]武帝：南朝齊武帝蕭賾。字宣遠。齊高帝建元四年（482）即位，年號永明。本書卷四、《南齊書》卷三有紀。

[2]鎮西將軍：官名。多爲持節都督，出鎮方面，權勢很重。宋三品，如爲持節都督，則進爲二品。梁、陳列爲八鎮將軍之一。梁武帝天監七年（508）定爲武職二十四班中二十二班。陳擬二品，比秩中二千石。

[3]益部：益州。

永明二年，徵爲侍中、護軍將軍。顯達累任在外，經高帝之憂。及見武帝，流涕悲咽，上亦泣，心甚嘉之。八年，爲征南大將軍、江州刺史。[1]

[1]征南大將軍：官名。魏晋南北朝時，在武職中地位很高，任職者多統兵出鎮在外，都督數州軍事。南朝宋二品。齊位從公，開府儀同如公，置僚屬亦從公。梁、陳時較征南將軍進一階。　江

州：州名。治溢口城，在今江西九江市。

顯達謙厚有智計，自以人微位重，每遷官常有愧懼之色。子十餘人，誡之曰：“我本意不及此，汝等勿以富貴陵人。”家既豪富，諸子與王敬則諸兒並精車牛，麗服飾。當世快牛稱陳世子青、王三郎烏、呂文顯折角、江瞿曇白鼻，[1]而皆集陳舍。顯達知此不悅。及子休尚爲郢府主簿，[2]過九江拜別。[3]顯達曰：“凡奢侈者鮮有不敗，塵尾蠅拂是王、謝家許，[4]汝不須捉此自遂。”[5]即取於前燒除之。其静退如此。

[1]陳世子：指陳顯達之子。　青：青牛。　王三郎：指王敬則之子。　烏：烏牛。　呂文顯：臨海（今浙江台州市椒江區）人。本書卷七七、《南齊書》卷五六有傳。　折角：折角牛。　白鼻：白鼻牛。

[2]主簿：官名。所在府署僚屬，掌典領文書簿籍，經辦事務。南朝諸公府，將軍、五校尉等軍府，列卿寺監、光禄大夫等，州、郡、縣皆置，其品位秩級隨府主地位高下而定。雖非掾吏之首，然地位較高，縣之主簿較州之主簿更甚。宋、齊、梁初品級不詳。梁武帝天監七年（508）革選，定官品十八班，班多爲貴，主簿流内一至六班，流外三至七班。陳九品至七品。

[3]九江：縣名。治所在今江西九江市。

[4]許：汲古閣本同，殿本作“物”。

[5]遂：汲古閣本同，殿本作“隨”。

豫廢鬱林之勳，[1]延興元年，[2]爲司空，進爵爲公。明帝即位，進太尉，封鄱陽郡公。[3]加兵二百人，給油絡車。[4]後以太尉判鄱陽郡公,[5]爲三公事,而職典連率,人以爲格外三公。上欲悉除高、武諸孫,[6]上微言問顯達,答曰:"此等豈足介慮。"上乃止。

[1]豫廢鬱林之勳:齊武帝遺詔尚書左僕射西昌侯蕭鸞輔政,内外衆事,無大小悉與蕭鸞。而鬱林王蕭昭業即位後,穢亂宮廷,且誅殺大臣。蕭鸞與車騎大將軍陳顯達等共謀,廢鬱林王,另立其弟蕭昭文,改元延興。鬱林,南朝齊皇帝蕭昭業。字元尚,小名法身。文惠太子長子。本書卷五、《南齊書》卷四有紀。

[2]延興:南朝齊海陵王蕭昭文年號(494)。

[3]鄱陽郡公:封爵名。鄱陽,郡名。治鄱陽縣,在今江西鄱陽縣。

[4]油絡車:用油絡(絲質網狀的車飾)裝飾的車子,王公加禮者之常乘。參見《南齊書·輿服志》。

[5]判:中華本作"封",其校勘記云:"'封'各本作'判',據《通志》改。"

[6]諸孫:中華本作"子孫",其校勘記云:"'子'各本作'諸',今從李慈銘《南史札記》説訂正。"高、武,指南朝齊高帝和武帝。

顯達建武世心懷不安,深自貶退,車乘朽敗,導從鹵簿皆用羸小。[1]侍宴,酒後啓上借枕,帝令與之。顯達撫枕曰:"臣年已老,[2]富貴已足,唯少枕枕死,[3]特就陛下乞之。"上失色曰:"公醉矣。"以年老告退,不許。

[1]導從鹵簿:引路隨從的侍衛。

[2]年已:殿本同,汲古閣本作"已年"。

[3]枕枕死：枕着枕頭而死，指壽終正寢。

永泰元年，乃遣顯達北侵。永元元年，[1]顯達督平北將軍崔慧景衆軍四萬圍南鄉界馬圈城，[2]去襄陽三百里。[3]攻之四十日，魏軍食盡，噉死人肉及樹皮。外圍急，魏軍突走。顯達入據其城，遣軍主莊丘黑進取南鄉縣。[4]魏孝文帝自領十餘萬騎奄至，[5]軍主崔恭祖、胡松以烏布幔盛顯達，數人擔之，出均水口，[6]臺軍緣道奔退，死者三萬餘人。顯達素有威名，著於外境，至是大損喪焉。御史中丞范岫奏免顯達官，[7]又表解職，並不許。以爲江州刺史，鎮盆城。[8]初，王敬則事起，始安王遙光啓明帝慮顯達爲變，[9]欲追軍還，事平乃寢。顯達亦懷危怖。及東昏立，彌不樂還都，得此授甚喜。尋加領征南大將軍，給三望車。[10]

[1]永元：南朝齊東昏侯蕭寶卷年號（499—501）。

[2]平北將軍：官名。多兼鎮守地方的刺史，統掌軍政事務。南朝宋三品。梁武帝天監七年（508）定爲武職二十四班中的二十班。陳擬三品，比秩中二千石。　崔慧景：字君山，清河東武城（今河北清河縣）人。本書卷四五、《南齊書》卷五一有傳。　南鄉界馬圈城：《資治通鑑》卷一四二《齊紀八》東昏侯永元元年胡三省注："按《陳顯達傳》，馬圈在南鄉界。杜佑曰：馬圈城去襄陽三百里，在今南陽郡界穰縣北。杜佑曰：後魏馬圈鎮，漢涅陽縣地。"按，穰縣治所在今河南鄧州市。亦説馬圈城在今河南鎮平縣南。參見宋王應麟《通鑑地理通釋》。

[3]襄陽：郡名。治襄陽縣，在今湖北襄陽市。

[4]南鄉縣：《資治通鑑·齊紀八》東昏侯永元元年胡三省注

引蕭子顯曰："南鄉城，順陽舊治也。"按，順陽縣治所在今河南淅川縣南。

[5]魏孝文帝：拓跋宏。又稱元宏。北魏獻文帝子。《魏書》卷七、《北史》卷三有紀。

[6]均水口：中華本作"沟水口"，其校勘記云："'沟'各本作'均'，今從王鳴盛《十七史商榷》六三校改。"

[7]御史中丞：官名。南朝亦稱南司，御史臺長官，掌督察百官、奏劾不法，外督部刺史，內受公卿奏事。宋四品。齊及梁初不詳。梁武帝天監七年革選，御史中丞十一班。陳三品，秩二千石。

范岫：字懋賓，濟陽考城（今河南民權縣）人。本書卷六〇、《梁書》卷二六有傳。

[8]盆城：在今江西九江市。汲古閣本同，殿本作"彭城"。

[9]始安王遙光：蕭遙光。字元暉。齊始安靖王蕭鳳子，明帝蕭鸞姪。本書卷四一有傳，《南齊書》卷四五有附傳。

[10]三望車：六朝時王公大臣所乘之車，三面有窗可望。


顯達聞都下大相殺戮，徐孝嗣等皆死，傳聞當遣兵襲江州。顯達懼禍，十一月十五日舉兵，欲直襲建鄴，[1]以掩不備，又遙指郢州刺史建安王寶寅爲主。[2]朝廷遣後軍將軍胡松等據梁山，[3]顯達率衆數千人發尋陽，與松戰於採石，[4]大破之，都下震恐。


[1]建鄴：南朝齊的首都，在今江蘇南京市。

[2]郢州：州名。治夏口城，在今湖北武漢市武昌區。 建安王寶寅：蕭寶寅。字智亮。齊明帝第六子。初封建安郡王，後改封爲鄱陽王。本書卷四四、《南齊書》卷五〇有傳。

[3]後軍將軍：官名。掌宮禁宿衛，員一人。南朝宋明帝泰始以後，多以軍功得官，無復員限，權任漸輕，四品。梁武帝天監七

年（508）定爲九班。陳五品，秩千石。　梁山：東、西梁山，東梁山在今安徽蕪湖市，西梁山在安徽和縣，夾江而立，故又名天門山，爲京城建康的屏障。

　　[4]採石：在今安徽馬鞍山市西北長江邊。

　　十二月，潛軍度取石頭北上襲城，[1]宮掖大駭，閉門守備。顯達馬稍從步軍數百人，於西州前與臺軍戰，[2]再合大勝，稍折，手猶殺十餘人。官軍繼至，顯達不能抗，退走至西州後烏榜村。騎官趙潭注稍刺落馬，斬之籬側，血涌湔籬，似淳于伯之被刑。[3]時年七十三。[4]

　　[1]石頭：石頭城。故址在今江蘇南京市清凉山。

　　[2]西州：指西州城，南朝時爲揚州刺史的治所，在今江蘇南京市江寧區。

　　[3]似淳于伯之被刑：西晋愍帝建興四年（316），淳于伯爲丞相府督運令史，丞相司馬睿揚聲北伐，伯以督運稽留及役使贓罪，依軍法戮之，血逆流上柱二丈三尺。見《晋書·五行志中》。

　　[4]時年七十三：《南齊書》卷二六《陳顯達傳》作“時年七十二”。許福謙考證云：“檢《建康實録》卷一五《（南）齊列傳·陳顯達傳》亦云死‘時年七十三’，與《南史》同。然覈對《實録》本傳，並非抄自《南史》，乃是節録《南齊書》本傳而來，故其‘時年七十三’當亦録自《南齊書》本傳。筆者因此頗疑《南齊書》本傳原作‘時年七十三’……後人傳抄刊刻誤‘三’作‘二’。”（參見許福謙《〈南齊書〉紀傳疑年録》，《首都師範大學學報》1998年第1期）

顯達在江州遇疾，不療之而差，意甚不悦。是時連冬大雪，梟首朱雀而雪不集，[1]諸子皆伏誅。

[1]朱雀：指朱雀航，在今江蘇南京市秦淮河上。　雪不集：指雪不掩蓋其首級。爲迷信説法，示有冤。

張敬兒，南陽冠軍人也。[1]父醜，爲郡將軍，[2]官至節府參軍。[3]敬兒年少便弓馬、有膽氣，好射猛獸，發無不中。南陽新野風俗出騎射，而敬兒尤多膂力。稍宦至寧蠻行參軍，[4]隨郡人劉胡伐襄陽諸山蠻，[5]深入險阻，所向皆破。又擊胡陽蠻，[6]官軍引退，敬兒單馬在後，賊不能抗。

[1]南陽：郡名。治宛縣，在今河南南陽市。　冠軍：縣名。治所在今河南鄧州市西北。

[2]郡將軍：應指郡一級的武將，具體官職不詳。

[3]節府參軍：應指持節將軍府參軍。

[4]寧蠻行參軍：官名。寧蠻，指寧蠻校尉府，寧蠻校尉掌管雍州少數民族事務。多由駐該地的將軍或雍州刺史兼任，如祇擔任此職，則減刺史一階。宋四品。行參軍，南朝王府、公府、將軍府及諸州置。

[5]劉胡：南陽涅陽（今河南鄧州市）人。本以面黝黑似胡人，故名坳胡，及長，單名胡。本書卷四〇、《宋書》卷八四有附傳。

[6]胡陽：湖陽之別稱。在今河南唐河縣。

山陽王休祐鎮壽陽，[1]求善騎射士，敬兒及襄陽俞湛應選。敬兒善事人，遂見寵，爲長兼行參軍。[2]泰始初，隨府轉驃騎參軍,[3]署中兵,[4]領軍討義嘉賊,[5]與劉胡相拒於鵲尾洲,[6]啟明帝乞本郡。事平，除南陽太守。

卷四五

列傳第三十五

[1]山陽王休祐：劉休祐。宋文帝第十三子。初封山陽王，明帝即位改封晉平王。本書卷一四、《宋書》卷七二有傳。

[2]長兼：晉及南朝，官員未正授稱長兼。

[3]驃騎：官名。即驃騎將軍。兩漢、魏晉南北朝皆有，設僚屬。爲重號將軍，加授大臣、重要地方長官。宋二品，開府者一品。梁二十四班。陳擬一品，比秩中二千石。

[4]署中兵：代理中兵曹。

[5]義嘉賊：宋明帝泰始二年（466）春，晉安王劉子勛（孝武帝子）在尋陽稱帝，改元義嘉，因以“義嘉”代稱劉子勛。

[6]鵲尾洲：《資治通鑑》卷一三一《宋紀十三》明帝泰始二年胡三省注：“鵲洲，在宣城郡南陵縣，《左傳》之鵲岸也。杜預曰：鵲岸，謂廬江舒縣鵲尾渚。審是，則鵲頭在宣城界，鵲尾在廬江界，鵲洲則江中之洲也。”劉胡在鵲尾洲戰敗，逃至石城，被捕獲，斬之。


敬兒之爲襄陽府將也，家貧，每休假輒傭賃自給。[1]嘗爲城東吳泰家檐水,[2]通泰所愛婢。事發，將被泰殺，逃賣棺材中，以蓋加上，乃免。及在鵲尾洲，啟明帝云：“泰以絲助雍州刺史袁顗爲弩弦,[3]黨同逆,[4]若事平之日，乞其家財。”帝許之。至是收籍吳氏，唯家人俁身得出，僅役財貨直數千萬，敬兒皆有之。先所通婢，即以爲妾。

［1］備賃：謂受雇於人。

［2］檐：汲古閣本、殿本作“擔”。

［3］雍州：州名。治襄陽，在今湖北襄陽市。　袁覬：字景章（一作“國章”），陳郡陽夏（今河南太康縣）人。吳郡太守袁洵之子。本書卷二六有附傳，《宋書》卷八四有傳。

［4］黨同逆：中華本作“黨同爲逆”，其校勘記云：“‘爲’字各本並脱，據《通志》補。”

後爲越騎校尉，[1]桂陽王事起，[2]隸齊高帝頓新亭。賊矢石既交，休範白服乘輿勞樓下。[3]敬兒與黃回白高帝求詐降以取之。[4]高帝曰：“卿若辦事，當以本州相賞。”敬兒相與出城南，放仗走，大呼稱降。休範喜，召至輿側。回陽致高帝密意，休範信之。回目敬兒，敬兒奪取休範防身刀斬之，其左右百人皆散。敬兒持首歸新亭。除驍騎將軍，[5]加輔國將軍。高帝置酒謂敬兒曰：“非卿之功無今日。”

［1］越騎校尉：官名。禁軍長官，東晉省，南朝復置，不領兵，用以安置勳舊，爲侍衛武職。宋四品。梁七班。陳六品，秩千石。

［2］桂陽王事起：宋後廢帝元徽二年（474）五月，江州刺史桂陽王劉休範自江州反，率衆兩萬，順江東下京城建康。時蕭道成參與輔政，用以逸待勞戰術，於京城各戰略要地分兵做好反擊準備。

［3］勞樓：勞勞亭。在今江蘇南京市南，亦稱臨滄觀。《資治通鑑》卷一二三《梁紀十五》云：“休範白服，乘肩輿，自登城南臨滄觀。”胡三省注：“臨滄觀在勞山上，江寧縣南十里，亦曰勞勞亭。”

[4]黄回：竟陵郡（今湖北鍾祥市）人。仕宋，討劉劭有功，
爲明帝愛重。本書卷四〇、《宋書》卷八三有傳。

[5]驍騎將軍：官名。雜號將軍。兩晋時與領、護、左右衛、
游擊將軍合爲六軍，擔當護衛皇帝宮廷之任。宋四品。梁武帝天監
六年（507）四月，置左、右驍騎將軍，陳仍分置左、右。

安帝以敬兒人位既輕，[1]不欲使便爲襄陽重鎮。敬
兒求之不已，乃微動高帝曰："沈攸之在荆州，公知其欲
何所作，不出敬兒以防之，恐非公之利也。"帝笑而無
言，乃除雍州刺史，加都督，封襄縣侯。部泊沔口，[2]
敬兒乘舴艋過江，詣晋熙王燮。[3]中江遇風船覆，左右
丁壯者各泅水走，餘二小史没船下求敬兒救，敬兒兩掖
挾之，隨船仰得在水上，如此翻覆行數十里，方得迎
接。失所持節，更給之。

[1]安帝：中華本作"高帝"，其校勘記云："'高帝'各本作
'安帝'，今改正。"

[2]沔口：一名漢口，即今湖北漢江入長江之口。

[3]晋熙王燮：劉燮。字仲綏。宋明帝第六子。繼劉昶後封爲
晋熙王，食邑三千户。本書卷一四、《宋書》卷七二有附傳。

至鎮，厚結攸之，得其事迹，密白高帝，終無二
心。又與攸之司馬劉攘兵情款。[1]及蒼梧廢，敬兒疑攸
之當因此起兵，密問攘兵，所言，[2]寄敬兒馬鐙一隻。[3]
敬兒乃爲備。

[1]劉攘兵：原勒兵斷峽，阻沈攸之兵下。其子劉天賜爲荆州

西曹，乃沈攸之下屬。攸之遣天賜見其父，劉攘兵向沈攸之投降，爲攸之所重，但其實則密結張敬兒。詳見《資治通鑑》卷一三四《宋紀十六》蒼梧王元徽四年載。

[2]所言：中華本作"攘兵無所言"，其校勘記云："'攘兵無'三字各本並脱，據《南齊書》補。"

[3]寄敬兒馬鐙一隻：暗示兵馬即將啓動。馬鐙，挂在馬背兩側供騎乘者所用的脚踏。


昇明元年冬，攸之乃，[1]遣使報敬兒。勞接周至，爲設食訖，列仗於聽事前斬之。集部曲。頓攸之下，[2]當襲江陵。敬兒告變使至，高帝大喜，進號鎮軍將軍，[3]改督。


[1]攸之乃：中華本作"攸之反"，其校勘記云："'反'各本作'乃'，惟南監本作'下'，據《南齊書》改。"

[2]頓：中華本作"偵"，其校勘記云："'偵'各本作"頓"，據《通鑑》改。"

[3]鎮軍將軍：官名。晋、南朝宋時與中軍、撫軍將軍位比四鎮將軍，三品。齊時位在四征將軍上。


攸之至郢城敗走，[1]其子元琰與兼長史江乂、別駕傅宣等還江陵。[2]敬兒軍至白水，[3]元琰聞城外鶴唳，謂是叫聲，恐懼欲走。其夜，乂、宣開門出奔，城潰，元琰奔寵洲見殺。[4]敬兒至江陵，誅攸之親黨，没入其財物數千萬，善者悉以入私，送臺者百不一焉。攸之於湯渚村自經死，[5]居人送首荆州。敬兒使楯擎之，蓋以青繳，徇諸市郭，乃送建鄴。進爵爲公。

[1]郢城：地名。在今湖北荆州市荆州區郢城鎮郢城村。

[2]別駕：官名。州刺史副官，刺史巡察轄區政務時，別駕別乘傳車從行，總領行部事務，故名。　江陵：縣名。治所在今湖北荆州市荆州區。

[3]白水：地名。在今湖北襄陽市。

[4]竈洲：地名。《資治通鑑》卷一三四《宋紀十六》順帝昇明二年胡三省注：“竈洲近樂鄉。”按，樂鄉在今湖北鍾祥市西北。

[5]湯渚村：本書卷三七《沈攸之傳》記攸之與第三子文和至華容之鱗頭林，於櫟林自經死。

　　敬兒在雍州貪殘，人間一物堪用，莫不奪取。於襄陽城西起宅，聚物貨，宅大小殆侔襄陽。又欲移羊叔子墮淚碑，[1]於其處置臺。綱紀諫曰：[2]“此羊太傅遺德，不宜遷動。” 敬兒曰：“太傅是誰，我不識。”

[1]羊叔子墮淚碑：羊叔子，即羊祜。字叔子，泰山南城（今山東平邑縣）人。《晋書》卷三四有傳。墮淚碑，羊祜死後，襄陽百姓於峴山爲羊祜建碑立廟，望其碑者，莫不流涕，杜預因名爲“墮淚碑”。

[2]綱紀：古代公府及州郡府主簿。掌文書府務，爲屬吏之長。

　　及齊受禪，轉侍中、中軍將軍，[1]遷散騎常侍、車騎將軍，[2]置佐史。[3]高帝崩，遺詔加開府儀同三司。於家竊泣曰：“官家大老天子可惜，太子年少，向我所不及也。” 及拜，王敬則戲之，呼爲褚彦回。敬兒曰：“我馬上所得，終不能作華林閣勳也。”[4]敬則甚恨焉。

[1]中軍將軍：官名。南朝置爲重號將軍。宋位比四鎮將軍，三品。齊位在四征將軍之上，品秩不詳。梁與中衛、中權、中撫將軍合稱四中將軍，作爲優禮大臣的虛號，祇授予在京師任職者，職任頗重。武帝天監七年（508）革選，中軍將軍二十三班。大通三年（529）改制，定二百四十二號三十四班將軍，中軍將軍三十三班。陳擬二品，比秩中二千石。

[2]散騎常侍：官名。初爲散騎省長官，侍從皇帝左右，諫諍得失，顧問應對，與侍中等共平尚書奏事。宋三品。齊及梁初不詳。梁武帝天監七年革選，散騎常侍十二班。陳三品，秩中二千石。　　車騎將軍：官名。魏晋南北朝時爲重號將軍，但僅作爲軍府名號，加授大臣、地方長官。宋二品，開府者一品。梁二十四班。陳擬一品，比秩中二千石。

[3]佐史：佐吏與令史。

[4]華林閣：在華林園内。華林園，宫苑名。三國吴建，故址在今江蘇南京市雞籠山南古臺城内。南朝宋文帝元嘉時擴建，築華光殿、景陽樓、竹林堂諸勝，華林閣也是其中之一，宋、齊諸帝常宴集勳臣於此。

初，敬兒微時，有妻毛氏，生子道門，[1]而鄉里尚氏女有色貌，敬兒悦之，遂棄毛氏而納尚氏爲室。及居三司，[2]尚氏猶居襄陽宅。慮不復外出，乃迎家口悉下至都，啓武帝，不蒙勞問。[3]敬兒心自疑。及垣崇祖死，[4]愈恐懼。性好卜術，[5]信夢尤甚，初征荆州，每見諸將帥，不遑有餘計，唯叙夢云：“未貴時，夢居村中，社樹欻高數十丈。[6]及在雍州，又夢社樹直上至天。”以此誘説部曲，[7]自云貴不可言。由是不自測量，無知。又使於鄉里爲謡言，使小兒輩歌曰：“天子在何處？宅在赤谷口，天子是阿誰？非猪如是狗。”敬兒家在冠軍，宅前有地名赤谷。既得開府，又望班劍，[8]語人曰：“我車邊猶少班蘭物。”

[1]道門：《南齊書》卷二五《張敬兒傳》作“道文”。

[2]三司：當指上文開府儀同三司。

[3]不蒙勞問：指未受到南朝齊武帝的慰問。

[4]垣崇祖：字敬遠，祖籍略陽桓道（今甘肅隴西縣），祖父苗率部曲家下邳（今江蘇睢寧縣）。南朝宋豫州刺史垣護之之侄。本書卷二五有附傳，《南齊書》卷二五有傳。

[5]卜術：占卜預測吉凶之術。

[6]欻：汲古閣本、殿本作“歘”。

[7]部曲：本爲漢時軍隊之編制。魏晉以來，豪門大族之私人軍隊稱部曲。部曲帶有人身依附性質，經主人放免，可成爲平民。亦借指軍隊。

[8]班劍：指持班劍的武士，是給予勳臣的特殊待遇。

敬兒長自荒遠，少習武事，既從容都下，又四方寧靖，益不得志。其妻尚氏亦曰：“吾昔夢一手熱如火，而君得南陽郡；元徽中，夢一髀熱如火，君得本州；建元中，夢半體熱，尋得開府；今復舉體熱矣。”以告所親，言其妻初夢次夢，又言“今舉體熱矣”。閹人聞其言説之，[1]事達武帝。敬兒又遣使與蠻中交關，武帝疑有異志，永明元年，敕朝臣華林八關齋，[2]於坐收敬兒。初，左右雷仲顯常以盈滿誡敬兒，不能從，至是知有變，抱敬兒泣，敬兒脱冠貂投地曰：[3]“用此物誤我。”及子道門、道暢、道休並伏誅，少子道慶見宥。後數年，上與豫章王嶷三日曲水内宴,[4]胙艒艭船流至御坐前覆没,[5]上由是言及敬兒, 悔殺之。

[1]閹人: 在中國古代別稱爲寺人、奄人、閹官、宦者、宦官、中官、内官、内臣、内侍、内監。古代的一些奴隸主和君王、貴族, 爲了使自己的妻妾們對他保持貞節, 不准她們和一般男子接觸, 但後宫又需要男子服役, 所以就大量使用閹人。

[2]華林八關齋:《資治通鑑》卷一三五《齊紀一》武帝永明元年胡三省注: "釋氏之戒: 一, 不殺生; 二, 不偷盗; 三, 不邪淫; 四, 不妄語; 五, 不飲酒、食肉; 六, 不著花鬘瓔珞、香油塗身、歌舞倡伎故往觀聽; 七, 不得坐高廣大床; 八, 不得過齋後喫食。已上八戒, 故爲八關。《雜録名義》云: 八戒者, 俗衆所受一日一夜戒也。謂八戒一齋, 通謂八關齋, 明以禁防爲義也。"

[3]冠貂: 貂冠, 冠上以貂尾爲飾。古代侍中、常侍之官飾。張敬兒因官散騎常侍, 故戴貂冠。

[4]豫章王嶷: 蕭嶷。字宣儼。南朝齊高帝次子, 武帝二弟。本書卷四二、《南齊書》卷二二有傳。 三日曲水内宴: 傳統風俗於農曆三月初三日就水邊宴飲, 認爲可破除不祥。後人因其水環曲成渠, 流觴取飲, 相與爲樂, 故稱爲曲水。

[5]胙艒艭船: 指用紙紮的小船, 放在曲水中漂浮爲戲。

敬兒始不識書, 及爲方伯, 乃習學讀《孝經》《論語》。初徵爲護軍, 乃潛於密室中屏人學揖讓答對, 空中俯仰, 妾侍竊窺笑焉。將拜三司, 謂其妻嫂曰:[1] "我拜後府開黄閣。"[2]因口自爲鼓聲。初得鼓吹, 羞便奏之。又於新林姥廟爲妾祈子祝神,[3]口自稱三公, 其鄙俚如此。

[1]妻嫂：《南齊書》卷二五《張敬兒傳》作“妓妾”。

[2]府：《南齊書·張敬兒傳》作“應”。

[3]新林姥廟：中華本作“新林慈姥廟”，其校勘記云：“‘慈’字各本並脱，據《南齊書》補。”

始其母於田中卧，夢犬子有角舐之，已而有娠而生敬兒，故初名狗兒。又生一子，因狗兒之名復名猪兒。宋明帝嫌狗兒名鄙，改爲敬兒，故猪兒亦改爲恭兒，位正員郎，[1]謝病歸本縣，常居上保村，不肯出仕，與居人不異。與敬兒愛友甚篤。及聞敬兒敗，走入蠻。後首出，原其罪。

[1]正員郎：官名。有正式編制身份的郎。

崔慧景字君山，清河東武城人也。[1]祖構，奉朝請。[2]父系之，州別駕。

[1]清河：郡名。治清陽縣，在今河北清河縣東南。　東武城：縣名。治所在今河北清河縣東北。

[2]奉朝請：官名。漢朝爲給予退休大臣、宗室、外戚等的一種政治待遇。授此者得特許參加朝會。西晋爲加官名號，常授奉車、駙馬、騎都尉等。東晋、南朝仍作爲加官，時亦單授，列爲散騎省（集書省）屬官，所授冗濫。

慧景少有志業，仕宋爲長水校尉。[1]齊高帝在淮陰，[2]慧景與宗人祖思同時自結。及高帝受禪，封樂安縣子，[3]爲都督、梁南秦二州刺史。[4]永明四年，爲司州刺史。[5]母喪，詔起復本任。慧景每罷州，輒傾資獻奉，動數百萬。武帝以此嘉之。十年，爲都督、豫州刺史。[6]

[1]長水校尉：官名。禁軍長官，三國魏、西晉仍領兵，屬中領軍（領軍將軍）。職任漸輕。東晉省，南朝復置，不領兵，用以安置勳舊，爲侍衛武職。宋四品。梁七班。陳六品，秩千石。

[2]淮陰：縣名。治所在今江蘇淮安市淮陰區西南。

[3]樂安：縣名。南朝齊置，屬蔡陽郡。治所在今湖北襄陽市一帶。

[4]梁南秦二州：雙頭州名。治南鄭縣，在今陝西漢中市東。

[5]司州：州名。治平陽縣，在今河南信陽市。

[6]豫州：州名。治壽春縣，在今安徽壽縣。


鬱林即位，慧景以少主新立，密與魏通，朝廷疑之。明帝輔政，遣梁武帝至壽春安慰之。[1]慧景密啓送誠勸進。建武四年，[2]爲度支尚書，[3]領太子左率。[4]

[1]壽春：縣名。治所在今安徽壽縣。

[2]建武：南朝齊明帝蕭鸞年號（494—498）。

[3]度支尚書：官名。魏晉南北朝時爲尚書省度支曹長官。南朝齊領度支、金部、倉部、起部四曹。掌國家財用出納會計、事役、漕運、倉廩庫藏之政令。宋三品。梁十三班。陳三品，秩中二千石。

[4]太子左率：官名。即太子左衛率。領精兵萬人，宿衛東宮，亦任征伐，地位頗重。宋五品。梁十一班，領果毅、統遠、立忠、建寧、陵鋒、夷寇、祚德等七營。陳四品，秩二千石。

東昏即位，爲護軍。時輔國將軍徐世標專權號令，[1]慧景備員而已。帝既誅戮將相，舊臣皆盡，慧景自以年宿位重，轉不自安。及裴叔業以壽陽降魏，[2]即授慧景平西將軍，[3]假節、侍中、護軍如故。[4]率軍水路征壽陽。軍頓白下將發，[5]帝長圍屏除，出琅邪城送之。[6]帝戎服坐樓上，召慧景騎進圍內，無一人自隨，裁交數言，拜辭而去。慧景出至白下甚喜，曰："頸非復小豎等所折也。"子覺爲直閤將軍，慧景密與之期。

[1]徐世標：又作徐世檦。新蔡（今河南新蔡縣）人。本書卷七七有附傳。

[2]裴叔業：河東聞喜（今山西聞喜縣）人。《南齊書》卷五一、《魏書》卷七一、《北史》卷四五有傳。　壽陽：即壽春。

[3]平西將軍：官名。與平南、平東、平北將軍合稱四平將軍，南朝地位較高。宋三品。齊及梁初不詳。梁武帝天監七年（508）革選，平西將軍二十班。大通三年（529）改制，平西將軍三十班。陳擬三品，比秩中二千石。

[4]假節：古代大臣奉皇帝之命出行，持符節以爲憑證並示威重。南北朝軍事長官的職權分爲使持節、持節、假節三等。使持節可誅殺二千石以下官員。持節可殺無官位之人，在軍事中可誅殺二千石以下官員。假節唯軍事中得殺犯軍令者。

[5]白下：白下城，在今江蘇南京市北金川門外幕府山南麓，北臨大江，爲軍事要塞。

[6]琅邪城：即白下城。六朝時建康西北長江邊上的衛城。

時江夏王寶玄鎮京口，[1]聞慧景北行，遣左右余文興說之曰："朝廷任用群小，猜害忠賢，江、劉、徐、沈，君之所見，身雖魯、衞，亦不知滅亡何時。君今叚之舉，有功亦死，無功亦死，欲何求所免。機不可失，今擁強兵，北取廣陵，[2]收吳、楚勁卒；身舉州以相應，取大功如反掌耳。"慧景常不自安，聞言響應。

[1]江夏王寶玄：蕭寶玄。字智深。齊明帝蕭鸞第三子。本書卷四四、《南齊書》卷五〇有傳。

[2]廣陵：縣名。治所在今江蘇揚州市西北蜀岡上。

于時廬陵王長史蕭寅、司馬崔恭祖守廣陵城，[1]慧景以寶玄事告恭祖。恭祖先無宿契，口雖相和，心實不同。還以事告寅，共爲閉城計。寅心謂恭祖與慧景同，謂曰："廢昏立明，人情所樂，寧可違拒。"恭祖猶執不同。俄而慧景至，恭祖閉門不敢出。慧景知其異己，泣數行而去。

[1]廬陵王：蕭子卿。字雲長。齊武帝第三子，爵封廬陵王。本書卷四四、《南齊書》卷四〇有傳。廬陵，郡名。治石陽縣，在今江西吉水縣東北。

中兵參軍張慶延、明巖卿等勸慧景襲取廣陵，[1]及密遣軍主劉靈運間行突入。慧景俄係至，遂據其城。子覺至，仍使領兵襲京口。寶玄本謂大軍併來，及見人少，極失所望，拒覺，擊走之。恭祖及覺精兵八千濟江。恭祖心本不同反，至秣山，[2]欲斬覺以軍降京口，事既不果而止。

[1]中兵參軍：指中兵曹行參軍。

[2]蒜山：中華本作"蒜山"。蒜山，在今江蘇鎮江市西，相傳周瑜與諸葛亮於此謀算議拒曹操，故名。

　　覺等軍器精嚴，柳憕、沈佚等謂寶玄曰：[1] "崔護軍威名既重，乃誠可見，既已脣齒，忽中道立異。彼以樂歸之衆，亂江而濟，誰能拒之。"於是登北固樓，並千蠟燭爲烽火，舉以應覺。帝聞變，以右衛將軍左興盛假節、督都下水陸衆軍。[2]慧景停二日，便率大衆一時俱濟江，趣京口，寶玄仍以覺爲前鋒，恭祖次之，慧景領大都督爲衆軍節度。東府、石頭、白下、新亭諸城皆潰，[3]左興盛走，不得入宮，逃淮渚荻船中，[4]慧景禽殺之。慧景稱宣德皇后令，[5]廢帝爲吳王。

　　[1]柳燈：中華本作"柳憕"，其校勘記云："'憕'各本作'燈'，'之'各本並脱，據《南齊書·江夏王寶玄傳》及《通鑑》改補。"馬宗霍《南史校證》云："按李慈銘《南史札記》曰：'案燈當作憕，佚下當有之字。《南齊書·寶玄傳》作長史沈佚之，諮議柳憕。惟《梁書》《南史》憕傳俱無此事，蓋別是一人。'余按《通鑑》卷一四三《考異》引《南史》此文亦作'柳憕沈佚'，則'燈'爲形近傳寫之誤無疑。元刊本《南史》亦誤作'燈'。至於'佚'下省去'之'字，《南史》中凡帶'之'字爲名者，往往省去，不徒此也。"（第727頁）

　　[2]右衛將軍：官名。屬中軍將軍，後屬中領軍（領軍將軍）。負責宮禁宿衛，是中央禁衛軍的主要將領。南朝後期，亦曾領兵出征。宋四品。梁十二班。陳三品，秩二千石。

　　[3]東府：指東府城，東晉築，在今江蘇南京市通濟門附近，

臨秦淮河。

[4]淮渚：指秦淮河。

[5]宣德皇后：文惠太子妃王寶明，琅邪臨沂（今山東臨沂市）人。鬱林王即位，尊爲皇太后。海陵王廢後，出居鄱陽王故第，號宣德宮，稱宣德皇太后。本書卷一一、《南齊書》卷二〇有傳。

　　時柳燈別推寶玄，恭祖爲寶玄羽翼，不復承奉，慧景嫌之。巴陵王昭冑先逃人間，[1]出投慧景，意更向之，故猶豫未知所立，此聲頗泄。燈、恭祖始貳於慧景。又恭祖勸慧景射火箭燒北掖樓，[2]慧景以大事垂定，後若更造，費用功多，不從其計。性好談義，兼解佛理，頓法輪寺，[3]對客高談，恭祖深懷怨望。

[1]巴陵王昭冑：蕭昭冑。字景胤。齊武帝第二子竟陵王蕭子良之子。本書卷四四、《南齊書》卷四〇有附傳。

[2]北掖樓：指齊内宮樓。

[3]法輪寺：佛寺名。在南朝齊京城建康（今江蘇南京市）。

　　先是，衛尉蕭懿爲豫州刺史，[1]自歷陽步道征壽陽，[2]帝遣密使告之。懿率軍主胡松、李居士等自採石濟岸，頓越城舉火，臺城中鼓叫稱慶。[3]恭祖先勸慧景遣二千人斷西岸軍，令不得度，慧景以城旦夕降，外救自然應散，不許。恭祖請擊義師，又不許。乃遣子覺將精甲數千人度南岸，義師昧旦進戰，覺大敗。慧景人情離沮。

〔1〕衛尉：官名。掌宮門宿衛屯兵，巡行宮外，糾察不法，管理武器庫藏，領武庫、公車司馬令。梁十二班。陳沿置，三品，秩中二千石。　蕭懿：字元達，南蘭陵蘭陵（今江蘇常州市武進區）人。蕭順之之子，梁武帝蕭衍胞兄。本書卷五一有傳。

〔2〕歷陽：縣名。治所在今安徽和縣。

〔3〕臺城：建康宮，又名顯陽宮。位於今江蘇南京市雞籠山南、乾河沿北。本三國吳後苑城，東晉成帝時改建，咸和七年（332）新宮成，名曰建康宮，爲東晉、南朝臺省（中央政府）和宮殿所在地，故又名臺城。


恭祖頓軍興皇寺，[1]於東宮掠得女妓，[2]覺來逼奪，由是忿恨。其夜，崔恭祖與驍將劉靈運詣城降。慧景乃將腹心數人潛去，欲北度江，城北諸軍不知，猶爲拒戰。城內出盪，殺數百人，慧景餘衆皆奔。


〔1〕興皇寺：佛寺名。在南朝齊、梁京城建康（今江蘇南京市），遺址不存。

〔2〕東宮：中國古代宮殿指稱，因方位得名。後亦借指居住東宮的儲君。因“東”時屬春，色屬青，故又稱春宮、青宮；國儲所居，故又曰儲宮。


慧景圍城凡十二日，軍旅散在都下，不爲營壘。及走，衆於道稍散，單馬至蟹浦，[1]投漁人太叔榮之。榮之故爲慧景門人，時爲蟹浦戍，謂之曰：“吾以樂賜汝，汝爲吾覓酒。”既而爲榮之所斬，以頭內鱐籃中檐送都。[2]

[1]蟹浦：水名。在今江蘇南京市白下城西南，源出鍾山，流入長江。

[2]鰽：鰽魚。《資治通鑑》卷一四三《齊紀九》東昏侯永元二年胡三省注：“鰽魚，今江、淮間湖蕩河港皆有之；春二月時，人取食之，其味甘美……鰽籃，所以盛鰽者。”

恭祖者，慧景宗人，驍果便馬稍，[1]氣力絕人，頻經軍陣。討王敬則，[2]與左興盛軍容袁文曠爭敬則首，訴明帝曰：“恭祖禿馬絳衫，手刺倒敬則，故文曠得斬其首。[3]以死易勳而見枉奪。若失此勳，要當刺殺左興盛。”帝以其勇健，謂興盛曰：“何容令恭祖與文曠爭功。”慧景平後，恭祖繫尚方，[4]少時殺之。覺亡命爲道人，[5]見執伏法。

[1]便馬稍：擅長馬上持長矛作戰。

[2]討王敬則：指永泰元年（498）會稽太守王敬則起兵反齊明帝，朝廷派直閤將軍崔恭祖、左興祖領兵討之，王敬則旋敗被斬。

[3]故：殿本同，汲古閣本作“袁”。

[4]尚方：秦漢爲製作精美宮廷器用、御用兵器的機構。設令、丞爲長貳，屬少府。或分置中、左、右三署。三國魏、西晋沿置。東晋併爲一署，不常置。南朝宋、齊分爲左、右署，掌一般兵器製作。梁、陳沿置，增設中尚方。

[5]道人：指皈依佛法的人。

覺弟偃，年十八便身長八尺，博涉書記，善蟲篆，[1]爲始安內史，[2]藏竄得免。和帝西臺立，[3]以爲寧朔將軍。中興元年，[4]詣公車尚書申冤，[5]言多指斥，尋下獄死。

[1]蟲篆：又名蟲書。秦書八體之一。是在篆書結構的基礎上，裝飾蜿蜒回繞的筆劃，使字體像蟲形盤旋彎曲的樣子，因而得名。

[2]始安内史：官名。始安王屬郡内史。始安王指南朝齊高帝次兄蕭道生之子蕭遥光，襲父爵爲始安王。内史，官名。南朝郡國行政長官，掌郡國民政，職同太守。宋五品。齊、梁不詳。陳滿萬户郡國之内史六品，不滿萬户者七品。

[3]和帝：南朝齊和帝蕭寶融。字智昭，齊明帝第八子。本書卷五、《南齊書》卷八有紀。　西臺：齊和帝在江陵即位，江陵在建康西，故曰西臺。

[4]中興：南朝齊和帝蕭寶融年號（501—502）。

[5]公車：官署名。漢始置，掌殿中司馬門，設公車令爲長官，凡臣民上書及徵召，均由公車總領。馬宗霍《南史校證》云："按《南齊書》本傳作'詣公車門上書'。尚與上雖可通，然省去門字，則尚書連文與官名掍，當從《齊書》。"（第 728 頁）

先是，東陽女子婁逞變服詐爲丈夫，[1]粗知圍棋，解文義，徧游公卿，仕至揚州議曹從事。[2]事發，明帝驅令還東。逞始作婦人服而去，歎曰："如此伎，還之爲老嫗，豈不惜哉。"[3]此人妖也。陰而欲爲陽，事不果故泄，敬則、遥光、顯達、慧景之應也。舊史裴叔業有傳，事終于魏，今略之云。

[1]東陽：郡名。治長山縣，在今浙江金華市。

[2]揚州：州名。治建康縣，在今江蘇南京市。　議曹從事：

官名。省稱議曹史。東漢末，州牧屬官中有議曹從事史之職，分司州政。兩晉、南朝亦置，無定員，無職事，地位頗爲尊顯。

[3]如此伎，還之爲老嫗：中華本作"如此之伎還爲老嫗"，其校勘記云："'之'各本在'還'字下，據《通鑑》乙正。"

論曰：光武功臣所以能終身名者，[1]豈唯不任職事，亦以繼奉章、明，[2]心存正嫡。王、陳拔迹奮飛，則建元、永明之運，身極鼎將，則建武、永元之朝。勳非往時，位踰昔等，禮授雖重，情分不交。加以主猜政亂，危亡慮及，舉手扞頭，人思自免。干戈既用，誠淪犯上之迹，敵國起於同舟，況又疏於此也。敬兒挾震主之勇，當鳥盡之運，[3]內惑邪夢，迹涉覬覦，其至殲亡，亦其理也。慧景以亂濟亂，能無及乎。

[1]光武：漢光武帝劉秀。字文叔。東漢開國皇帝。《後漢書》卷一有紀。

[2]章、明：指東漢章帝、明帝。漢章帝，劉炟。漢明帝劉莊第五子，母賈貴人。《後漢書》卷三有紀。漢明帝，劉莊。初名劉陽，漢光武帝劉秀第四子，母光烈皇后陰麗華。《後漢紀》卷二有紀。

[3]鳥盡之運：語出典故"鳥盡弓藏"，出自《史記》卷四一《越王句踐世家》、卷九二《淮陰侯列傳》，意謂飛鳥射盡，則弓箭藏而不用。後因以比喻勝利後功臣受害。《南齊書》卷二五《張敬兒傳》論："崇祖恨結東朝，敬兒情疑鳥盡。"

# 南史　卷四六

## 列傳第三十六

李安人 子元履　戴僧静　桓康　焦度　曹武 子世宗
吕安國　周山圖　周盤龍 子奉叔　王廣之 子珍國 張齊

李安人，[1]蘭陵承人也。[2]祖巖，衛軍將軍。[3]父欽
之，薛令。[4]

[1]李安人：本名"李安民"，本書避唐太宗李世民名諱，改
"民"爲"人"。《南齊書》卷二七亦有傳。

[2]蘭陵：郡名。治承縣，在今山東棗莊市東南。　承：縣名。
治所在今山東棗莊市東南。《宋書》卷八四《鄧琬傳》載南朝宋泰
始時有司奏封功臣云"司徒參軍南彭城李安民"，或以爲蘭陵郡承
縣爲李安民原籍，南彭城則爲其宗族南渡後族居之地（參見丁福林
《南齊書校議》，中華書局 2010 年版，第 173 頁）。

[3]衛軍將軍：《南齊書·李安民傳》作"衛軍參軍"，中華本
據改。

[4]薛：縣名。治所在今山東滕州市南。

安人少有大志，常拊髀歎曰：“大丈夫處世，富貴不可希，[1]取三將五校，何難之有！”隨父在縣，宋元嘉中，[2]縣被魏剋，安人尋率部曲自拔南歸。[3]

[1]希：圖盼。

[2]元嘉：南朝宋文帝劉義隆年號（424—453）。

[3]部曲：漢代本爲軍隊編制用語，魏晋南北朝時演變爲世族、豪强私屬依附的代名詞，平時耕田從役，戰時隨主家作戰，父死子繼，地位低下。

明帝時，[1]稍遷武衛將軍，[2]領水軍討晋安王子勛，[3]所向剋捷。事平，明帝大會新亭樓，勞諸軍主。[4]搗蒲官賭，[5]安人五擲皆盧。[6]帝大驚，目安人曰：“卿面方如田，封侯相也。”安人少時貧，有一人從門過，相之，曰：“君後當大富貴，與天子交手共戲。”至是，安人尋此人，不知所在。

[1]明帝：南朝宋明帝劉彧。字休炳，小字榮期，宋文帝第十一子。公元465年至472年在位。本書卷三、《宋書》卷八有紀。

[2]武衛將軍：官名。禁軍將領之一。宋四品。

[3]晋安王子勛：劉子勛。字孝德。宋孝武帝第三子。孝武帝大明四年（460）封晋安王。本書卷一四、《宋書》卷八〇有傳。按，時明帝劉彧廢殺前廢帝劉子業登基，子勛不從，在江州起兵稱帝。晋安，郡名。治候官縣，在今福建福州市。

[4]明帝大會新亭樓，勞諸軍主：《南齊書》卷二七《李安民傳》作“大會新亭，勞接諸軍主”，馬宗霍據此疑本書“樓”字爲“接”字之誤，又錯倒在“勞”之上，遂誤作“大會新亭樓，勞諸

軍主"（參見馬宗霍《南史校證》，湖南教育出版社 2008 年版，第729—730 頁）。新亭，地名。在今江蘇南京市南，地近江濱，依山築有城壘，六朝時爲拱衛京師的軍事、交通重地。軍主，"軍"爲軍隊編制名稱，所統兵力多少不一，一軍之統帥即稱軍主，其下設軍副（參見周一良《魏晋南北朝史札記》，中華書局 1985 年版，第408—411 頁）。

［5］摴（chū）蒲（pú）：古代博戲的一種。東漢時期始現，兩晋南北朝時期流行於社會各階層。據東漢馬融《樗蒲賦》，博具包括枰、杯、五木、矢、馬，其中枰是棋盤，五木是投擲棋具，杯是投擲五木的容具，馬和矢（兵）是棋子。其規則是根據投擲五木的成績決定馬和矢的行進。摴，汲古閣本同，殿本作"樗"。

［6］盧：樗蒲博戲擲五子全黑爲盧，爲最勝采。宋程大昌《演繁露·投五木瓊檽玖骰》："凡投子者五皆現黑，則其名盧，盧者黑也，言五子皆黑也。"

後爲廣陵太守，[1] 行南兖州事。[2] 齊高帝在淮陰，[3] 安人遥相結事。元徽初，[4] 除司州刺史，[5] 領義陽太守。[6] 及桂陽王休範起事，[7] 安人遣軍援都。建平王景素起兵，[8] 安人破其軍於葛橋。[9] 景素誅，留安人行南徐州事。[10] 城局參軍王回素爲安人所親，[11] 盜絹二匹。安人流涕謂曰："我與卿契闊備嘗，[12] 今日犯王法，乃卿負我也。"於軍門斬之，厚爲斂祭，軍府皆震服。轉東中郎司馬，[13] 行會稽郡事。[14] 時蒼梧縱虐，[15] 齊高帝憂迫無計。安人白高帝，欲於東奉江夏王躋起兵。[16] 高帝不許，乃止。

［1］廣陵：郡名。治廣陵縣，在今江蘇揚州市西北蜀岡上。

[2]南兗州：州名。東晉僑立兗州，宋時改爲南兗州，初治京口，在今江蘇鎮江市。宋文帝元嘉八年（431）移治廣陵縣，在今江蘇揚州市西北蜀岡上。

[3]齊高帝：蕭道成。字紹伯，小名鬭將。南朝齊開國皇帝。公元479年至482年在位。廟號太祖，高皇帝爲其謚號。本書卷四、《南齊書》卷一、卷二有紀。　淮陰：縣名。治所在今江蘇淮安市淮陰區西南。其時蕭道成爲假冠軍將軍、持節、都督北討前鋒諸軍事，鎮淮陰。

[4]元徽：南朝宋後廢帝劉昱年號（473—477）。

[5]司州：僑州名。治平陽縣，在今河南信陽市。

[6]領：官制術語。於本官之外以高官攝卑職。　義陽：郡名。治平陽縣，在今河南信陽市。

[7]桂陽王休範：劉休範。宋文帝劉義隆第十八子。初封順陽王，孝武帝大明元年（457）改封桂陽王。明帝時累遷驃騎大將軍、江州刺史。後廢帝元徽二年五月，以清君側爲名進軍京城，兵敗被殺。本書卷一四、《宋書》卷七九有傳。桂陽，郡名。治郴縣，在今湖南郴州市。

[8]建平王景素：劉景素。其父爲宋文帝劉義隆第七子建平宣簡王劉宏。襲父爵爲建平王，歷使持節、都督南徐州等六州軍事、鎮軍將軍、南徐州刺史等職。元徽四年，起兵攻後廢帝，兵敗被殺。本書卷一四、《宋書》卷七二有附傳。

[9]葛橋：地名。顧祖禹《讀史方輿紀要》卷二〇《南直二·江寧縣》云：“葛橋，在方山東南。劉宋元徽四年，建平王景素舉兵京口，李安民破之於葛橋，即此。”方山，即今江蘇南京市江寧區東南方山。

[10]南徐州：州名。治京口城，在今江蘇鎮江市。

[11]城局參軍：官名。城局爲公府、將軍府、刺史僚屬諸曹之一，掌浚修城郭，防守備禦。長官稱城局參軍，品級隨府主而定，高低不等。　王回素爲安人所親：中華本校勘記云：“‘王回素’

《南齊書》作‘王迥素’，《太平御覽》二九六引、《册府元龜》四〇一皆作‘王迥素’。”按，“素”“爲”連讀，文意更爲妥帖，則其人姓名當爲“王回”或“王迥”“王迥”。

[12]契闊：勤苦與共。

[13]東中郎司馬：官名。東中郎將軍府司馬的省稱。東中郎將與西、南、北中郎將合稱四中郎將，宋時唯處諸王，四品。東中郎司馬爲其軍府上佐，掌參贊軍務，管理府内武職，位僅次於長史，七品。

[14]會稽：郡名。治山陰縣，在今浙江紹興市。

[15]蒼梧：此指宋後廢帝劉昱。字德融，小字慧震。明帝劉彧長子。公元472年至477年在位，死後被廢黜爲蒼梧郡王。本書卷九、《宋書》卷三有紀。蒼梧，郡名。治廣信縣，在今廣西梧州市。

[16]江夏王躋（jǐ）：劉躋。字仲升。宋明帝劉彧第八子。明帝泰始七年（471）八月，出繼爲江夏王劉義恭孫，襲其爵位。《宋書》卷六一有附傳。江夏，郡名。治夏口城，在今湖北武漢市武昌區。

高帝即位，爲中領軍，[1]封康樂侯。[2]自宋泰始以來，[3]内外頻有賊寇，將帥以下，各募部曲，屯聚都下。安人上表，以爲自非淮北常備，其外餘軍悉皆輸遣，若親近宜立隨身者，聽限人數。上納之，故詔斷衆募。時王敬則以勳誠見親，[4]至於家國密事，上唯與安人論議。謂曰：“署事有卿名，我便不復細覽也。”

[1]中領軍：官名。南朝掌京師駐軍及禁軍。與領軍將軍通職，資重者爲領軍將軍，資輕者爲中領軍。宋三品。齊官品不詳。

[2]康樂侯：封爵名。據《南齊書》卷二七《李安民傳》，康樂侯食邑一千户。康樂，縣名。治所在今江西萬載縣東北。

　　[3]泰始：南朝宋明帝劉彧年號（465—471）。
　　[4]王敬則：臨淮射陽（今江蘇寶應縣）人，僑居晉陵南沙（今江蘇常熟市）。仕宋，歷南泰山太守、越騎校尉、輔國將軍等職，助蕭道成代宋建齊有功，封尋陽郡公。本書卷四五、《南齊書》卷二六有傳。

　　尋爲領軍將軍。[1]魏攻壽春，[2]至馬頭，[3]詔安人禦之，魏軍退，安人沿淮進壽春。先是，宋時亡命王元初聚黨六合山，[4]僭大號。[5]自云垂手過膝。[6]州郡討不能禽，積十餘年。安人生禽之，斬建康市。[7]

　　[1]領軍將軍：官名。禁衛軍總領之一。掌内軍。三品。
　　[2]壽春：縣名。治所在今安徽壽縣。時爲南朝齊豫州治所。
　　[3]馬頭：縣名。治所在今安徽懷遠縣南。
　　[4]六合山：又名如方山，在今安徽和縣西北。
　　[5]僭大號：《南齊書》卷二七《李安民傳》作“僭號”。
　　[6]垂手過膝：古人以爲手臂超長，屬雄傑異相。如三國時蜀漢先主劉備“身長七尺五寸，垂手下膝”（《三國志》卷三二《蜀書·先主傳》）；東晉十六國時前趙末代皇帝劉曜“身長九尺三寸，垂手過膝，生而眉白，目有赤光”（《晉書》卷一〇三《劉曜載記》）；南朝陳開國皇帝陳霸先“身長七尺五寸，日角龍顔，垂手過膝”（《陳書》卷一《高祖紀上》）。
　　[7]建康市：古代行刑於市，意謂與衆棄之。南朝宋山謙之《丹陽記》云：“京師四市。建康大市，孫權所立。建康東市，同時立。建康北市，永安中立。秣陵鬭場市，隆安中發樂營人交易因成市也。”建康，東晉、南朝都城，在今江蘇南京市。東漢獻帝建安十六年（211），孫權徙治丹陽郡秣陵縣，次年改名建業。三國吳黃龍元年（229），正式定都於建業。西晉滅吳，恢復秣陵舊名。武帝

太康三年（282），以秦淮水爲界兩分秣陵縣境，秦淮水以南爲秣陵，以北爲建業，並改名建鄴。建興元年（313）因避愍帝司馬鄴諱，改名建康。其後南朝宋、齊、梁、陳沿用爲都城，故稱六朝古都。

　　高帝崩，遺詔加侍中。[1]武帝即位，[2]爲丹楊尹，[3]遷尚書左僕射。[4]安人時屢啓密謀見賞，又善結尚書令王儉，[5]故世傳儉啓有此授。尋上表，以年疾求退，爲吳興太守。[6]於家載米往郡，時服其清。吳興有項羽神，[7]護郡聽事，[8]太守到郡，必須祀以軛下牛。安人奉佛法，不與神牛，著屐上聽事，又於聽上八關齋。[9]俄而牛死，葬廟側，今呼爲李公牛冢。安人尋卒，[10]世以神爲祟。謚肅侯。

　　[1]侍中：官名。門下省主官。掌奏事，直侍左右。宋三品。齊時，侍中爲華要之職，常選朝臣高資有文學而兼風貌者充任（參見清李慈銘《南史札記》）。

　　[2]武帝：南朝齊武帝蕭賾。字宣遠，齊高帝長子。公元482年至493年在位。廟號世祖。本書卷四、《南齊書》卷三有紀。

　　[3]丹楊尹：官名。東晋、南朝都城建康屬丹陽郡，故丹楊尹掌京師行政諸務並詔獄，職權高於普通太守。宋三品。楊，汲古閣本、殿本作“陽”。本卷下同，不再出注。

　　[4]尚書左僕射：官名。尚書省次官，位在右僕射上，主持尚書省日常工作。宋三品。按，尚書左僕射，《南齊書》卷二七《李安民傳》同。《建康實錄》卷四五作“尚書僕射”。本書卷四《齊武帝紀》云：“（永明）二年春正月乙亥，以護軍將軍柳世隆爲尚書右僕射……壬寅，以新除尚書右僕射柳世隆爲左僕射，以丹陽尹李

安人爲右僕射。”據此，李安民與柳世隆同日而授，柳世隆由右僕射遷爲左僕射，空出之右僕射闕由李安民遞補。當時尚書左僕射位高於右僕射，以安民時之位望，似不應驟升爲左僕射，故此處誤“右”爲“左”，應予改正。《資治通鑑》卷一三六正作“尚書右僕射”。清萬斯同《齊將相大臣年表》亦載永明二年正月李安民拜右僕射（參見參丁福林《南齊書校議》，第178頁）。

[5]尚書令：官名。尚書省長官，綜理全國政務，爲高級政務長官。宋三品。　王儉：字仲寶，琅邪臨沂（今山東臨沂市）人。仕宋官至尚書右僕射，入齊歷尚書左僕射、侍中、衛將軍、丹陽尹、開府儀同三司、領中書監等職，封南昌縣公。本書卷二二有附傳，《南齊書》卷二三有傳。

[6]吳興：郡名。治烏程縣，在今浙江湖州市。

[7]項羽神：項羽本下相（今江蘇宿遷市）人，秦時與叔父項梁爲避仇而躲到吳中，故死後得到吳地百姓崇祀。南朝諸史多記其事，如《宋書》卷五四《孔季恭傳》，《南齊書》卷四六《蕭惠休傳》，《梁書》卷二六《蕭琛傳》，本書卷五一《蕭猷傳》、卷一八《蕭惠明傳》等，陳武帝甚至派使者策封項羽神爲帝。至唐初，狄仁傑爲安撫大使，拆除其廟，項羽神信仰隨後消淡（參見清人趙翼《陔餘叢考》卷三五《項羽神》）。

[8]聽事：官府辦公之所。

[9]八關齋：佛教語。八關齋戒的省稱。指信徒一晝夜受持的八條戒律。《資治通鑑》卷一三五《齊紀一》武帝永明元年：“（五月）會上於華林園設八關齋，朝臣皆預。”胡三省注：“釋氏之戒：一，不殺生；二，不偷盜；三，不邪淫；四，不妄語；五，不飲酒、食肉；六，不著花鬘瓔珞、香油塗身、歌舞倡伎故往觀聽；七，不得坐高廣大床；八，不得過齋後喫食。已上八戒，故爲八關。《雜録名義》云：八戒者，俗衆所受一日一夜戒也。謂八戒一齋，通謂八關齋，明以禁防爲義也。”

[10]安人尋卒：據《南齊書·李安民傳》，時年五十八歲。

子元履，幼有操業，甚閑政體，爲司徒竟陵王子良法曹參軍。[1]與王融游狎，[2]及王融誅，鬱林敕元履隨右衛將軍王廣之北征，[3]密令於北殺之。廣之先爲安人所厚，又知元履無過，甚擁護之。會鬱林敗死，元履拜謝廣之，曰：“二十二載，父母之年，自此以外，丈人之賜也。”[4]仕梁爲吳郡太守，[5]度支尚書，[6]衡、廣、青、冀四州刺史。[7]

[1]司徒：官名。與太尉、司空並稱三公，南朝時爲優禮大臣的最高加號。宋一品。　竟陵王子良：蕭子良。字雲英。齊武帝蕭賾次子。本書卷四四、《南齊書》卷四○有傳。　法曹參軍：官名。南朝公府、將軍府設法曹，掌司法諸務。長官爲法曹參軍，品級隨府主而定，高低不等。

[2]王融：字元長，琅邪臨沂（今山東臨沂市）人。仕齊爲中書郎。後擁戴竟陵王蕭子良與鬱林王蕭昭業爭奪帝位，事敗被賜死。文辭辯捷，爲永明體詩的代表人物之一。本書卷二一有附傳，《南齊書》卷四七有傳。

[3]鬱林：齊鬱林王蕭昭業。文惠太子蕭長懋長子。武帝永明十一年（493）四月立爲皇太孫，七月即皇帝位，改元隆昌。旋被皇太后廢爲鬱林王。本書卷五、《南齊書》卷四有紀。　右衛將軍：官名。分掌禁軍宿衛營兵。宋四品。

[4]丈人：古時對老人尊稱。

[5]吳郡：郡名。治吳縣，在今江蘇蘇州市。

[6]度支尚書：官名。南朝尚書省六尚書之一，領度支、金部、倉部、起部四曹，掌管全國貢稅租賦的統計、調撥等事務。宋三品。

[7]衡：州名。南朝梁武帝天監六年（507）置。治含洭縣，在今廣東英德市浛洸鎮。　廣：州名。治番禺縣，在今廣東廣州

市。　青、冀：並州名。南朝宋明帝泰始五年（469）爲北魏攻占，二州僑寄鬱洲，在今江蘇連雲港市東雲臺山。

戴僧静，會稽永興人也。[1]少有膽力，便弓馬。事刺史沈文秀，[2]俱被魏虜，[3]後將家屬叛還淮陰。齊高帝撫畜，常在左右。後於都私齎錦出，事發，繫南兖州獄。[4]高帝遣薛深餉僧静酒食，[5]以刀子置魚腹中。僧静與獄吏飲酒，及醉，以刀刻械，手自折鎖，發屋而出，歸高帝。帝匿之齋内，以其家貧，年給穀千斛。會魏軍至，僧静應募出戰，單刀直前。魏軍奔退，又追斬三級。時天寒甚，乃脱衣，口銜三頭，拍浮而還。[6]

[1]永興：縣名。治所在今浙江杭州市蕭山區。

[2]刺史：此指青州刺史。　沈文秀：字仲遠，吳興武康（今浙江德清縣）人。仕宋爲青州刺史、輔國將軍。後爲北魏所攻，困守東陽城（今山東青州市）三年，城破被俘。本書卷三七有附傳，《宋書》卷八八、《魏書》卷六一、《北史》卷四五有傳。

[3]俱被魏虜：《南齊書》卷三〇《戴僧静傳》作“俱没虜”。馬宗霍《南史校證》云：“依《南史》，謂俱被魏所俘虜也，依《齊書》，謂俱没於虜，虜即斥魏也。延壽祖魏，凡宋齊梁諸書斥魏爲虜者，率以魏稱之。此文易‘没’爲‘被’，增一‘魏’字，而‘虜’字之義亦隨之而移。”（第730頁）

[4]南兖州：當爲“兖州”之誤。當時兖州爲蕭道成之屬地，故道成乃得派遣薛淵向僧静提供酒食，助其脱獄而還（詳見丁福林《南齊書校議》，第205頁）。

[5]薛深：薛淵。唐人避唐高祖李淵名諱，改“淵”爲“深”。本名薛道淵，避齊高帝蕭道成名諱省去“道”字。河東汾陰（今

山西萬榮縣）人。仕宋官至驍騎將軍，封竟陵侯。擁戴蕭道成建齊
代宋有功，仕齊歷左衛將軍、徐州刺史、平北將軍等職。本書卷
四〇有附傳，《南齊書》卷三〇有傳。

　　[6]"會魏軍至"至"拍浮而還"：《太平御覽》卷四三六引吳
均《齊書秋》云："戴僧静，會稽永興人。臨湘侯副太祖在淮陰，
雅有人鑒，見而賞之。會匈奴卒至，僧静應募出戰，單刀直前，虜
騎奔退，又斬三級。時天盛寒，乃脱衣，口銜三頭，以刀插背，拍
浮而還。臨湘侯大賞之，曰：'殺三人，亦可反命矣。'進之於太祖。
石頭之役，功冠諸將，遂至貴顯。"此戰不見於《南齊書》，或以
爲本書所記即本之《齊春秋》（參見馬宗霍《南史校證》卷四六，
第 731 頁）。


　　沈攸之事起，[1]高帝入朝堂，[2]遣僧静將腹心，先至
石頭，[3]經略袁粲。[4]時蘇烈據倉城門，[5]僧静射書與烈，
夜縋入城。粲登城西南門，列燭火坐，[6]臺軍至，[7]射
之，火乃滅。回登東門，其黨孫曇瓘驍勇善戰，[8]每盪
一合，輒大殺傷，官軍死者百餘人。軍主王天生殊死拒
戰，故得相持。自亥至丑，有流星赤色照地墜城中，僧
静率力攻倉門，手斬粲於東門，外軍燒門入。以功除前
軍將軍、寧朔將軍。[9]


　　[1]沈攸之：字仲達，吳興武康（今浙江德清縣）人。仕宋官
至荆州刺史。順帝昇明元年（477）起兵反對蕭道成專權輔政，兵
敗被殺。本書卷三七有附傳，《宋書》卷七四有傳。
　　[2]高帝入朝堂：時宋順帝劉準年僅十一歲，由蕭道成輔政，
加蕭道成假黄鉞、大都督中外諸軍事、太傅、揚州牧。
　　[3]石頭：城名。又名石首城，簡稱石城。依石頭山（今江蘇

南京市西清凉山）而建，負山面江，形勢險固，爲六朝軍事交通要地。南朝宋山謙之《丹陽記》云："石頭城，吳時悉土塢。義熙初始加磚累甓，因山以爲城，因江以爲池。地形險固，尤有奇勢。亦謂之石首城。"宋人張敦頤《六朝事迹編類》卷二："吳孫權沿淮立柵，又於江岸必爭之地築城，名曰石頭。"

[4]袁粲：字景倩，陳郡陽夏（今河南太康縣）人。仕宋歷任尚書令、中書監、司徒等職。與蕭道成同爲宋後廢帝顧命大臣，不滿蕭道成專權，矯稱奉太后令起兵攻蕭，事敗被誅。本書卷二六有附傳，《宋書》卷八九有傳。

[5]蘇烈：字休文，武邑（今河北武邑縣）人。仕宋歷東莞令、山陽太守、游擊將軍等職。爲蕭道成親信，討平袁粲有功，封吉陽縣男。齊武帝永明中，官至平西司馬、陳留太守。《南齊書》卷二八有附傳。　倉城門：石頭城城門名。又稱倉門。按，石頭城分爲大城、小城，小城包在大城之內，居大城東北部，稱石頭倉城。

[6]坐：《南齊書》卷三〇《戴僧静傳》作"處分"。

[7]臺軍：指朝廷禁衛軍。

[8]孫曇瓘：吳郡富陽（今浙江杭州市富陽區）人。仕宋爲寧朔將軍、越州刺史。《宋書》卷八三有附傳。

[9]前軍將軍：官名。禁衛將領，分掌宿衛營兵。宋四品。寧朔將軍：官名。三國魏始置，爲駐幽州地區軍事長官。南朝進爲榮譽加號。宋四品。


高帝即位，封建昌縣侯，[1]位太子左衛率。[2]武帝踐阼，出爲北徐州刺史。[3]買牛給貧人令耕種，甚得荒情。後除南中郎司馬、淮南太守。[4]


[1]建昌縣侯：封爵名。按，據《南齊書》卷三〇《戴僧静

傳》，沈攸之叛亂平定後，論封諸將，以僧静爲興平縣侯，食邑一千户。蕭道成即位，增邑一千二百户，改封建昌。本書此處徑云"高帝即位，封建昌縣侯"，使人以爲乃是初封，有因删致疑之嫌。

［2］太子左衛率：官名。與右衛率同掌護衛太子。

［3］北徐州：州名。治燕縣，在今安徽鳳陽縣臨淮關鎮。

［4］南中郎司馬：官名。南中郎將軍府司馬的省稱。掌參贊軍務，管理府内武職，位僅次於長史。　淮南：郡名。東晉僑置。治于湖縣，在今安徽當塗縣。

永明八年，[1]巴東王子響殺僚佐，[2]武帝召僧静使領軍向江陵。[3]僧静面启上曰："巴東王年少，長史、司馬捉之太急，[4]忿不思難故耳。天子兒過誤殺人，有何大罪？今急遣軍西上，[5]人情惶懼，無所不至。臣不敢奉敕。"上不答而心善之。徙盧陵王中軍司馬、高平太守。[6]卒，謚壯侯。

［1］永明：南朝齊武帝蕭賾年號（483—493）。

［2］巴東王子響：蕭子響。字雲音。齊武帝蕭賾第四子。武帝永明六年封巴東郡王。本書卷四四、《南齊書》卷四〇有傳。巴東，郡名。治魚復縣，在今重慶奉節縣東白帝城。

［3］江陵：縣名。治所在今湖北荆州市荆州區。時爲荆州治所。

［4］長史：官名。魏晉南北朝時王府、公府、將軍府皆置，掌府内庶政，爲僚佐之首。府置一員，品秩依府主身份級別而定（參見嚴耕望《中國地方行政制度史·魏晉南北朝地方行政制度（上）》，上海古籍出版社 2007 年版，第 184—189 頁）。　司馬：王府、公府、將軍府高級幕僚。掌參贊軍務，管理府内武職，位僅次於長史。

［5］急：《南齊書》卷三〇《戴僧静傳》作"忽"。

[6]廬陵王：蕭子卿。字雲長。齊武帝蕭賾第三子。初封臨汝縣公，建元四年（482）六月封廬陵王。永明六年遷中軍將軍。本書卷四四、《南齊書》卷四〇有傳。廬陵，郡名。治石陽縣，在今江西吉水縣東北。　中軍司馬：官名。中軍將軍府司馬的省稱。中軍將軍，位比四鎮將軍。　高平：郡名。治高平縣，在今河南商城縣東。

　　桓康，[1]北蘭陵承人也。勇果驍悍。宋大明中，[2]隨齊高帝爲軍容，[3]從武帝在贛縣。[4]泰始初，武帝起義，爲郡所繫，衆皆散。康裝擔，一頭貯穆后，[5]一頭貯文惠太子及竟陵王子良，[6]自負置山中。與門客蕭欣祖等四十餘人相結破郡獄，[7]出武帝。郡追兵急，康等死戰破之。隨武帝起兵，摧堅陷陣，旅力絶人。所經村邑，恣行暴害，江南人畏之，以其名怖小兒。畫其形於寺中，病瘧者寫形帖著牀壁，無不立愈。

　　[1]桓康：《南齊書》卷三〇有傳。
　　[2]大明：南朝宋孝武帝劉駿年號（457—464）。
　　[3]軍容：軍隊出征，簡拔魁健精武之士爲前驅，以壯軍馬之容，故以爲名。
　　[4]贛：縣名。治所在今江西贛州市東北。蕭賾時爲贛縣縣令。
　　[5]穆后：此指蕭賾妻裴惠昭。初爲齊世子妃。齊高帝建元元年（479）爲太子妃，死後諡爲穆妃。蕭賾即位後，追封爲皇后。本書卷一一、《南齊書》卷二〇有傳。
　　[6]文惠太子：蕭賾長子蕭長懋。本書卷四四、《南齊書》卷二一有傳。
　　[7]四十餘人：《宋書》卷八四《鄧琬傳》云："世子腹心蕭欣

祖、桓康等數十人，奉世子長子奔竄草澤，召募得百餘人，攻郡出
世子。"《資治通鑑》卷一三一《宋紀十三》明帝泰始二年云桓康
"與賾族人蕭欣祖等，結客得百餘人，攻郡破獄出賾"，則四十人乃
蕭賾之門客，而破獄出賾者實有百餘人（詳見丁福林《南齊書校
議》，第 206 頁）。

後除襄賁令。[1] 桂陽王休範事起，康棄縣還都就高
帝。會事已平，除員外郎。[2]

[1] 襄賁：縣名。治所在今山東蘭陵縣南。
[2] 員外郎：官名。員外散騎侍郎的省稱。初爲正員散騎侍郎
的添差，後成定員官，屬散騎省，爲閑散之職。初多以公族、功臣
子弟充任，後常用以安置閑退官員，多爲榮譽頭銜。

元徽五年七月六日夜，少帝微行至領軍府，[1] 帝左
右人曰："一府皆眠，何不緣墻入？"帝曰："我今夕欲一
處作適，[2] 待明日夜。"康與高帝所養健兒盧荒、向黑於
門間聽得其語。明旦，[3] 王敬則將帝首至，扣府門。康
謂是變，與荒、黑拔白刃欲出，仍隨高帝入宮。

[1] 少帝：此指南朝宋後廢帝（即蒼梧王）劉昱。 領軍府：
領軍將軍蕭道成府宅。
[2] 一處作適：意謂到另一所在取樂。
[3] 明旦：《南齊書》卷三〇《桓康傳》作"明夕"。

高帝鎮東府，[1] 除武陵王中兵、寧朔將軍，[2] 帶蘭陵
太守，[3] 常衛左右。高帝誅黃回，[4] 回時爲南兖州，部曲

數千，欲收恐爲亂，召入東府，停外齋，使康數回罪，然後殺之。時人爲之語曰："欲俟張，[5]問桓康。"除後軍將軍、直閣將軍、南濮陽太守。[6]

[1]東府：又稱東城，爲揚州刺史治所。在今江蘇南京市通濟門附近。南臨秦淮，西阻青溪，地據衝要。因在臺城之東，故名。孫吳以建業爲都，東府爲丞相所居。宋人張敦頤《六朝事迹編類》"六朝宮殿"類引《吳實録》有云："有曰臺城，蓋宮省之所寓也；有曰東府，蓋宰相之所居也；有曰西州，蓋諸王之所宅也。"東晋時，東府爲揚州刺史治所。南朝時，揚州刺史治所或在臺城西之西州城，或在東府。宋孝武帝孝建三年（456）之前，宗室諸王以宰相録尚書事而兼揚州刺史者居東府，其他任揚州刺史者（包括異姓宰相録尚書事兼揚州刺史）則居西州。孝建三年之後，在通常情況下，不管是否是宰相録尚書事，揚州刺史皆居東府（參見熊清元《南朝之揚州刺史及其治所考析》，《黃岡師專學報》1994 年第 2 期）。

[2]武陵王中兵：官名。武陵王府中兵參軍的省稱。武陵王劉贊，字仲敷，小字智隨，宋明帝第九子。明帝盡誅孝武帝諸子，下詔以劉贊奉孝武爲子，封武陵郡王。本書卷一四、《宋書》卷八〇有傳。中兵參軍爲王公府、軍府中兵曹長官，掌佐統兵政，率兵征伐，權任較重。

[3]帶：官制術語。兼管。

[4]黃回：竟陵郡（今湖北鍾祥市）人。仕宋歷冠軍將軍、鎮北將軍、南兗州刺史等職，爵至安陸郡公。本書卷四〇、《宋書》卷八三有傳。

[5]俟（zhōu）張：欺誑。

[6]後軍將軍：官名。與前軍、左軍、右軍合稱四軍將軍，掌宮禁宿衛。宋四品。　直閣將軍：官名。南朝宋置。爲禁衛將領，

統領殿門及上閤屯兵，監殿内直衛，保護皇帝（參見張金龍《魏晋南北朝禁衛武官制度研究》，中華書局 2004 年版）。 南濮陽：郡名。僑今江蘇鎮江、無錫二市間。

建元元年，[1]封吳平縣侯。[2]高帝謂康曰：“卿隨我日久，未得方伯，[3]亦當未解我意，正欲與卿先共滅虜耳。”三年，魏軍動，康大破魏軍於淮陽。[4]武帝即位，卒於驍騎將軍。[5]

[1]建元：南朝齊高帝蕭道成年號（479—482）。
[2]吳平縣侯：封爵名。吳平，縣名。治所在今江西樟樹市西。按，《南齊書》卷三〇《桓康傳》作“吳平縣伯”，食邑五百户。
[3]方伯：原指一方諸侯首領，後爲地方長官的代稱。
[4]淮陽：郡名。治所乏考，當在今江蘇淮安市。
[5]卒於驍騎將軍：據《南齊書·桓康傳》，卒時年五十七歲。驍騎將軍，官名。爲禁軍將領，與領軍、護軍、左衛、右衛、游擊合稱六軍。宋四品。

焦度字文績，[1]南安氐也。[2]祖文珪，避難居仇池。[3]宋元嘉中，裴方明平楊難當，[4]度父明與千餘家隨居襄陽，[5]乃立天水郡略陽縣以居之。[6]

[1]焦度：《南齊書》卷三〇有傳。 文績：《南齊書·焦度傳》作“文續”。
[2]南安：郡名。治獂道縣，在今甘肅隴西縣東南。 氐：西北古族名。兩晋十六國間，曾建立仇池、前秦、後涼等政權。
[3]仇池：地名。在今甘肅西和縣西，時爲氐族聚居之地。

　　[4]裴方明：河東（今山西夏縣）人。仕宋任虎賁中郎將、龍驤將軍等職，宋文帝元嘉十九年（442）攻破仇池，後坐贓私罪，下獄死。《宋書》卷四七有附傳。　　楊難當：略陽清水氐族首領，曾稱秦州刺史、武都王，後爲裴方明所敗，投奔北魏。事見《宋書》卷九八《氐胡傳》。

　　[5]襄陽：縣名。治所在今湖北襄陽市。按，焦氏徙居襄陽經歷，《南齊書·焦度傳》記爲“祖文珪，避難至襄陽”，與此略異。

　　[6]乃立天水郡略陽縣以居之：此指在襄陽僑置天水郡略陽縣。錢大昕《廿二史考異》卷三六云：“此即《宋志》雍州之南天水也。彼《志》失書建立之年。《隋志》，襄陽郡上洪縣，宋僑立略陽縣，梁又立德廣郡。然則梁之德廣郡，即宋之南天水矣。”

　　度少有氣幹，便弓馬。孝武初，[1]青州刺史顏師伯出鎮滑臺，[2]度領幢主送之，[3]與魏豹皮公遇，[4]交槊鬥，豹皮公墮地，禽其具裝馬，[5]手殺數十人。師伯啓孝武，稱度氣力弓馬並絕人。帝召還充左右，見度形狀，謂師伯曰：“此真健人也。”[6]

　　[1]孝武：此指宋孝武帝劉駿。文帝第三子，字休龍，小字道民。公元453年至464年在位。本書卷二、《宋書》卷六有紀。

　　[2]顏師伯：字長淵，琅邪臨沂（今山東臨沂市）人。仕宋歷南郡太守、右衛將軍、青冀二州刺史等職，深得宋文帝寵信。本書卷三四有附傳，《宋書》卷七七有傳。　　滑臺：地名。在今河南滑縣東，北臨古黃河，時爲軍事要地。

　　[3]幢主：幢，軍隊編制名稱，首領稱幢主，級別低於軍主（參見周一良《魏晉南北朝史札記》，第408—411頁）。

　　[4]豹皮公：《南齊書》卷三〇《焦度傳》同。《資治通鑑》卷一二八《宋紀十》云孝武帝大明二年十一月，“魏征西將軍皮豹子

等將三萬騎助封敕文寇青州，顏師伯禦之，輔國將軍（按，‘將
軍’應是‘參軍’之訛）焦度刺豹子墜馬，獲其鎧稍具裝，手殺
數十人”。又《魏書》卷五《高宗紀》、卷五一《皮豹子傳》、卷九
七《島夷劉裕傳》俱載是時魏皮豹子助封敕文攻清口，且豹子爵淮
陽公而非豹皮公，則《南史》此“豹皮公”恐爲“皮豹子”之訛
（詳見丁福林《南齊書校議》，第 206 頁）。皮豹子，漁陽（今北京
市密雲區）人。北魏官員。任魏歷散騎常侍、冠軍將軍、征西將軍
等職。《魏書》卷五一、《北史》卷三七有傳。

　　[5]禽其具裝馬：《南齊書・焦度傳》作“獲其具裝鎧稍”。具
裝，戰馬臨陣時所佩鎧甲裝備。

　　[6]健人：《南齊書・焦度傳》作“健物”。

　　補晉安王子勛夾轂隊主，[1]隨鎮江州。[2]子勛起兵，
以度爲龍驤將軍，[3]爲前鋒，所向無不勝。事敗，逃宮
亭湖爲賊。[4]朝廷聞其勇，甚患之，使江州刺史王景文
誘降之。[5]景文以爲己鎮南參軍，[6]領中軍直兵，[7]厚待
之。隨景文還都，常在府州内。

　　[1]夾轂（gǔ）：跟隨在車子兩側擔任護衛的侍從親兵，多由
特別募選的武吏組成。　隊主：猶隊長。隊爲軍隊編制名稱，首領
稱隊主。

　　[2]江州：州名。治溢口城，在今江西九江市。

　　[3]龍驤將軍：官名。爲加官性質的將軍名號，地位較高。

　　[4]宮亭湖：今江西鄱陽湖。

　　[5]王景文：王彧。字景文，琅邪臨沂（今山東臨沂市）人。
因與宋明帝同名，故以字行。仕宋至中書令、揚州牧，後被明帝賜
死。本書卷二三、《宋書》卷八五有傳。

　　[6]鎮南參軍：官名。鎮南將軍參軍的省稱。鎮南將軍爲四鎮

將軍之一，多爲持節都督，出鎮方面。宋三品。持節或加"大"爲二品。

[7]中軍直兵：《南齊書》卷三〇《焦度傳》作"中直兵"。

　　景文被害夕，度大怒，勸景文拒命，景文不從。[1]明帝不知也。以度武勇，補晋熙王燮防閤，[2]隨鎮夏口。[3]武陵王贊代燮爲郢州，度仍留鎮，爲贊前軍參軍。[4]沈攸之事起，轉度中直兵。[5]齊高帝又使假度輔國將軍、屯騎校尉，[6]轉右將軍。[7]

　　[1]"景文被害夕"至"景文不從"：按，焦度怒勸王景文之事，本書卷二三《王彧傳》記載甚詳：宋明帝賜王景文藥酒，"酒至未飲，門客焦度在側，憤怒發酒覆地曰：'大丈夫安能坐受死。州中文武可數百人，足以一奮。'景文曰：'知卿至心；若見念者，爲我百口計。'乃墨啓答敕，并謝贈詔。酌謂客曰：'此酒不可相勸。'自仰而飲之"。可參。據此知焦度時爲景文門客，關係親近。

　　[2]晋熙王燮：劉燮。字仲綏。宋明帝第六子。時任郢州刺史，鎮夏口。本書卷一四、《宋書》卷七二有附傳。晋熙，郡名。治懷寧縣，在今安徽潛山市。　　防閤：警衛殿閤的侍從親兵。

　　[3]夏口：城名。時爲郢州治所，在今湖北武漢市武昌區。

　　[4]前軍：官名。前軍將軍之省稱。與後軍、左軍、右軍合稱四軍將軍，掌宮禁宿衛。宋四品。據《宋書》卷八〇《武陵王贊傳》，宋順帝昇明元年（477），武陵王劉贊遷持節、督郢州司州之義陽諸軍事、前將軍、郢州刺史。

　　[5]中直兵：官名。中直兵參軍事的省稱。又稱中直兵參軍。王府中直兵曹長官，兼備參謀咨詢。宋七品。

　　[6]輔國將軍：官名。爲榮譽加號。　　屯騎校尉：官名。禁衛武官之一，分掌宿衛騎兵。宋四品。

[7]右將軍：官名。即右軍將軍，爲四軍將軍之一，掌宮禁宿衛。宋四品。

　　度容貌壯醜，皮膚若漆，質直木訥，口不能出言。晉熙王夾轂主周彥與度俱在郢州，[1]彥有左右人與度父同名，彥常呼其名使役之。度積忿，呵責彥曰：“汝知我諱‘明’而恒呼明，何也？”及在郢城，尤爲沈攸之所忿。攸之大衆至夏口，將直下都，留偏兵守郢而已。度於城樓上肆言罵辱攸之，至自發露形體穢辱之，故攸之怒，改計攻城。度親力戰，攸之衆蒙楯將登，度令投以穢器，賊衆不能冒，後呼此樓爲“焦度樓”。事寧，度功居多，封東昌縣子、東宮直閣將軍。[2]還都，爲貴戚追叙郢城時褰露穢褻之事，其戇如此。爲人朴澀，欲就高帝求州，比及見，竟不涉一語。帝以其不閑政事，[3]竟不用。後求竟陵郡，[4]不知所以置辭，親人授之辭百餘言，度習誦數日，皆得上口。會高帝履行石頭城，度於大衆中欲自陳，臨時卒忘所教，乃大言曰：“度啓公，度啓公，度無食。”帝笑曰：“卿何憂無食？”即賜米百斛。

[1]夾：汲古閣本、殿本作“使”。
[2]東昌縣子：封爵名。東昌，縣名。治所在今江西吉安市永和鎮。　東宮直閣將軍：官名。屬東宮禁衛武官，掌護衛太子。
[3]政：《南齊書》卷三〇《焦度傳》作“民”。本書避唐太宗李世民名諱，改“民”爲“政”。
[4]竟陵：郡名。治石城，在今湖北鍾祥市。

建元四年，乃除淮陽太守。[1]性好酒，醉輒暴怒，上常使人節之。度雖老而氣力如故，除游擊將軍，[2]卒。[3]

[1]淮陽：《南齊書》卷三〇《焦度傳》作“淮陵”。又《南齊書·州郡志》南徐州領郡無“淮陽”而有“淮陵”，中華本據改，可從。淮陵郡治所乏考，或在今安徽明光市東北〔參見周振鶴主編，胡阿祥、孔祥軍、徐成著《中國行政區劃通史·三國兩晉南朝卷（下册）》，復旦大學出版社 2014 年版，第 1195 頁〕。

[2]游擊將軍：官名。禁衛武官之一，掌宿衛營兵。

[3]卒：據《南齊書·焦度傳》，卒時年六十一歲。

曹武字士威，[1]下邳人也。[2]本名虎頭。齊高帝鎮東府，使武與戴僧静各領白直三百人。[3]後爲屯騎校尉，帶南城令。[4]石頭平，封羅江縣男。[5]及高帝受禪，改封監利縣。[6]武帝即位，累遷驍騎將軍。帝以虎頭名鄙，敕改之。鬱林即位，進號前將軍。隆昌元年，[7]爲雍州刺史。[8]建武二年，[9]進爵爲侯。[10]東昏即位，爲前將軍，鎮軍司馬。[11]永元元年，[12]始安王遙光反，[13]武領軍屯青溪大橋，[14]事寧，轉散騎常侍、右衛將軍。

[1]曹武：武，本作“虎”。《南齊書》卷三〇有《曹虎傳》。本書避唐高祖祖父李虎名諱，改“虎”爲“武”。然下文“本名虎頭”又不改，不知何故。

[2]下邳：此指下邳郡下邳縣，在今江蘇睢寧縣。

[3]白直：兩晉南北朝時在官當值無月薪的小吏，亦泛指官府額外吏役。

[4]南城：僑置縣名。治所在今江蘇鎮江、常州二市間。

[5]羅江縣男：封爵名。羅江，縣名。治所在今四川德陽市。

[6]監利：縣名。治所在今湖北監利市東北。

[7]隆昌：南朝齊鬱林王蕭昭業年號（494）。

[8]雍州：僑置州名。治襄陽縣，在今湖北襄陽市。

[9]建武：南朝齊明帝蕭鸞年號（494—498）。

[10]進爵爲侯：據《南齊書·曹虎傳》，增邑三百户。

[11]鎮軍司馬：官名。鎮軍將軍府高級幕僚。掌參贊軍務，管理府内武職，位僅次於長史。

[12]永元：南朝齊東昏侯蕭寶卷年號（499—501）。

[13]始安王遥光：蕭遥光。字元暉。齊明帝蕭鸞之侄。本書卷四一有傳，《南齊書》卷四五有附傳。

[14]青溪大橋：青溪是建康城東面縱貫南北的河道，在今江蘇南京市東北紫金山屈曲西南流，經南京市區匯入秦淮河。三國吳大帝孫權於赤烏四年（241）詔令開鑿東渠，取名青溪，北接玄武湖（後湖）東南角，南流達於秦淮水，兼具軍事與交通功能。大橋，《南齊書·曹虎傳》作“中橋”。《資治通鑑》卷一四二《齊紀八》東昏侯永元元年載始安王遥光反時“鎮軍司馬曹虎屯青溪大橋”，胡三省注：“按《曹虎傳》，大橋，青溪中橋也。”丁福林據之以爲青溪中橋又稱青溪大橋（詳見丁福林《南齊書校議》，第206頁）。然青溪上有多座橋梁，《建康實録》記有七座，由南向北分别是樂游苑東門橋、尹橋、雞鳴橋、募士橋、走馬橋、青溪中橋、青溪大橋，其中青溪中橋約在今南京市常府街向西的三十四標一綫前後，青溪大橋在今白下路（路跨古青溪）一綫前後（參見賀雲翔《六朝瓦當與六朝都城》，文物出版社2005年版，第73—74頁）。胡三省視二橋爲一，顯然有誤。曹虎所屯到底是青溪大橋還是中橋，存疑。

武形幹甚毅，善於誘納。晚節在雍州，[1]致見錢七千萬，[2]皆厚輪大郭，[3]他物稱是，馬八百匹。僕妾蔬食，膳無膏腴。嘗爲梅蟲兒、茹法珍設女伎，[4]金翠曜眼，[5]器服精華，蟲兒等因是欲誣而奪之。

[1]晚節在雍州：《南齊書》卷三〇《曹虎傳》作“晚節好貨賄”。

[2]七千萬：《南齊書·曹虎傳》作“五千萬”。《太平御覽》卷八三五引《齊書》亦作“七千萬”，與本書同。

[3]皆厚輪大郭：圓錢内、外緣稱輪，外周稱郭。厚輪大郭，意謂製造精良的上等錢。皆，汲古閣本同，殿本作“悉”。

[4]梅蟲兒：吳興（今浙江湖州市）人。齊東昏侯寵臣，權傾一時。本書卷七七有附傳。　茹法珍：吳興武康（今浙江德清縣）人。齊東昏侯時爲大司農，甚得寵信。本書卷七七有傳。

[5]金翠：以黄金、翠羽製成的奢侈裝飾品。

人傳武每好風景，輒開庫招拍張武戲。[1]帝疑武舊將領，兼利其財，新除未及拜，遇誅。[2]及收兵至，歎曰：“諸人知我無異意，所以殺我，政欲取吾財貨伎女耳。[3]恨令衆輩見之。”諸子長成者皆見誅，唯子世宗兄弟三人未冠，繫尚方，[4]梁武帝兵至得免。[5]

[1]輒開庫招拍張武戲：《南齊書》卷三〇《曹虎傳》作“輒開庫拍張向之”。拍張，古代一種接近於拳術套路的武術雜技。表演者脱服袒臂，單人徒手舞拳，時或撫髀拍擊，應聲而叫，形象誇張。表演時伴有一定的舞蹈因素，蓋起源於原始祭祀活動中的武舞（參見付建榮、馬曉軍《“拍張”釋義補正——與〈辭源〉〈漢語大

詞典〉編纂者商榷》,《語文學刊》2007 年增刊第 1 期)。

　　[2]遇誅:據《南齊書·曹虎傳》,被殺時年六十餘。

　　[3]政:同"正"。

　　[4]尚方:官署名。爲役使工徒、製作軍械的機構,亦羈押犯人。

　　[5]梁武帝:蕭衍。字叔達。南朝梁開國皇帝。本書卷六、卷七,《梁書》卷一至卷三有紀。

　　武雖武士,頗有知人鑒。梁武及崔慧景之在襄陽,[1]于時崔方貴盛,武性儉嗇,無所餉遺,獨餉梁武,謂曰:"卿必大貴,我當不及見,今以弱子相託。"每密送錢物并好馬。時帝在戎多乏,就武換借,未嘗不得,遂至十七萬。及帝即位,忘其惠。天監二年,[2]帝忽夢如田塍下行,[3]兩邊水深無底,夢中甚懼。忽見武來負,武帝得過,曰:"卿今爲天下主,乃爾忘我顧託之言邪?我兒飢寒無衣,[4]昔所換十七萬,可還其市宅。"帝覺,即使主書送錢還之,[5]使用市宅。子世澄、世宗並蒙抽擢,三二年間,迭爲大郡。

　　[1]崔慧景:字君山,清河東武城(今河北清河縣)人。仕宋歷寧朔將軍、河東太守等職。仕齊官至平西將軍,東昏侯永元二年(500)起兵反,尋敗被殺。本書卷四五、《南齊書》卷五一有傳。

　　[2]天監:南朝梁武帝蕭衍年號(502—519)。

　　[3]田塍(chéng):田埂。

　　[4]衣:中華本作"依",其校勘記云:"'依'各本作'衣',據《册府元龜》八九三改。"

　　[5]主書:官名。主書舍人的省稱。南朝尚書、中書、秘書等

官署皆置有主書令史，掌文書。

世宗性嚴明，頗識兵勢，[1]未遂封侯富顯。歷位太子左衛率，卒贈左散騎常侍、左衛將軍，[2]諡曰壯侯。

[1]頗識兵勢：按，《梁書》卷三《武帝紀下》記梁武帝普通五年（524）冬十月壬寅，定遠將軍、太守曹世宗破魏曲陽城。甲辰，又剋秦墟。普通七年十一月辛巳，與夏侯亶、胡龍牙、元樹等衆軍剋壽陽城。卷一八《昌義之傳》記曹世宗曾任直閤將軍。皆可參。

[2]左散騎常侍：官名。職掌侍從皇帝左右，應對顧問，獻納得失。實爲閑職，用以安置閑退官員、衰老之士，多授宗室、公族子弟。 左衛將軍：官名。禁衛軍六軍之一。與右衛將軍合稱二衛將軍，掌宮廷宿衛營兵，多由近臣擔任。

呂安國，[1]廣陵人也。[2]宋大明末，以將領見任，隱重有幹局，爲劉勔所稱。[3]泰始二年，爲勔軍副，[4]征殷琰，[5]以功封鍾武縣男。[6]累遷兗州刺史。[7]及沈攸之事起，齊高帝以安國爲湘州刺史。[8]建元元年，進爵爲侯，[9]轉右衛將軍，加給事中。[10]後改封湘鄉侯。[11]武帝即位，累遷光祿大夫，[12]加散騎常侍。

[1]呂安國：《南齊書》卷二九有傳。

[2]廣陵：此指廣陵郡廣陵縣。治所在今江蘇揚州市西北蜀岡上。

[3]劉勔：字伯猷，彭城（今江蘇徐州市）人。仕宋官至尚書右僕射，封鄱陽縣侯。本書卷三九、《宋書》卷八六有傳。

[4]軍副："軍"爲南朝軍隊編制名稱，所統兵力多少不一。一軍之統帥即稱軍主，其下設軍副，協助軍主管理軍中事務。軍主或闕，則由軍副代領軍衆。

[5]殷琰：字敬珉，陳郡長平（今河南西華縣）人。時任豫州刺史。本書卷三九有附傳，《宋書》卷八七有傳。

[6]鍾武縣男：按，《南齊書·呂安國傳》作"封彭澤縣男，未拜，明年，改封鍾武縣，加邑爲四百户"。鍾武，縣名。治所在今河南信陽市東南。

[7]兖州：州名。治淮陰縣，在今江蘇淮安市淮陰區西南甘羅城。按，呂安國出任兖州刺史的時間，《南齊書·呂安國傳》記爲宋後廢帝元徽三年（475），《宋書》卷九《後廢帝紀》記爲元徽二年。

[8]湘州：州名。治臨湘縣，在今湖南長沙市。

[9]進爵爲侯：據《南齊書·呂安國傳》，增邑六百户。

[10]給事中：官名。隸集書省。侍從皇帝左右，獻納得失，諫諍糾彈，收發文書。

[11]湘鄉侯：封爵名。湘鄉，縣名。治所在今湖南湘鄉市。

[12]光禄大夫：官名。光禄勳屬官。多作爲加官，或致仕、卒後的封贈官。無實際職掌。

安國欣有文授，[1]謂其子曰："汝後勿袴褶驅使，[2]單衣猶恨不稱，[3]當爲朱衣官也。"[4]歷都官尚書、太子左率、領軍將軍。[5]安國累居將率，在朝以宿舊見遇。尋遷散騎常侍、金紫光禄大夫，[6]給扶。[7]永明八年卒，[8]諡肅侯。

[1]文授：被任命爲文職官員。南朝甲族著姓多起家文職，寒門子弟往往以武職起家，即便武官位高，地位猶遜於文官（參見周

一良《〈南齊書・丘靈鞠傳〉試釋兼論南朝文武官位及清濁》，《魏晉南北朝史論集》，中華書局 1963 年版，第 110 頁）。

[2]汝後勿袴褶（xí）驅使：《南齊書》卷二九《吕安國傳》作"汝後勿作袴褶驅使"。袴褶，服裝名，上穿褶（短褂），下著褲，便於行動，南北朝時既是私居便裝，又爲軍服，故此處借指武官。《晉書・輿服志》："袴褶之制，未詳所起，近世凡車駕親戎、中外戒嚴服之。"

[3]單衣：又稱襌衣。是一種没有裏子的長衣，通常在夏日穿着，是僅次於朝服的盛服。《資治通鑑》卷一〇三《晉紀二十五》簡文帝咸安元年："王於朝堂變服，著平巾幘、單衣。"胡三省注云："單衣，江左諸人所以見尊者之服，所謂巾褠也。"（參見張承宗、魏向東《中國風俗通史・魏晉南北朝卷》，上海文藝出版社 2001 年版，第 83 頁）

[4]朱衣：指高職文官所著之服。

[5]都官尚書：官名。南朝時尚書省六尚書之一，領都官、水部、庫部、功論四曹。　太子左率：官名。即太子左衛率。與太子右衛率共掌護衛太子。

[6]金紫光禄大夫：官名。漢有光禄大夫，銀印青綬。晉宋時加其重者金章紫綬，謂金紫光禄大夫。本掌論議，後漸爲加官、贈官及致仕大臣之榮衛，無職事。

[7]給扶：給予扶持之人。古時君主賜給大臣的一種禮遇。

[8]永明八年卒：據《南齊書・吕安國傳》，卒時年六十四歲。


周山圖，[1]字季寂，義興義鄉人也。[2]家世寒賤，年十五六，氣力絶衆，食噉恒兼數人。鄉里獵戲集聚，常爲主帥，指麾處分皆見從。不事産業，恒願爲將，雖勇健而不閑弓馬。於書題甚拙，謹直少言，不嘗説人短長。與人周旋，皆白首不異。

[1]周山圖：《南齊書》卷二九有傳。

[2]義興：郡名。治陽羨縣，在今江蘇宜興市。　義鄉：縣名。治所在今浙江長興縣西北。

　　宋元嘉二十七年，魏軍至瓜步，[1]臺符取健兒，[2]山圖應募，領白衣隊主。[3]軍功除員外郎，加振武將軍。[4]及鎮軍將軍張永侵魏，[5]山圖領二千人迎運至武原，[6]爲魏軍所追，合戰多傷殺，魏軍稱其勇，呼爲“武原將”。及永軍大敗，山圖收散卒，守下邳城。還除給事中、冗從僕射、直閤將軍。[7]

　　[1]瓜步：山名。即今江蘇南京市六合區東南瓜埠山，南臨長江，自古爲江防重地。

　　[2]臺符：代指朝廷御史。魏晉時期，尚書臺職繁權重，時人遂以“臺”作爲中央政務機構的代稱。符，朝廷授權的憑信之物。

　　[3]白衣：庶民之服，與烏衣（官服）相對。

　　[4]振武將軍：官名。爲雜號將軍。宋四品。

　　[5]鎮軍將軍：官名。爲中央軍職，亦可出任地方軍事長官，兼理民政。宋三品。　張永：字景雲，吳郡吳（今江蘇蘇州市）人。時任宋青、冀二州刺史，統領諸將討叛齊投魏的原徐州刺史薛安都。本書卷三一、《宋書》卷五三有附傳。按，張永侵魏，《南齊書》卷二九《周山圖傳》記作“鎮軍將軍張永征薛安都於彭城”。本書以北朝爲正統，故用“侵”字。

　　[6]山圖領二千人迎運至武原：中華本校勘記云：“‘運’《南齊書》同。《太平御覽》四三五引、《册府元龜》三九二、三九五並作‘軍’。疑作‘軍’是。”武原，縣名。治所在今江蘇邳州市。

　　[7]冗從僕射：官名。屬中領軍。掌皇宮宿衛。宋五品。

山圖好酒多失，明帝數加怒誚，後遂自改。累遷淮南太守。時盜發桓溫冢，[1]大獲寶物，客竊取以遺山圖，山圖不受，簿以還官。遷左中郎將。[2]

[1]桓溫：字元子，譙國龍亢（今安徽懷遠縣）人。東晉權臣。《晉書》卷九八有傳。

[2]左中郎將：官名。與右中郎將、五官中郎將並稱三中郎將，屬光禄勳，掌郎署。

齊高帝輔政，山圖密啓沈攸之久有異圖，宜爲之備。帝笑而納之。攸之事起，武帝爲西討都督，啓山圖爲軍副。攸之攻郢城，武帝令山圖量其形勢，山圖曰：“攸之爲人，性度險刻，無以結固士心。如頓兵堅城之下，適所以爲離散之漸耳。”及攸之敗，高帝謂曰：“周公前言，可謂明於見事矣。”

建元元年，封晉興縣男。[1]武帝踐祚，遷竟陵王鎮北司馬，[2]帶南平昌太守。[3]以盆城之舊，[4]出入殿省，甚見親信。義鄉縣長風廟神姓鄧，先經爲縣令，死遂發靈，山圖啓乞加神位輔國將軍。上答曰：“足狗肉便了事，何用階級爲？”

[1]晉興縣男：封爵名。晉興，縣名。治所在今廣西南寧市南鬱江（邕江）南岸。晉興，《南齊書》卷二九《周山圖傳》作“廣晉”。

[2]鎮北司馬：官名。鎮北將軍府司馬。竟陵王蕭子良時任鎮北將軍。

[3]南平昌：郡名。僑治京口城，在今江蘇鎮江市。

[4]盆城：即溢城，又名溢口城。在今江西九江市。地當溢水
（今龍開河）入江處，故名。

轉黃門郎，[1]領羽林監四廂直衛。[2]山圖於新林立墅
舍，[3]晨夜往還。上謂曰：“卿罷萬人都督而輕行郊外，
自今往墅可以仗身自隨，以備不虞。”及疾，上手敕問
疾。尋卒，年六十四。[4]

[1]黃門郎：官名。給事黃門侍郎的簡稱。門下省官。掌奏事，
直侍左右。宋五品。《南齊書·百官志》：“給事黃門侍郎，亦管知
詔令，世呼爲小門下。”

[2]領羽林監四廂直衛：《南齊書》卷二九《周山圖傳》作
“領羽林四廂直衛”。羽林監，官名。東漢置羽林左、右監，三國魏
合置羽林監，掌宿衛送從。東晉哀帝興寧二年（364）罷，南朝宋
武帝永初元年（420）復置，齊沿置。宋五品。四廂直衛，值守太
極前殿四廂的侍衛。太極殿爲建康皇宮正殿，其主體建築是太極前
殿。梁宿衛之官有四廂領直，或與此相關。

[3]新林：又名新林浦，在今江蘇南京市雨花臺區西善橋街道。
瀕臨長江，西與白鷺洲相對，六朝時爲建康城以西軍事、交通要
地。新林本爲水名，源出牛首山（今牛頭山），西北流入長江。
《景定建康志》云：“在城西二十里，闊三丈，深一丈，長十二里。”
　墅舍：別墅。

[4]尋卒，年六十四：據《南齊書·周山圖傳》，卒於永明
元年。

周盤龍，[1]北蘭陵人也。[2]膽氣過人，尤便弓馬。宋

泰始中，以軍功封晉安子。[3]元徽二年，桂陽構難，[4]盤龍時爲冗從僕射，隨齊高帝頓新亭。稍至驍騎將軍，改封沌陽侯。[5]

[1]周盤龍：《南齊書》卷二九有傳。

[2]北蘭陵人：《南齊書·周盤龍傳》記其籍貫云："北蘭陵蘭陵人也。宋世土斷，屬東平郡。"據此，北蘭陵人意謂北蘭陵郡蘭陵縣人。馬宗霍《南史校證》云："北蘭陵爲郡名，蘭陵爲縣名，《南史》删去蘭陵二字，則是省縣存郡，非例也。"（第734頁）錢大昕《廿二史考異》卷二五《南齊書·周盤龍傳》云："史稱南蘭陵者，南徐州之蘭陵也；稱北蘭陵者，徐州之蘭陵也。《宋志》徐州蘭陵郡領昌慮、承、合鄉三縣，不見蘭陵縣，疑《志》有脱漏矣。宋泰始以後，淮北陷没，僑立淮南，土斷改屬東平，故《齊志》無北蘭陵之名也。"

[3]晉安子：封爵名，即晉安縣子。晉安，縣名。治所在今福建南安市豐州鎮。據《南齊書·周盤龍傳》，晉安縣子食邑四百户。

[4]桂陽構難：此指宋後廢帝元徽二年（474）五月，桂陽王劉休範以清君側爲名進軍京城。

[5]沌陽侯：封爵名。沌陽，縣名。治所在今湖北武漢市漢陽區東臨障山下。按，盤龍已得侯爵，然下文云盤龍在齊武帝永明五年（487）之後"進爵爲侯"，兩相矛盾。《南齊書·周盤龍傳》記其初封晉安縣子之後，於宋順帝昇明二年（478）"改封沌陽縣"，又於齊永明五年之後"進爵爲侯"，則其進爵之路爲晉安縣子——沌陽縣子——沌陽縣侯，更合情理。據此，本書此處"沌陽侯"有誤，當依《南齊書》，作"沌陽子"。

高帝即位，進號右將軍。建元元年，[1]魏攻壽春，以盤龍爲軍主、假節，[2]助豫州刺史垣崇祖拒魏，[3]大破之。上聞之喜，下詔稱美，送金釵以二十枚與其愛妾杜氏，手敕曰："餉周公阿杜。"[4]

[1]元年：《南齊書》卷二九《周盤龍傳》作"二年"。又《南齊書》卷二《高帝紀下》記建元二年"二月丁卯，虜寇壽陽"，亦證本書"元年"當爲"二年"。

[2]假節：古代大臣奉皇帝之命出行，持符節以爲憑證並示威重。南北朝軍事長官的職權分爲使持節、持節、假節三等。使持節可誅殺二千石以下官員。持節可殺無官位之人，在軍事中可誅殺二千石以下官員。假節唯軍事中得殺犯軍令者。

[3]豫州：州名。南朝齊初治壽春縣，在今安徽壽縣。 垣崇祖：字敬遠，祖籍略陽桓道（今甘肅隴西縣），祖父苗率部曲家下邳（今江蘇睢寧縣）。仕宋任冠軍將軍、兗州刺史等職，封下邳縣子，以武勇爲蕭道成所賞識。入齊，官至散騎常侍、左衛將軍，封望蔡縣侯。本書卷二五有附傳，《南齊書》卷二五有傳。

[4]周公阿杜：以"周公"冠"阿杜"之上，屬古代以夫名妻之例（詳見顧炎武《日知錄》卷二三"以夫名妻"條）。

明年，魏攻淮陽，圍角城。[1]先是，上遣軍主成買戍角城，[2]辭於王儉曰："今叚之行，必以死報。衡門蓬戶，[3]不朱斯白。小人弱息，當得一子。"儉問其故，答曰："若不殺賊，便爲賊殺。弱息不爲世子，便爲孝子；孝子則門加素堊，[4]世子則門施丹赭。"[5]至是買被圍，上遣領軍將軍李安人救之，敕盤龍率馬步下淮陽就李安人。[6]買與魏拒戰，手所傷殺無數，晨起手中忽有數升血，其日遂戰死。首見斬，猶尸據鞍奔還軍然後僵。

　　[1]角城：縣名。治所在今江蘇淮安市淮陰區西南古淮河與泗水交匯處。

　　[2]成買：人名。仕齊任龍驤將軍（一説爲後將軍）、冗從僕射等職。

　　[3]衡門：横木爲門，言房屋簡陋，喻身世卑微。《漢書》卷七三《韋玄成傳》：“使得自安衡門之下。”顔師古注：“衡門，謂横一木於門上，貧者之所居也。”

　　[4]孝子則門加素堊：意謂一旦戰死疆場，遺腹子就當服喪而爲孝子。素堊即白堊，是塗飾牆壁的白土；以白土塗門，喻指服喪。

　　[5]世子則門施丹赭：意謂一旦獲勝立功，遺腹子就當爲朱門高官的嫡子。丹赭，紅褐色的土，可用作塗料。

　　[6]淮陽：當爲“淮陰”。中華本校勘記云：“‘淮陽’《南齊書》作‘淮陰’，是。按時魏軍攻淮陽，圍角城，而李安民大軍則在淮陰也。淮陽、角城在淮水北，淮陰在淮水南。”


　　盤龍子奉叔單馬率二百餘人陷陣，魏軍萬餘騎張左右翼圍之。一騎走還報奉叔已没，盤龍方食棄箸，[1]馳馬奮稍，[2]直奔魏陣，自稱“周公來”。魏人素畏盤龍驍名，莫不披靡。時奉叔已大殺魏軍，得出在外，盤龍不知，乃東西觸擊，[3]魏軍莫敢當，奉叔見其父久不出，復躍馬入陣，父子兩騎縈攪數萬人，魏軍大敗。盤龍父子由是名播北國。形甚羸而臨軍勇果，諸將莫逮。


　　[1]箸（zhù）：同“箸”。

　　[2]稍（shuò）：古同“槊”，指長矛一類的長兵器。

　　[3]東西觸擊：《南齊書》卷二九《周盤龍傳》作“衝東擊西，

奔南突北”。

永明五年，爲大司馬，[1]加征虜將軍、濟陽太守。[2]武帝數講武，嘗令盤龍領馬軍，校騎騁矟。後以疾爲光禄大夫。尋出爲兗州刺史，進爵爲侯。[3]角城戍將張蒲與魏潛通，因大霧乘船入清中採樵，[4]載魏人直向城東門。坐爲有司所奏，詔白衣領職。[5]八坐尋奏復位，[6]加領東平太守。[7]盤龍表年老才弱，不可鎮邊，求解職，見許。還爲散騎常侍、光禄大夫。武帝戲之：“卿著貂蟬，[8]何如兜鍪？”[9]盤龍曰：“此貂蟬從兜鍪中生耳。”尋病卒，年七十九。

[1]永明五年，爲大司馬：《南齊書》卷二九《周盤龍傳》同。錢大昕《廿二史考異》卷三六云：“此時豫章王嶷爲大司馬，盤龍何以得代之？蓋爲嶷府之僚佐，史脱其文耳。”

[2]征虜將軍：官名。多用作官員榮譽加號。《南齊書·百官志》：“宋、齊以來，唯處諸王，素族無爲者。” 濟陽：郡名。治濟陽縣，在今河南蘭考縣東北。

[3]進爵爲侯：由沌陽縣子進爲沌陽縣侯。

[4]清：水名。一作清泗，爲泗水的別稱。源出今山東泗水縣東蒙山南麓，東南流入淮河。

[5]白衣領職：白衣，本指無官職之人。兩晉南北朝時，官員因過失削除官職，或以白衣守（領）原職，遂成爲一種對官員的處罰方式。

[6]八坐：一作八座，指五尚書、二僕射（左、右僕射）、一令（尚書令）共同參與的尚書省政務會議。南朝時凡國家要事皆需經八座議論，然後由皇帝裁決、批准方可執行。

[7]東平：郡名。治無鹽縣，在今山東東平縣。

[8]貂蟬：天子侍臣的專用服飾。《隋書·禮儀志七》："侍臣加金璫附蟬，以貂爲飾，侍左者左珥，右者右珥。"

[9]兜（dōu）鍪（móu）：戰士頭盔，秦漢前多稱胄。

子奉叔，勇力絕人，少隨盤龍征討，所在暴掠。爲東宮直閤將軍。鬱林在西州，[1]奉叔密得自進，及即位，與直閤將軍曹道剛爲心膂。[2]奉叔善騎馬，帝從其學騎，尤見親寵，得入內，無所忌憚，陵轢朝士。[3]就司空王敬則換米二百斛，[4]敬則以百斛與之，不受。敬則大懼，乃更餉二百斛并金鉊等物。[5]敬則有一內妓，帝令奉叔求。奉叔不通逕前，從者執單刀皆半拔。敬則跣走入內，既而自計不免，乃出，遙呼奉叔曰："弟那忽能顧？"[6]奉叔宣旨求妓意，乃得釋。與綦母珍、曹道剛、朱隆之共相屑齒，[7]煽弄威權。奉叔常翼單刀二十口，出入禁圍，既無別詔，門衛莫敢訶。每語人云："周郎刀不識君。"求武帝御角及輿，并求御仗以給左右，事無不從。又求黃門郎，明帝作輔，固執不能得，乃令蕭諶、蕭坦之說帝出奉叔爲外鎮，[8]樹腹心。又說奉叔以方伯之重，奉叔納其言。隆昌元年，出爲青、冀二州刺史。奉叔就帝求千戶侯，帝許之。明帝以爲不可。忽謂蕭諶曰："若不能見與千戶侯，不復應減五百戶；不爾，周郎當就刀頭取辦耳。"既而封曲江縣男，[9]奉叔大怒，於眾中攘刀，屬目切齒，明帝說諭乃受。及將之鎮，明帝慮其不可復制，因其早入，引往後堂，執送廷尉盡之。[10]

[1]西州：即西州城，爲建康城西重要軍事據點，建有城防設施，亦爲諸王宅第集中之處。故址當在今江蘇南京市秦淮區朝天宮東、運瀆故道西岸一帶。

[2]曹道剛：字景昭，彭城（今江蘇徐州市）人。性質直，甚見恩寵。本書卷七七有附傳。 心膂：親信得力之人。

[3]陵轢（lì）：欺凌，壓倒。

[4]司空：官名。三公之一。魏晋南北朝時作爲名譽宰相，多爲大臣加官，無實際職掌。

[5]金鉿：中華本校勘記云：“《通志》作‘金鈴’。”

[6]那忽：南北朝口語，意即怎麽，如何。

[7]綦母珍：即綦母珍之。齊武帝及鬱林王寵臣。曾任中書舍人，弄權於朝，時人語曰：“寧拒至尊敕，不可違舍人命。”本書卷七七有附傳。

[8]蕭諶：字彦孚，南蘭陵蘭陵（今江蘇常州市武進區）人。時任衛尉、衛軍司馬，加輔國將軍，深得鬱林王信任。本書卷四一、《南齊書》卷四二有傳。 蕭坦之：南蘭陵蘭陵（今江蘇常州市武進區）人。蕭諶同族。鬱林王時任征南諮議，亦得信任。本書卷四一、《南齊書》卷四二有傳。

[9]曲江縣男：封爵名。曲江，縣名。始興郡治所，在今廣東韶關市南武水西岸。據《南齊書》卷二九《周奉叔傳》，食邑三百户。

[10]廷尉：官名。諸卿之一，職掌國家刑獄事。宋三品。按，周奉叔之死，《南齊書·周奉叔傳》記云：“高宗慮其一出不可復制，與蕭諶謀，稱敕召奉叔於省内殺之，勇士數人拳擊久之乃死。啓帝云：‘奉叔慢朝廷。’帝不獲已，可其奏。”


王廣之字士林，一字林之，[1]沛郡相人也。[2]少好弓馬，便捷有勇力。初爲馬隊主，隨劉勔征殷琰，兵既盛而合肥戍又阻兵爲寇,[3]勔宣令軍中求征合肥者,以大郡賞之。廣之曰:"若得將軍所乘馬,判能制之。"勔幢主皇甫肅謂勔曰:[4]"廣之敢奪節下馬,可斬。"勔曰:"觀其意,必能立功。"即推鞍下馬與之。及行,合肥果拔,勔大賞之,即擢爲軍主。廣之於勔前謂肅曰:"節下若從卿言,非唯斬壯士,亦自無以平賊。卿不賞才,乃至此邪!"廣之由此知名。初封蒲圻子。[5]肅有學術,善舉止,廣之亦雅相推慕。勔亡後,肅更依廣之,廣之盛相賞接,啓武帝以爲東海太守,[6]不念舊惡如此。

[1]王廣之:《南齊書》卷二九有傳。按,《南齊書·王廣之傳》徑云"王廣之,字林之",不見"士林"別字。

[2]沛:郡名。治相縣,在今安徽濉溪縣西北。

[3]合肥:戍名。在今安徽合肥市。

[4]皇甫肅:《南齊書》卷二五《垣崇祖傳》記崇祖有妹婿名皇甫肅,當即此人。

[5]蒲圻子:封爵名。蒲圻,縣名。治所在今湖北嘉魚縣西南長江中。

[6]東海:郡名。治郯縣,在今山東郯城縣。

廣之後以征伐功,位給事中、冠軍將軍,[1]改封寧都縣子。[2]齊高帝廢蒼梧,出廣之爲徐州刺史、鍾離太守。[3]沈攸之事起,廣之留都下,豫平石頭,仍從高帝頓新亭。高帝誅黃回,回弟馳及從弟馬、兄子奴亡逸。高帝與廣之書曰:"黃回雖有微勳,而罪過轉不可容。近遂啓請御大小二輿爲刺史服飾,吾乃不惜爲其啓聞,政恐得輿復求畫輪車。[4]此外罪不可勝數，第自悉之。今啓依法。" 令廣之於江西搜捕駰等。

　[1]冠軍將軍：官名。將軍名號。宋三品。
　[2]寧都縣子：封爵名。寧都，縣名。治所在今江西寧都縣。
　[3]鍾離：郡名。治燕縣，在今安徽鳳陽縣臨淮關鎮。
　[4]畫輪車：車乘名。屬帝王乘輿。其形制上如輂，下如犢車，左右開四望，以漆彩畫輪，故又稱漆輪車。

　建元元年，進爵爲侯。[1]武帝即位，累遷右衛將軍、散騎常侍、前軍將軍。延興元年，[2]爲豫州刺史，豫廢鬱林。後拜鎮南將軍、江州刺史，進應城縣公。[3]建武中，位侍中、鎮軍將軍，給扶。後卒，[4]贈車騎將軍，[5]謚壯公。[6]

　[1]進爵爲侯：由寧都縣子進爲寧都縣侯。據《南齊書》卷二九《王廣之傳》，食邑一千户。
　[2]延興：南朝齊海陵王蕭昭文年號（494）。
　[3]應城縣公：封爵名。應城，縣名。治所在今湖北應城市。
　[4]後卒：據《南齊書·王廣之傳》，卒時年七十三歲。
　[5]車騎將軍：官名。魏晉南北朝時位次驃騎將軍，在諸名號大將軍上。宋二品。
　[6]壯公：《南齊書·王廣之傳》作"莊公"。

　子珍國，[1]字德重，仕齊爲南譙太守，[2]有能名。時郡境苦飢，乃發米散財以振窮乏。高帝手敕云："卿愛人活國，甚副吾意。"

卷四六

列傳第三十六

2705

[1]珍國:《梁書》卷一七有傳。

[2]南譙:郡名。治山桑縣,在今安徽巢湖市東南。

永明初,遷桂陽内史,[1]討捕賊盜,境内肅清。罷任還都,路經江州,刺史柳世隆臨渚餞別,[2]見珍國還裝輕素,歎曰:"此真良二千石也!"[3]還爲大司馬中兵參軍。[4]武帝雅相知賞,謂其父廣之曰:"珍國應堪大用,卿可謂老蚌也。"[5]廣之曰:"臣不敢辭。"帝大笑。帝每歎曰:"晚代將家子弟如珍國者少矣!"累遷游擊將軍,父憂去職。[6]

[1]桂陽内史:官名。内史,王國行政長官,掌民政,職如郡太守。時齊武帝之弟蕭鑠爲桂陽王,故設内史。

[2]柳世隆:字彦緒,河東解(今山西臨猗縣)人。仕宋歷太子洗馬、侍中、尚書左僕射等職,封貞陽縣侯。入齊官至鎮南將軍、湘州刺史,入朝爲尚書令。本書卷三八有附傳,《南齊書》卷二四有傳。

[3]二千石:漢代郡太守秩二千石,後世遂用爲太守代稱。

[4]大司馬:官名。兩晉時爲八公之一,位在三公上。無具體職掌,爲大臣加官。南朝時不常授,多用作贈官。宋一品。

[5]老蚌:典出《三輔決録》。東漢末,京兆人韋康字元將,其弟韋誕字仲將,皆卓異群倫。名士孔融致信其父韋端曰:"前日元將來,淵才亮茂,雅度弘毅,偉世之器也。昨日仲將又來,懿性貞實,文敏篤誠,保家之主也。不意雙珠近出老蚌,甚珍貴之。"後世遂稱育有賢子者爲"老蚌"。

[6]父憂:爲亡父服喪。

建武末，魏軍圍司州，明帝使徐州刺史裴叔業攻拔渦陽以爲聲援，[1]起珍國爲輔國將軍助焉。魏將楊大眼大衆奄至，[2]叔業懼，棄軍走。珍國率其衆殿，故不至大敗。及會稽太守王敬則反，珍國又率衆拒之。

[1]裴叔業：河東聞喜（今山西聞喜縣）人。時任南朝齊輔國將軍、豫州刺史，後降北魏。《南齊書》卷五一、《魏書》卷七一、《北史》卷四五有傳。　渦陽：縣名。治所在今安徽蒙城縣。

[2]楊大眼：武都（今甘肅成縣西）人。氐人首領楊難當之孫。《魏書》卷七三、《北史》卷三七有傳。

永元中，爲北徐州刺史，將軍如故。梁武起兵，東昏召珍國以衆還都，使出屯朱雀門，[1]爲王茂所敗。[2]乃入城，密遣郗纂奉明鏡獻誠於梁武帝，帝斷金以報之。[3]時侍中、衛尉張稷都督衆軍，[4]珍國潛結稷腹心張齊要稷，稷許之。十二月丙寅旦，珍國引稷於衛尉府勒兵，入自雲龍門，[5]殺東昏於内殿。與稷會尚書僕射王亮等於西鍾下，[6]使國子博士范雲等奉東昏首歸梁武。[7]

[1]朱雀門：又名大航門。建康南門，南臨淮水（秦淮河），北對都城宣陽門，爲南北御道之南端。故址在今江蘇南京市中華門内秦淮河北岸。

[2]王茂：字休連，一字茂先，太原祁（今山西祁縣）人。仕齊爲襄陽太守，佐助蕭衍滅齊。入梁，官至驃騎將軍、江州刺史。本書卷五五、《梁書》卷九有傳。

[3]斷金：意謂同心協力。《易·繫辭上》：“二人同心，其利斷金。”《資治通鑑》卷一四四《齊紀十》和帝中興元年胡三注曰：

"鏡所以照物；獻鏡者，欲衍照其心也。《易大傳》曰：二人同心，其利斷金。故衍取以爲報。"

[4]衛尉：官名。諸卿之一，掌宮城管鑰。　張稷：字公喬，吳郡吳（江蘇蘇州市）人。時以侍中兼任衛尉。本書卷三一有附傳，《梁書》卷一六有傳。

[5]雲龍門：建康臺城内城（或稱禁城）之東門。

[6]王亮：字奉叔，琅邪臨沂（今山東臨沂市）人。東晋名相王導六世孫。仕宋爲駙馬都尉，入齊歷衡陽太守、侍中、吏部尚書等職，入梁官至中書監。本書卷二三有附傳，《梁書》卷一六有傳。

西鍾：按，本書《王亮傳》記爲"張稷仍集亮等於太極殿前西鍾下坐"，知此西鍾在太極殿前，當爲殿前懸挂鍾類禮樂器具的廂房。

[7]國子博士：官名。國子學教官，以儒經教授國子學生，國有疑事則掌承問對。　范雲：字彦龍，南鄉舞陰（今河南泌陽縣）人。仕齊任建武將軍、平越中郎將、廣州刺史等職，擁戴蕭衍建梁有功，入梁，官至散騎常侍、吏部尚書，封霄城縣侯。本書卷五七、《梁書》卷一三有傳。

後因侍宴，帝曰："卿明鏡尚存，昔金何在？"珍國曰："黄金謹在臣肘，不敢失墜。"歷位左衛將軍，加散騎常侍，封灄陽侯。[1]遷都官尚書。初，珍國自以廢殺東昏，意望台鼎。[2]先是，出爲梁、秦二州刺史，[3]心常鬱怏，酒後於坐啓云："臣近入梁山便哭。"[4]帝大驚曰："卿若哭東昏，則已晚；若哭我，我復未死。"珍國起拜謝，竟不答，坐即散，因此疏退，久方有此進。

[1]灄陽侯：封爵名。灄陽，縣名。治所在今湖北武漢市黄

陂區。

　　[2]台鼎：三公、宰相的尊稱。

　　[3]梁：州名。治南鄭縣，在今陝西漢中市東。　　秦：州名。僑治南鄭縣，在今陝西漢中市東。

　　[4]梁山：山名。即今安徽和縣南長江西岸西梁山。

　　天監五年，魏任城王澄攻鍾離，[1]帝遣珍國爲援，因問討賊方略。對曰：“臣常患魏衆少，不苦其多。”武帝壯其言，乃假節與衆軍同赴。魏軍退，班師。又出爲南秦、梁二州刺史，會梁州長史夏侯道遷以州降魏，[2]珍國步道出魏興，[3]將襲之，不果，遂留鎮焉。改封宜陽縣侯，[4]累遷丹楊尹。卒，贈車騎將軍，謚曰威。子僧度嗣。

　　[1]魏任城王澄：元澄。字道鎮，代郡平城（今山西大同市）人。北魏宗室。時任都督淮南諸軍事、鎮南大將軍、開府、揚州刺史。《魏書》卷一九中、《北史》卷一八有附傳。

　　[2]夏侯道遷：譙國（今安徽亳州市）人。仕齊歷前軍將軍、輔國將軍、南譙郡太守等職，仕梁爲梁州長史，後歸降北魏，任散騎常侍、安東將軍、瀛州刺史等職，封濮陽縣開國侯。《魏書》卷七一、《北史》卷四五有傳。

　　[3]魏興：郡名。治西城縣，在今陝西安康市西北漢江北岸。

　　[4]宜陽縣侯：封爵名。宜陽，縣名。治所在今江西宜春市。

　　張齊字子嚮，[1]馮翊郡人。少有膽氣。初事荊州司馬垣歷生，[2]歷生酗酒，遇下嚴酷，不禮之。及吳郡張稷爲荊府司馬，齊復從之，甚見重，以爲腹心。齊盡心事稷，稷爲南兗州，擢爲府中兵參軍。

[1]張齊：《梁書》卷一七有傳。　子嚮：《梁書·張齊傳》作
"子響"。

[2]垣歷生：下邳（今江蘇睢寧縣）人。仕齊任太子右率、驍
騎將軍。參與始興王蕭遥光叛亂之事，事敗身死。《南齊書》卷二
八有附傳。

梁武帝起兵，東昏徵稷歸，都督宮城諸軍事，齊夜
引珍國就稷。[1]齊手自執燭定謀，明旦與稷、珍國即東
昏於殿內，齊手殺焉。武帝受禪，封齊安昌侯，[2]位歷
陽太守。[3]齊手不知書，目不識字，在郡清整，吏事
甚脩。

[1]都督宮城諸軍事，齊夜引珍國就稷：《梁書》卷一七《張
齊傳》"都督宮城諸軍事"下有"居尚書省。義兵至，外圍漸急，
齊日造王珍國，陰與定計。計定，夜引珍國就稷造膝，齊自執燭以
成謀"。本書刪節失當，致語意文理不貫。

[2]安昌侯：封爵名。即安昌縣侯。安昌，縣名。治所在今河
南確山縣南。

[3]歷陽：郡名。治歷陽縣，在今安徽和縣。

天監四年，魏將王足攻蜀，[1]圍巴西。[2]帝以齊爲輔
國將軍救蜀，未至，足退。齊進戍南安，遷巴郡太
守。[3]初，南鄭没于魏，[4]乃於益州西置南梁州，[5]州鎮
草創，皆仰益州取足。齊上夷獠義租，[6]得米二十萬斛。
十一年，進假節，督益州外水諸軍。[7]

[1]王足：北魏將領。時爲北魏使持節、安西將軍、梁秦二州刺史邢巒統軍，攻伐蜀地，屢建戰功，拜爲行益州刺史。後降梁。《魏書》卷八《世宗紀》記其事云："王足圍涪城，益州諸郡戍降者十二三，民送編籍者五萬餘户。既而足引軍而退。" 攻蜀：《梁書》卷一七《張齊傳》作"魏將王足寇巴、蜀"。本書以北朝爲正統，故改"寇"爲"攻"。蜀，郡名。治成都縣，在今四川成都市。

[2]巴西：郡名。治涪縣，在今四川綿陽市東。

[3]巴郡：《梁書·張齊傳》作"巴西"。下云"巴西郡居益州之半"，則知"巴郡"當爲"巴西"之訛（詳見馬宗霍《南史校證》，第 739 頁）。中華本據《梁書》改爲"巴西"，可從。

[4]南鄭：縣名。治所在今陝西漢中市東。

[5]益州：州名。治成都縣，在今四川成都市。 南梁：州名。治閬中縣，在今四川閬中市。

[6]夷獠：古時對南方少數民族之蔑稱。 義租：額外徵收的地租。

[7]外水：水名。今四川成都市府河及其下游岷江。

齊在益部累年，討擊蠻獠，身無寧歲。其居軍中，能身親勞辱，與士卒同勤苦，自頓舍城壘皆委曲得其便。調給衣糧資用，人無困乏。既爲物情所歸，[1]蠻獠亦不敢犯，是以威名行於庸蜀。[2]巴西郡居益州之半，又當東道衝要，刺史經過，軍府遠涉多窮匱。齊緣路聚糧食，種蔬菜，行者皆取給焉。歷南梁州刺史，遷信武將軍、征西鄱陽王司馬、新興永寧二郡太守，[3]未發，卒，[4]諡曰壯。

[1]物情：民心。

[2]庸蜀：巴蜀。王莽改益州爲庸部，後世遂以庸或庸蜀代稱益州之地。

[3]信武將軍：官名。南朝梁始置。梁武帝天監七年（508）釐定一百二十五號將軍爲二十四班，以班多者爲貴，信武將軍爲十五班。　征西鄱陽王：此指梁武帝蕭衍之弟蕭恢。字弘達。武帝天監元年封鄱陽郡王，十八年拜征西將軍，普通五年（524）進號驃騎大將軍。本書卷五二、《梁書》卷二二有傳。征西將軍，官名。與征東、征南、征北將軍合稱四征將軍，多授持節都督，出鎮方面，地位顯要。梁武帝天監七年定爲武職二十四班中的二十三班。鄱陽，郡名。治鄱陽縣，在今江西鄱陽縣。　新興：僑郡名。寄治定襄縣，在今湖北荆州市荆州區東北。《讀史方輿紀要》卷七八《湖廣四·荆州府》江陵縣：“安興城，在府西北。江左僑立新興郡，領廣牧、定襄、雲中、九原、宕渠、新豐六縣。宋省雲中、九原、宕渠三縣，餘三縣仍屬於新興郡，郡治廣牧縣。齊因之，梁改新豐爲安興縣。隋開皇七年郡廢。”　永寧：郡名。治長寧縣，在今湖北荆門市西北。《讀史方輿紀要》卷七七《湖廣三·承天府》荆門州長林廢縣：“東晉隆安五年置長寧縣，爲長寧郡治。宋泰始中以長寧名與文帝陵同，改爲永寧郡，而縣如故。齊、梁因之。隋郡廢。”

[4]卒：據《梁書》卷一七《張齊傳》，卒於普通四年，時年六十七歲。

論曰：宋氏將季，[1]亂離日兆，家懷逐鹿，人有異圖。高帝觀釁深視，將符興運。李安人、戴僧静、桓康、焦度、曹武、吕安國、周山圖、周盤龍、王廣之等，或早見誠款，或備盡心力，或受委方面，或功成麾下，其所以自致榮寵，夫豈徒然，蓋亦驗人心之有歸，

樂推之非妄也。[2]《語》云："勇而無禮則亂。"[3]觀夫奉
叔取進之道，不亦幾於亂乎？其致屠戮，亦其宜矣。珍
國明鏡雖在，而斷金莫驗，報罵之義，[4]理則宜然，台
輔之冀，其何爽也。張齊人位本下，志望易充，績宣所
蒞，其殆優也。

　　[1]季：末世。
　　[2]樂推：樂意擁戴。《老子》云："是以聖人處上而民不重，
處前而民不害，是以天下樂推而不厭。"
　　[3]勇而無禮則亂：語出《論語·泰伯》："子曰：'恭而無禮則
勞，慎而無禮則葸，勇而無禮則亂，直而無禮則絞。'"
　　[4]報罵：此指王珍國自以爲功大酬小，侍宴時以"臣近入梁
山便哭"之語抱怨，梁武帝則以"卿若哭東昏，則已晚；若哭我，
我復未死"回懟。